贵州省高校人文社会科学研究项目（2024RW273）资助

先前经验
对创业准备行为的影响研究

THE INFLUENCE

OF PREVIOUS EXPERIENCE

ON ENTREPRENEURIAL

PREPARATION BEHAVIOR

卓 艳／著

中国财经出版传媒集团
经济科学出版社
Economic Science Press
北京

图书在版编目（CIP）数据

先前经验对创业准备行为的影响研究 ／ 卓艳著 .
北京：经济科学出版社，2024.7. -- ISBN 978 - 7 - 5218 -
6059 - 7

Ⅰ. G647. 38
中国国家版本馆 CIP 数据核字第 2024CY0778 号

责任编辑：张　燕　李　宝
责任校对：孙　晨
责任印制：张佳裕

先前经验对创业准备行为的影响研究

XIANQIAN JINGYAN DUI CHUANGYE ZHUNBEI
XINGWEI DE YINGXIANG YANJIU

卓　艳　著

经济科学出版社出版、发行　新华书店经销
社址：北京市海淀区阜成路甲 28 号　邮编：100142
总编部电话：010 - 88191217　发行部电话：010 - 88191522
网址：www. esp. com. cn
电子邮箱：esp@ esp. com. cn
天猫网店：经济科学出版社旗舰店
网址：http://jjkxcbs. tmall. com
固安华明印业有限公司印装
710 × 1000　16 开　16. 75 印张　260000 字
2024 年 7 月第 1 版　2024 年 7 月第 1 次印刷
ISBN 978 - 7 - 5218 - 6059 - 7　定价：86. 00 元
（图书出现印装问题，本社负责调换。电话：010 - 88191545）
（版权所有　侵权必究　打击盗版　举报热线：010 - 88191661
QQ：2242791300　营销中心电话：010 - 88191537
电子邮箱：dbts@ esp. com. cn）

前　　言

数字经济作为新的科技革命和产业变革的重要驱动力量，已经成为推动新质生产力发展的重要引擎，它完全颠覆了传统的行业认知，对于政治、经济、文化都将带来巨大的影响，也将潜移默化地影响未来产业及生活方式。创新作为数字经济时代的重要方面，也将持续焕发生命力。作为发展的第一动力，在"新事物"创建的过程中，创新的实现途径一定离不开创业活动。在"大众创业、万众创新"浪潮的驱动下，创新创业不仅成为推动经济发展的引擎，更在潜移默化地改变着人们的思维方式、生活方式。创业环境的不确定性也让前赴后继的创业者们不断面临新的挑战。个体过去以创业为导向的经历会塑造其对创业的认知。当创业机会被识别的时候，个体极大可能就开始创业行为。但是，个体所处的外部环境总是在不断变化且无法预测，基于效果推理理论，面对不确定性的外部创业环境，实施创业行为一定会面临风险损失，个体在实施创业行为及作决策的过程中会受到其可承担损失能力的影响。

本书以不断变化的外部环境情境为大前提，基于效果推理理论的视角，探析个体如何受到以创业为导向的先前经验的影响，并通过创业认知的中介作用影响创业准备行为的产生，同时将可承受损失能力作为调节变量，构建先前经验影响创业准备行为的理论模型。本书将效果推理理论拓展到潜在创业群体的研究，首先，探析该群体在不确定性环境下如何产生创业准备行为；其次，基于事件系统理论探讨创业认知的中介作用，探析个体如何通过先前经验塑造创业认知进而产生创业准备行为的作用机制；最后，探究个体可承受损失的能力与创业准备行为产生之间的关联，找到认知过程到行为过程之间的影响因素。

通过研究得出以下主要结论：个体先前经验对创业认知能够产生显著的正向影响，创业认知对创业准备行为产生显著的正向影响，且创业认知在先前经验与创业准备行为之间具有中介作用，可承受损失在创业认知与创业准备行为之间具有调节作用。根据研究结论，本书认为，想要更好地促进个体产生创业行为主要从三个方面着手：首先，要发挥高校作为创新创业教育的主阵地作用，从课程体系、师资队伍、政策资金等方面加强建设和提供保障，不断增强个体的创业认知，培养更多的潜在创业群体；其次，大力提升众创空间等孵化器对于初创企业的培育功能，为初创企业提供发展资源，吸引更多的青年参与创业实践；最后，政策制定部门要根据个体及组织需要制定支持型政策和鼓励型政策，并且在政策实施中细化流程，加强考核跟踪，为个体参与创业提供保障，为创新创业改革提供坚强后盾，降低个体创业风险。

本书研究主要有以下三个创新点：首先，拓宽了先前经验对创业行为影响的理论适用边界。本书综合运用计划行为理论、事件系统理论、社会认知理论、效果推理理论等理论和方法，构建了先前经验影响创业准备行为的有调节的中介效应模型，并形成了实证研究框架，为创业行为研究提供了一定的理论基础。其次，丰富了创业行为研究的影响路径。本书重点关注行为过程，验证了先前经验中教育经验、行业经验、创业经验三个维度对创业准备行为的直接影响，把创业认知分为准备认知和能力认知两个维度并作为中介变量加入影响路径中，验证了先前经验影响创业认知进而影响创业准备行为的传导路径；验证了可承受损失在创业准备行为中的调节作用。最后，拓展了创业行为的研究范畴。本书将潜在创业群体作为研究对象，区别于创业者，并运用实证分析方法聚焦行为产生的前端及组织行为的角度开展研究。对创业实践和创业教育的提质增效提供了更多的理论支撑和实践经验。

目　录

| 第一章 |

绪　　论

随着数字经济时代的到来，云计算、大数据、人工智能等新的数字技术手段不断改变着人们的工作方式、学习方式、生活方式，数据成为新的关键生产要素，新的技术创新也在推动各行各业数字化转型中扮演着重要的角色。党的二十大报告中指出，科技是第一生产力，人才是第一资源，创新是第一动力，要加快构建新发展格局，着力推动高质量发展，建设数字中国。新质生产力作为扎实推动高质量发展的重要力量，是以创新起主导作用，并在摆脱传统经济增长方式、生产力的发展路径下，具有高科技、高效能、高质量的特征，作为一种先进生产力质态，它是由技术颠覆式创新和变革突破以及在新时代产业变革催化下产生，是马克思主义生产力理论的中国创新和实践，是科技创新交叉融合突破所产生的根本性成果，最大的特点是创新。因此，数字经济已经同农业经济、工业经济形成了划时代的分界线，数字经济时代完全颠覆了传统的各行各业认知，对于经济、政治、文化都将带来巨大的影响，也将潜移默化地影响未来产业及未来生活方式。未来人才的需求已经不再只满足于知识复制的成果，而更强调知识生产和知识创新的过程。理论创新、制度创新、技术创新将会对各行各业带来新的挑战并提出新的要求。创新作为发展的第一动力，在"新事物"创建的过程中，其实现途径一定离不开创业活动，因此，提到创新，我们免不了提到创业，而创新创业的概念最早可以追溯到经济学家熊彼特，他指出创新需要建立一种新的函数，将生产要素和生产条件的新的排列组合放到生产体系中，然后得出新的生产结果，通俗来说就是通过生产要素的重新组合实现新的生产产出。而产生创新的主体不局限于经营和管理企业的企业家，而应该是具有创新精神的"创业者"。因此，创新创业不仅存在于企业里，在理论、科技、制度等的变迁中也扮演着重要的角色，在未来面临数字化转型的各行各业，推动高质量发展的新质生产力中，创新与创业都将发挥重要的影响作用。

　　未来产业的发展既要强调创新，也要强调新旧转化与融合，任何一种技术变革的"新"都是基于"旧"的对比和基础之上，才有了"新"的价值和意义。近年来，随着互联网经济的迅猛发展，网络热词、流量明星现象频出，新的产业形式一夜之间火爆大江南北，也在一朝一夕之间跌落神坛。在新的数字技术赋能下，新兴产业似乎找到了流量密码，如雨后春笋般活跃在互联网中，而在其背后逻辑下，我们也可以归结为精益创业思维。随着中国新兴经济体的飞速发展，众创时代已然悄然无声地形成。互联网思维已经让大众在潜移默化中形成了创业思维，在互联网经济的催化下，个体创业已经常态化，我们不能忽视新的经济时代下，人们的生活方式、工作方式、学习方式已经发生了翻天覆地的变化。创新创业已经不是挂在嘴边的新词，而是浸润到新时代人民骨子里的文化。2014 年作为中国创业元年，在国家提出

"大众创业、万众创新"以激发群众创造力的政策推动下，众多创客①脱颖而出，并掀起了国内第一波创业热潮。经济发展从要素驱动、投资驱动逐渐转向创新驱动，通过支持各类市场主体不断开创新产品、开办新企业、开拓新市场中打造经济驱动新引擎，不断形成经济增长新动能。国内掀起的大规模创客业余化的浪潮，为今天的人人众创埋下了伏笔，也奠定了新经济时代下人人众创的基础。

而推进创业是培育和促进社会经济发展动力的必然选择。创业对经济发展所带来的贡献和潜力是无限的，创业过程能够提供自给自足、独立自主和改善经济的机会，因此，创业已经潜移默化改变了人们的思维方式、生活方式、生产模式，创业领导者们通过创业过程正在重新改变经济结构，创造更多的机会，越来越多的人也渴望在不确定性和模糊的创业环境中寻找新的契机，对于普通群众而言，创业已经不局限于创办新的企业，更是在面对困境用于寻找解决问题出路的一种思维方式和生活态度，因此创业思维能够帮助我们端正对于挑战和风险的认识，有利于营造积极向上的社会风气，并能在此过程中激发对生活的热情和面对未知事物的勇气。因此，大规模创客所营造的创业氛围在各领域中都显现出不同程度的影响和价值传导。在创业实践领域，国家出台一系列政策搭建创新创业平台，打造创新创业生态环境，鼓励和发展中小型企业；在创业教育领域，创新创业教育改革已经成为实施创新驱动发展战略、促进经济提质增效升级的迫切需要；在创业研究领域，学者们关注了创业者、创业过程、创业产出等创业全过程要素。可见，创业已经不仅是热门的话题，还将是未来很长一段时期内值得深入研究和实践的主题。创业已经不仅仅局限于一种实践，它将逐渐形成一种氛围，一种生态，影响人们生活工作的方方面面。正如创业研究的领袖人物蒂蒙斯所言，创业已经超越了传统创建企业的概念，而是把各种形式、各个阶段的公司和组织

① 创客："创"指创造，"客"指从事某种活动的人，"创客"本指勇于创新，努力将自己的创意变为现实的人。

都包括进来。因此,创业可能出现在新公司和老公司中,小公司和大公司中,高速发展和缓慢成长的公司中,私人企业,非营利性组织和公共机构中,各个地区中,任何政治体制的任一国家其发展的各个阶段中。这些创业过程都离不开人,因此,关注与创业相关的个体行为对于创业研究与创业实践都具有重要的意义。无论是当下国家宏观层面对创业实践的重视,还是社会层面中创业研究领域不断涌现的成果,抑或是从教育领域对创业思维的培育与创业行为的引导来看,创业的关注度居高不下,且具有重要的实践价值。

创业本非易事,创业过程本身也是创新创造的过程,抛开创新和创造谈创业在一定程度上偏离了创业的本质,因此,无论从经济价值还是社会价值的角度衡量,创业要产出预期的结果需要对创业者及创业过程提出较高的要求。只关注经济价值和社会价值来谈创业,未免显得偏颇,没有产出较高的经济价值和社会价值的创业活动也未必就不值一提。纵观历史发展规律来看,从农业经济时代到工业经济时代再到今天的数字经济时代,每一个时代的巨大变革无一不是受到技术颠覆式创新的影响,而历史上的每一次工业革命都是由于技术创新所带来的变革,因此,创意是前提,创新是基础,创业是结果,鼓励和支持创业,本质并不是都要创建产生经济价值的实体企业,而是在大范围营造创意氛围,产生一批创新成果,成就典型创业案例。尽管那些巨大的商业价值是由少数创业成功的典型所带来的,但是大部分在创业过程中沉没的恰恰是那些少数案例成功的基石,正如以结果为导向的价值往往需要以过程为载体的驱动。所以,认识创业、学习创业、实践创业,需要我们了解创业的逻辑,理解创业的本质,掌握创业的价值内涵,并从不同层面挖掘创业真正的意义,这既有利于创业研究,更有利于创业实践。本书从关注创业出发,将研究视角放在实施创业的个体身上,试图研究个体从认知塑造到创业行为的产生过程。基于当下的时代背景,在学者们研究成果的基础上,本书将从创业者如何思考和行动的视角深入探讨个体在产生创业行为过程的影响因素,面对不断变化且无法预测的创业大环境,在效果推理理论和相关理论的基础上，通过选择潜在创业群体为研究样本，探究先前经验对创业准备行为的影响作用，并分析创业认知作为中介作用在先前经验与创业准备行为之间的影响程度，同时提出可承受损失的中介模型，从理论视角来看，对于创业研究的丰富和发展具有重要意义，从创业实践来看，有助于个体及组织更好地开展创业教育及创业实践。

第一节　研究背景

一、创业起源：从发展的视角看创业

东汉张衡在《西京赋》中提道："高祖创业，继体承基"，其中创业意为开创基业。1755 年，法国经济学家坎迪隆首次把"创业者"这个词引入了经济学。创业现象的分析开始于 18 世纪，但是在很长一段时间内，关于创业的研究并不多，创业最初的关注视角也是聚焦于企业活动中，直到 20 世纪，创业作为一个新的研究领域被广泛关注并得到了迅速发展。在中华文明几千年的历史上，创业的起源很早，而受到大众广泛关注则是在中国创业热潮的兴起和创业文化的推广下，除了真正参与创业实践的创业者之外，许多科研院所也开始观察创业现象并进行研究，中国也在 2001 年正式成为全球创业研究协会（GEM）的成员。并在很长一段时间内，创业活动如雨后春笋般破土而出，并掀起了大众创业、万众创新的热潮。

按照传统的表述，创业最初是指创建企业，即造就一个高成长企业的创新思路。对创业的广义定义中，创业从个体拓展到企业组织再到社会，它指一种更为广泛、更全面的思考、推理和行动的方法，要执着于商机，还要有高度平衡的领导艺术。创业已经超越了传统的创建企业的概念，而是把各种形式、各个阶段的组织都包括进来。从新中国的发展历程来看，从站起来、富起来到强起来的伟大实践飞跃中，中国经济取得了举世瞩目的发展成就，成为世界第二大经济体，在伟大的创业征程上也诞生了像华为、腾讯、阿里巴巴、大疆科技、小米等具有国际综合影响力并在行业中具有领军地位的企业，这在一定程度上推动了国家产业结构升级和经济结构的大幅调整。由此孕育出的创业集群和企业家给中国的创业环境带来了巨大的影响力，并让中国的产业技术和创业性质发生了天翻地覆的变化。创业也在政府政策加持下由少数集中逐渐向日益多元化、日趋大众化转变，根据全球创业观察报告显示，中国的生存型企业比例逐渐降低，而随之增长的是机会型创业企业。因此创业的多元化已经颠覆传统的认知和实践。创业在中国的发展也随着中国经济的变化而发生变化，对传统经济增长动力的转变急需从要素和资源驱动转变为创新驱动。党的十八大也明确提出了创新驱动发展战略，将创新驱动放到关键位置。因此，中国情境下的创业环境、创业实践同国家发展战略相结合，也逐渐变成一个新的学术构念。从理论源头来看，有学者早在1912年就提出创业者是实施创新的人，并将创新和创业融为一体（Schumpeter，1912）。创新驱动创业本身就是一个整体，不仅体现了一种新的创新创业形态，也提出一种新的创新创业范式，超越了已有创新型创业等概念的研究范畴，创新驱动创业研究更加关注创新创业的内在逻辑，旨在揭示创新驱动创业过程中创新向创业转化、创业反作用于创新的机制（蔡莉等，2021）。

按照创业的发展历程来看，创业可以出现在任意一种公司组织形式中，也可以出现在任意一种公共机构中，也可能出现在任何个体的行为中。创业过程具有高度动态、模糊、混沌的特征，但是创业过程也常常出现一些悖论，比如创业者为了创造财富首先要考虑放弃财富，为了成功就必须先经历失败，创业过程需要周全的计划但是很多时候常常无法计划。创业的带头人需要付出其想象力、行动动机、资源承诺以及在此过程中汇聚人才的能力。因此，创业不仅是一种行动，更是一种思考，创业者不仅需要有创新的能力，还需要管理的能力。创业已经成为 21 世纪经济社会发展的原动力，全球创业观察报告（GEM）指出，青年创业能够提供更多的就业岗位，对解决就业问题起到了十分重要的作用。相对于早期的创业企业来讲，中国相对成熟企业的比例较高，并且 24 ~ 34 岁的青年是参与创业活动最活跃的群体，不同群体对于创业的动机不同，随着年龄的增长也会发生变化，个体会受到教育背景、生活阅历、成长预期等的影响。对于创业活动，无论在社会实践领域、创业教育领域还是创业研究领域都受到极大的关注，也取得了一定的成效。

二、创业实践：从行动的视角看创业

"大众创业、万众创新"的浪潮让过去以技术革新为导向、科学研究为主体的技术创新活动逐渐转向以用户为中心、以实践为平台、以共创共享为特点的用户参与式创新，应对信息通信技术发展以及知识经济时代所带来的机遇与挑战，激发了国家及很多地区对于以用户参与为中心的创新 2.0 模式的思考及探讨，而"创客"一词逐步进入大众视野并被贴上具有创造性、创新性、富有生命力的时代标签。创新与创业总是并存相依，党的十八大以来，提出"创新、协调、绿色、开放、共享"五大发展理念，并把创新放在了第一位，以创新引领发展，突出了创新的重要性。习近平总书记指出，创新是引领发展的第一动力，是建设现代化经济体系的战略支撑，创业活动作为创新的下一阶段，创业实践能否取得实效离不开创新，两者相辅相成，相互依存。如何通过创新带动创业是个体在创业认知过程中不断建构的思维和提升的能力。2015 年以来，国家先后出台一系列政策鼓励和支持创业，通过发展"众创空间"搭建创新创业平台，构建产业集群吸引返乡创业群体，实施税收减免等优惠政策帮扶初创企业，其中，众创空间内的初创企业团队大多是毕业五年以内的学生，而返乡创业群体中接受过高等教育的人群也呈现逐年攀升的态势，创业政策的优惠扶持中大部分关注的是毕业生群体或青年创业，实施的一系列举措确实也在实践中取得了显著的成效。为进一步深化创新创业成果，推广成功经验，2016年开始，全国开始推介创新创业优秀带头人，重点强调人才在创业中的核心作用，将创业实践中涌现出的饱含乡土情怀、具有超前眼光、充满创业激情、富有创业精神的创新创业带头人作为典型案例，推广学习使之成为引领产业发展的重要力量。优秀创业人才的学习旨在通过示范引领中释放创业激情，鼓励创业者敢为人先、先行先试，不断探索链条创业、融合创业、绿色创业、抱团创业、网络创业等新模式，不断丰富经济业态、提升产业发展质量和水平，推动高质量发展，带动更多创业人群开展创业活动。同时，2020年新冠疫情以来，人社部加大对就业创业人员的帮扶，尤其是大学生群体，鼓励以创业带动就业，支持高校毕业生返乡创业。

在国家创新驱动发展战略的加持下，创业已经成为促进国家发展的重要载体，大学生作为青年中最具活力的主体，是国家快速发展中需要的高素质人才。在我国当前的高素质人才储备库中，大学生所占的比例高于其他群体，因此，关注并研究大学生在创业活动中的参与度和参与质量，也关乎国家未来经济发展的态势。在"大众创业、万众创新"的背景下，大学生拥有更好的创业环境，更多的政策引导和支持，更多的创业教育培训，试错成本更低的创业实践，在实现经济价值的同时还能实现个人价值。大学生作为青年主要群体已然成为了"大众创业、万众创新"中的新生主力军。作为人力资源大国，创新创业也很好地发挥出了我国成为人力资源强国的极大优势，通过激发青年的创业意识、培养创新精神、支持创业实践，给我国的市场经济注入了更多新鲜的活力。国家出台一系列政策支持和鼓励创新创业，教育部门也持续推进高等教育教学改革，在大学学习阶段培养学生创新意识和创业能力，对于创业实践而言，有利于提升创新型高素质人才的数量以及搭建创新创业实践平台。通过鼓励实践营造氛围激发创新，创新成果反过来促进文化塑造，文化与实践的双向赋能对于促进经济社会发展具有重要的意义。因此，从创业实践来看，创新创业大势所趋，并在未来很长一段时间内长期存在，而创业者年轻化越来越明显，创新创业成效也越来越受到创业者受教育程度的影响，尽管当前统计数据中显示大学生创业成功率较低，但是随着时间的推移，随着全民教育水平的提高，越来越多的大学毕业生将会成为未来潜在的创业群体。而他们会在什么时间节点开始自己的创业行为受到很多复杂因素的影响，如何更好地引导和鼓励大学生快速地开始自己的创业行为，进而推动创新创业的发展非常值得深入研究和探讨。

三、创业教育：从价值的视角看创业

创新创业的繁荣发展不仅仅停留在社会实践方面，2015 年以来，关于深化高等学校创新创业教育改革一系列文件接踵而至。深化高等学校创新创业教育改革，是国家实施创新驱动发展战略、促进经济提质增效升级的迫切需要，是推进高等教育综合改革、促进高校毕业生更高质量创业就业的重要举措。在落实立德树人根本任务中，高校要主动适应经济发展新常态，加快培养规模宏大、富有创新精神、勇于投身实践的创新创业人才队伍。从人才培养目标、培养机制、课程体系建设、教学方法改革等方面提出了对于创新创业人才培养的要求。从教育上引导和培育创新创业人才，鼓励大学生积极主动实施创新创业行为。而人才培养的核心是人，关注人的成长和发展对于促进创新创业行为具有重要的意义。与传统管理学教育不同的是，创业教育的核心是培养具有创业思维的创新人才，创业思维的主要内涵是区别于因果逻辑的效果逻辑决策模式，相比较管理思维中的因果逻辑而言，效果逻辑更适用于复杂多变的外部环境，而创业行为中所面临的情境正是无法预测的不确定性环境，通过创业教育引导并培育的创新创业思维也是在培育个体在面临不确定性决策下的效果逻辑。

创新创业教育的发展也需要资源整合和构建价值生态。《中华人民共和国国民经济和社会发展第十四个五年规划和 2035 年远景目标纲要》中提到

"优化创新创业创造生态"。进一步说明了创新创业教育的提质增效不能仅仅依靠高校单打独斗，需要充分将教育与市场需求相结合，校内与校外相结合，更要充分用好新的数字技术手段，将线上与线下相结合，逐步构建以高校为主导，行业企业、政府等共同参与的创新创业教育生态系统。从2015年全面深化创新创业教育改革以来，创新创业教育已经初见成效，并初步形成了创新创业教育生态环境。创新创业类课程纳入通识教育课程也在实践中凸显出价值，高等院校、企业行业等通过在系统设计健全体制机制引领力，产教融合提升创业教育内生动力，平台建设汇聚支撑力，以赛促创提升氛围影响力等方向的实践探索中，已经逐渐形成了创业教育的层次化和类别化。通过目前取得的阶段性成果来看，相比草根创业、企业家创业和内部创业而言，以高等院校为主导的创业教育形式衍生出了学院派创业生态系统，这是与高校教书育人和科学研究的特点和氛围密不可分的。教师本着学术研究及理论研究的视角，通过网络式、交互式、共生式的创新关系，形成的一种新型产学研创业生态，它更偏向于对学生创业意识和创业素质的培养，理论与实践相融合，专业与创业相结合等（任志宽等，2023）。随着数字经济时代的到来，学院派这种新的创业生态系统将会不断呈现出创新要素知识化、创新主体多样化和创新合作全球化等趋势，也将会进一步充分释放出社会创新潜能，不断推进硬科技创新。这种新的创业生态将具有网络化、交互式和共生的逻辑特点，通过高等院校的主导，不断整合社会资源进行教育和价值共创，能够进一步通过产学研用等多方力量的汇聚，不断优化新的业态模式，促进创新创业教育的转型升级。在未来的创业教育道路上，依然还有很大的成长空间，在中国式现代化的实践中，高等教育发展也将对创业型大学提出新的要求，高等教育中国式现代化作为中国式现代化命题下的一个子命题，在基于中国发展具体实践基础上的"现代化"才是符合中国国情的发展。对于新的创新创业教育生态体系构建带来新的挑战，高等教育的现代化需要不断摆脱西方大学价值导向的桎梏，扎根于中国情境下，培育符合中国发展规律，具有浓厚的家国情怀，能够适应区域经济发展、行业企业发展、科技创新进步的高素质人才。高等教育中的创业教育需要培育具有创新思维和创业精神的人才，既要有学术成果，更要注重学术成果与商业价值之间的转化，在以实践为导向的理念下，跨学科融合，跨领域融合，跨文化融合，提升实践能力，拓展国际视野，既要学习借鉴国际上现代教育理念和方式方法，同时也需要坚持将中国传统文化与现代思想相互融合、相互促进的教育理念，以打造符合中国特色且具有国际水平的高等教育创新创业教育体系。因此，对于当前创业教育而言，从高校视角、社会视角、人才视角等角度发掘和探索育人规律，以价值为导向，以人为本地分析和开展研究具有重要的意义。

四、创业研究：从理论的视角看创业

创业活动备受新兴经济国家政府的重视，同时政府也投入了大量资金以及制定较多的政策给予支持，中国经济的快速发展创造了大量的创业机会，有关创业的相关研究吸引了越来越多的学者们的关注。中国学者们广泛地开展创业研究是从 2006 年之后，中国的创业问题在文化、制度、环境的相互作用下显得更加复杂。相比创业活动较早的西方国家而言，中国情境下的创业问题也具有很大的东西方差异，西方国家的创业研究领域及创业研究理论放到中国情境下多少显得有些水土不服。因此，越来越多的学者也将视野转到中国情境下的创业研究。就当前学者们关注的视角来看，大多以创业现象、创业过程、创业者等为核心，辐射这些概念背后的影响机理。从关注个体层面到组织层面，从关注创业投入到创业产出，从关注创业过程到关注创业者行为等，创业研究呈现多元化的变化，同时也产生了丰富的创业研究成果和一大批本土创业理论。根据当前研究来看，关于创业者行为的研究依然是一个热门话题，创业者的本质是人，以人为本，尊重人的成长和发展需要是更好地促进生产生活的有力手段，无论从人才发展的角度还是经济活动的角度，对人的关注从来都不容忽视，而创业人群作为一个特殊的群体，对当前及未来的经济发展都具有十分重要的意义。关注并找到创业者的成长规律，发现其在中国情境下的创业行为对于创业研究来说也具有很大的潜力。基于学者们过去的研究来看，关注创业行为还有很多值得探索的地方。

随着国内创业实践的不断变化，创新创业的新现象也备受学者们的关注，创业研究呈现阶段性增长态势，包括主题的不断融合、理论的不断深入、研究方法上的不断多元化等特点。创业研究最初以关注国际研究视角为主，引用国外研究成果及研究框架对当前创业进行分析，随着研究的深入，研究视角开始聚焦于特定的研究主题中，由于中国的发展历程及当前国情，对国外理论的照搬显然已经不能完全解释中国的创业问题，学者们开始将研究重点转移到分析中国具体情境下的创业问题，并开始尝试探索本土的创业逻辑和理论。从 21 世纪开始，国内的创业大致可以归为三个发展阶段：2013 年以前是国内开始创业研究的探索阶段，学者们大多是通过采用国外创业理论来审视和分析中国的创业问题；2014 年之后随着众创时代的到来，丰富的创业实践案例和高涨的创业热情为学者们提供了更多的研究素材和研究视角，创业研究也迎来了跨越式的发展，国内关于创业研究的成果和可供查阅的文献数量也呈现明显上升的趋势；2017 年之后，创业研究开始呈现多元化发展态势，越来越多的中国具体创业问题被学者们发现，中国特色的创业实践已经不能完全用现有的理论进行解释，亟须通过实践不断发掘适应中国创业的本土理论。学者们也开始探索和建构中国创业学的理论体系和话语体系。这既是反映全球创业型经济发展新趋势，也是我国经济社会发展中的历史逻辑、现实逻辑和理论逻辑所决定的。学者们认为，通过不断深入的创业研究，不断构建中国特色的创业学体系，能够为实现中国式现代化的新道路提供助力，也能够以此为契机不断为全球的创业研究和国家创新创业贡献中国智慧，提出中国方案。因此，从创业研究的发展来看，站在新的历史起点上，用发展的眼光和理论的逻辑看待创业、研究创业对于个体和社会都具有重要的意义和价值。

　　基于当前中国情境下创新创业实践现状、深化创新创业教育改革的目标以及在创新创业研究领域学者们的关注视角，创业行为的产生来源于个体认知、意愿的内在驱动作用，也源于外部环境的刺激和引导。国家政策背景能够给个体提供良好的创业环境和坚强的后盾，创新创业教育能够从源头引导和塑造个体的认知，在综合作用下，个体创业行为的产生从现实角度得到了明显的促进，在学者们关注的研究视角中，个体创业行为研究也取得一定的进展，但在复杂的中国情境下仍然需要从不同角度深入挖掘和探索，以得出更加有说服力的论证，反过来促进组织引导和激发个体行为，也促进个体在不断提升认知中迅速采取行动。有学者提出，个体在学习、生活、工作中所积累的各种经验都会影响到其价值观的形成，创业个体的先前经验是指其在先前工作经历或创业实践中习得的相关感性或理性知识、观念、技能等加总的结构体系（MacMillan I C，1986），这些都是形成并影响个体创业认知的重要元素。现有研究表明，创业者先前经验对于企业创建具有正向的影响作用（龙海军等，2022）。创业行为研究是揭示创业过程"黑箱"和新企业产生机理的关键（张玉利等，2008），但学者们对于创业行为的具体研究范畴尚未达成统一，现有研究有关制度环境对创业行为具体影响机理的研究不够深入，对制度环境及其动态演进如何影响动态能力缺乏探讨，环境变化对于个体动态进行评估具有较大的影响作用，研究创业行为需要有多样化的数据来源和实证分析（刘兆国等，2022）。而对于潜在创业群体而言，其在产生创业认知后直接开始创业行为的较少，他们更倾向于利用现有的准备优势，比如了解相关创业政策，提升自己的知识技能储备，积累资金和人脉等方面做好创业准备（徐樱丹，2020）。目前关于创业准备的研究较少，因此，从个体的视角出发，分析不同个体特征进而研究其有关创业的行为，能够进一步结合实际解决问题，并能从创业研究的领域丰富当前的研究成果。

　　从创业的起源和发展来看，创业已经不仅是成立公司和创建企业的狭隘定义，而是更为广义的关于人的思维和行为的定义。只有重新对创业进行定位和认知，研究创业的意义才会更为宽广。从创业的实践来看，鼓励创新，支持创业，营造创新创业氛围，厚植创新创业沃土，既是孕育拔尖企业的重要途径，也是提升全社会干事创业良好风气和积极乐观心态的原动力。从创业教育来看，创新创业思维鼓励思考和创新，让学生实践和反思，已经在一定程度上打破仅仅是知识复制到知识生产的逐渐转变，从教育引导的角度不断塑造新的价值逻辑。从创业研究来看，中国丰富的实践案例在未来研究中还有很大的空间，创业研究也将在中国式现代化的新征程上迸发更强大的力量，而中国智慧和中国方案也将为世界提供更多的参考。

第二节　研究意义

当我们对创业的认知更为广义和全面之后，研究创业就已经不再是只关注企业绩效的单一方面，还应该包括开展创业行为的个体，以及个体开始创业行为的先导因素。我们可以从个体的角度开展创业研究，也可以从组织的角度开展创业研究，同时，我们还可以从社会的角度开展创业研究，从国家的角度开展创业研究。创业是一个资源集，包括行为主体、行为客体、行为链条。主体是自然人，客体是物，行为链条上有虚拟人和资源，它们共同构成了创业活动中的所有有形和无形的资源。创业也是一个时间轴，包括了创业前、创业中、创业后，在这个时间轴上，创业不止，循环不息，它们呈现了创业实践的发展路线。创业还是一个空间体，包括创业坐标、创业方位、创业的趋势，它们展示了创业实践的具体情境。因此，从行为主体出发，我们需要了解其所处的具体情境，自上而下，由内而外地找出规律和方法，更好地帮助行为主体在创业过程中实现个人价值进而促进社会价值。基于当前中国情境下的创业大环境，通过观察现有的创业现象及研究成果，本书将从个体行为的视角出发，研究行为产生的影响因素，以期帮助和找到更为有效促进创业的方法和路径，以此激发个体的创新意识、创业思维以及创业行动。而当前研究中关注创业行为的研究虽然较多，但多聚焦于对创业行为结果的研究，即关于如何获得高的企业绩效的创业行为研究，主要在于改进企业或员工行为，以帮助企业获得更好的创业产出，对于个体在产生创业行为之前的影响因素研究较少；同时，在研究创业行为中多关注创业者的行为或创业企业的行为，对于个体为什么会选择成为创业者的前置因素研究较少。

因此，本书基于当前创业活动的实践背景和研究背景，试图从个体的视角深入探索过往经历，包括理论学习经历、实践锻炼经历，同时研究个体主动学习和被动学习的经历和成效，进一步探析先前经历对于认知塑造的影响，而个体的认知又是如何进一步影响行为的产生，整个过程的研究主要聚焦于创业行为产生的前置因素，并以潜在创业群体，主要是大学生等青年群体作为研究对象，观察和发现他们在实施创业行为之前受何种因素的影响。试图发现从认知过程的形成到创业行为产生过程的"黑箱"，并在中国特定的情境下探究创业者个体行为产生的差异性。当前很多学者虽然已经开展了关于个体层面的丰富的创业研究，但无论从研究群体的覆盖面、研究视角多元化、研究理论的选择等方面都各不相同，得出的结论的普适性仍然不能完全解释当前复杂的中国情境下的创业行为问题。因此本书将以创业者潜在群体为研究对象，以创业者思考和行动逻辑为主线开展研究，并结合心理学、组织行为学、管理学等多学科角度审视个体行为特征，无论从理论研究的角度还是实践探索的角度都具有十分重要的意义。

一、理论意义

理论是指导研究以及开展科学研究的重要基础，在被广泛接受和认可的解释前提下，可以帮助我们更好地解释现象的发生，也可以帮助我们更好、更准确地找到事物背后的逻辑和原理，选择合适的理论对于研究至关重要。在研究过程中，我们还可以在理论基础上拓展应用研究的范畴，并在使用科学理论解释一种新现象，研究新对象中发现新的运行规律，既能丰富现有理论的应用研究实践，也能在此过程中拓展理论视角，如果足够幸运的话，我们也可以在此基础上找到新的理论逻辑，为现有理论的不断丰富以及交叉理论融合实践中的实践验证作出一定的贡献。基于此，本书选择了管理学中常用的计划行为理论、事件系统理论，同时还选择了心理学中的社会认知理论，基于本书研究的主题特征，还选择了创业研究领域的新兴重要理论效果推理理论（effectuation theory）。运用管理学的理论基础对人们主体行为在现有的创业现象中进行分析，也将个体内心丰富的心理活动放在复杂的创业活动中进行观察和分析，同时从创业实践的角度进一步将个体复杂的心理活动及行为互动放在充满不确定性的外部环境中进行审视。可以更好地解释创业活动的复杂性，也充分观察人的复杂心理活动和行为活动如何通过外部事件产生变化。理论基础的选择有助于本书进一步提炼和分析开展研究的理论意义。其一，本书研究的理论基础帮助研究识别和分析问题，为后续研究中更加深入地理解现实问题，并解决现实问题提供科学的指导。其二，在对理论基础逻辑分析中，可以形成科学的研究思维和研究方法，有利于后续研究的规范化开展，保证研究的严谨和科学。其三，理论基础是开展研究的前提，也是形成新的理论逻辑和研究成果的基石。因此，本书将在选择的科学理论与后续研究体系统筹分析下，从创业主体视角、创业活动视角、创业主客体之间的权变关系等角度进行研究设计，有利于找到研究新发现及理论新贡献的路径。

首先，本书研究以计划行为理论、社会认知理论、效果推理理论、事件系统理论作为理论基础，通过对创业认知及其前置变量和结果变量的研究，即个体的先前经验如何影响创业认知进而影响创业行为的产生，开展了理论驱动的研究。当前研究将先前经验作为创业风险评估的前置变量，探究了创业者先前经验如何正向影响创业风险识别（杨隽萍等，2017），探究了先前经验对企业商业模式创新的影响（李颖等，2021），本书研究中引入可承受损失作为调节变量，探究个体在考虑实施创业行为时个人所承受损失的影响程度。研究变量中对先前经验的维度进行重新整理，先前经验是指创业者在当前创业之前的工作经验和创业经验的总和，学者们采用行业经验（如技术经验和市场经验）、创业经验、管理经验来测度先前经验（Stuart R W and Abetti P A，1987），也有用工作经验、教育经验、创业经验进行变量测量（Quan，2012），结合本书研究对象的特殊性，在学者们研究的基础上，为了更为准确地描述变量的测量，主要从个体教育经验、行业经验、创业经验三个主要维度来测量（Stuart et al，1987；Politis D，2005；Quan X，2012），探究个体在先前经验积累中的实际影响作用，对研究群体具有更强的适应性。其次，本书研究将以个体如何在形成创业认知后思考和行动的逻辑为主线，探析其在思维与行动过程中的作用机理，基于效果推理理论的视角，在面临不确定性环境下个体会结合自身所拥有的资源作出决策，因此，本书引入个人可承受损失作为调节变量进行研究。本书对于个体先前经验对创业行为的影响机理从新的视角出发，从群体特征角度进行考量，大学生群体真正实施创业行为的较少，他们更多是开始创业准备，因此结合特定群体的特征对创业行为内涵进行重新界定，并在变量测量中根据研究对象实际进行考量，同时，从效果推理理论视角进行研究，相较于前人只针对创业者群体的研究具有新颖性，并能在先前经验和可承受损失研究中拓展理论边界和适用边界，为后续相关研究提供新的思路和理论借鉴。

二、实践意义

当前创业现象备受各界关注，现有的理论成果以国外的居多，但是照搬国外的创业理论对于解决中国具体实际的创业问题未免显得"水土不服"，因此，开展基于中国情境下的创业研究有利于改变现有的创业研究窘境，也在一定程度上对发展本土创业理论具有实际的意义。通过对于理论基础的建立，系统梳理指导本书研究开展的相关科学理论，并在此基础上运用交叉学科的理论融合，对于开展创业实践以及创业研究提供了具体的理论指导，通过对潜在创业群体在创业实践过程中各个环节的深入研究，在分析及整理的基础上，形成了有针对性的创业研究理论模型，既为研究提供了具体的理论指导，也为创业实践提供了科学的方法论。首先，这些理论模型的构建可以帮助潜在的创业群体、创业教育的实施者、创业企业的实践者等群体更好地理解创业过程的关键要素，比如创业过程中实际能够产生作用的激励行为、创业资源匹配、创业环境营造、创业者及其对象的市场需求等。从而帮助他们更好地制定切实可行的创业策略，最终产生高效率高质量的创业产出。其次，在理论指导的作用下，模型可以帮助创业活动参与各方分析创业成功与创业失败的影响因素，并以此对具体的创业活动进行分析，对于创业个体以及潜在创业者而言，他们可以据此重新认识和定位自己，更加清晰自身所具备的特质和特长，以及能够发挥的优势和必须补齐或者避开的劣势，找到更好的开展创业的提升方法。对于创业政策的制定者而言，他们可以更加清晰地、更加准确地、更加有效地制定合理的政策，有效帮助服务对象。对于创业环境而言，我们无法准确地掌握市场规律，但是我们可以更加清楚地认识到环境的不确定性及风险挑战，帮助创业实施的各方调整心态，更加促进创业者思维转变和行为转变。最后，通过创业研究的实践，不仅关注到个体的成长和变化，影响创业实践的价值结果，更重要的是，创业研究及实践的过程也是促进创业生态系统构建和发展的过程，创业生态系统中的各方，包括创业者、投资者、政府、科研院所、社会参与者等相关主体在相互作用下可以发现实践问题、政策问题、价值问题等，有利于促进创业环境改善和创业生态系统的健康有序发展。

本书研究主要以创业活动为主线，关注个体如何产生创业认知并实施创业准备行为，研究群体聚焦于潜在创业者，主要是大学生群体，这类群体正值精力旺盛、富有创造力的年龄阶段，也经历认知形成的重要时期，他们很有可能在未来开展创业活动。创业行为是指个体在有了新想法的基础上并进行实践，从而对其所在的企业作出贡献，创业行为更强调的是从无到有的过程，经过研究发现，创业研究的核心是要深入创业过程的内部，主动揭示创业行为的产生机理及其活动规律，剖析创业行为产生的深层次原因（张玉利等，2009），但现有研究主要关注创业过程的前端与终端（田喜洲，2002），对于创业行为过程的研究较少。综合学者们研究现状以及对创业的定义，结合本书研究对象的群体特征，大多数潜在创业群体实际上还没有创建自己的企业，他们只能从产生创业意愿开始到逐渐发现创业机会，并以此为起点为创建企业做一系列的准备工作，因此潜在创业群体的创业行为更多是创业准备行为。从个体角度来看，创业行为的研究可以通过对行为主体的认知以及认知导向行为的因素进行，帮助个体在开展创业决策中进行决策偏好分析、风险承受能力的评估，以及对个体创新意识和创业能力的提升，从而更好地为行为个体提供科学的指导和未来成长的路径指引。而且，对于促进个体行为能力提升具有积极的作用，通过面上的统计分析可以找出一般规律，并帮助个体更好地对自我进行认知和定位，同时系统地梳理创业中的有效行为模式和决策方式，帮助个体有针对性地进行能力提升训练，有效地发掘创业机会和整合创业资源，不断提升创业成功的概率。如何更好地开展创业准备行为受到外界因素的影响，创业行为的因素研究可以进一步帮助优化创业环境，为政府和相关的创业扶持机构提供决策的依据。对于政策制定部门来说，可以更加准确地了解创业者在创业过程中遇到的实际困难，可以合理制定适合初创企业的优惠政策，让潜在创业群体更好地了解政策来帮助发现创业机会和开展创业筹备，而有效的政策支持和创业服务才能进一步优化资源利用率，提高政府的投入产出比，创造出更多的社会价值。对于企业来说，可以激励年轻员工的创业激情进而实施内部创业行为，企业可以通过一般规律帮助和引导员工提升忠诚度和在企业内部的职业规划，让员工对企业产生强烈的归属感，并从职业发展的角度同公司发展相结合，最终实现个人价值和组织价值的双赢局面。从创业教育领域来看，创业行为的研究可以为教育规划提供理论基础和实践指导；从顶层设计来看，制定教学转型和支持政策能够有效促进创业教育生态系统的构建；从具体实践来看，建设有效的课程体系可以有效提升教学效果，促进大学生创业认知及做好充分的创业准备；从创业教育案例来看，可以建立示范典型案例，为创业教育提供具体的方法指导和评估体系，不断提升创业教育的质量和成果，并将形成可推广复制的优秀模式。因此，本书研究聚焦的领域和群体在当前中国情境下备受关注，从社会层面来看，有利于形成创新创业的社会氛围，对于国家创新发展战略的实施具有促进作用；从企业层面来看，帮助和建立内部创业的价值体系，对于企业创新和可持续发展会带来积极的影响；从创业教育来看，对于破解当前创业教育改革的问题，并在通识教育基础上培养具备创新思维的高素质人才提供解决路径；从个人层面来看，建构独立思考、辩证思维、创新精神、创业意识的价值体系，促进人的全面发展，建设现代化的人才体系，助力强国建设具有深刻的实践价值。

第三节　研究问题及创新点

一、拟研究问题

创业实践及研究发展至今已经呈现纷繁复杂的创业现象，学者们从不同的研究视角关注、观察、分析、总结形成了丰富的研究成果，但是创业环境的不确定性以及创业的时刻变化决定了创业实践是一个永恒的研究话题，不同时代的创业者由于家庭背景、教育背景、社会阅历等的不同，决定了他们对同一事物的不同认知；对于创业环境而言，唯一不变的就是时刻变化的大环境，同一理论在不同时期发挥的作用及分析的结果也会产生不同，面对不同的时代背景，理论的适用性以及解释度也会发生改变。对于创业过程中的资源来看，发展中的社会所能提供的社会资源和机遇也各不相同，不同维度下的评价体系和结果反馈也会有所差异。因此，同一事物的时空维度，同一现象的理论逻辑，同一事件的资源效应都会各不相同，纷繁复杂，站在这一立场看问题，对于我们如何选择研究主体，如何聚焦研究视角，如何开展研究设计，如何通过结果导向开展研究都具有重要的意义。本书研究聚焦于中国具体的情境下，以飞速发展的数字经济作为大背景，从创新驱动发展战略的发展要求和创新带动创业、创业带动就业的现实需求下，把握住方向引领和具体问题具体分析的研究思路，关注当前社会现象以及总结学者们的研究成果，聚焦于行为主体来厘清研究思路，找准研究方法，切实破解现实问题和拓展理论适用边界，真正为创业生态各方提供实践参考。

基于研究思路与逻辑的梳理，观察、总结和分析当前创业实践的现状以及创业活动对各参与主体的影响和实践价值对于聚焦研究问题具有重要的意义。随着创新创业浪潮的持续高涨，人人众创的时代红利不仅仅带来的是多元化的市场，新技术的使用、新的生产关系的变革、新质生产力的衍生已然成为发展中的必然选择。从实践的角度来看，小步快跑的迭代式创业活动不仅丰富了市场主体和客体的表达方式，也在为各行各业提供了切实的岗位及新的就业机会，在一定程度上促进了多元化商品和服务的快速流通，提升行业"流量"。作为经济社会发展中的催化剂和原动力，无论在发达国家还是发展中国家，创业都是其经济形式中最为活跃的部分，通过不断的创业实践驱动创新的产生及创新成果的转化，不断改善初创企业的生存方式，不断增强成熟企业的核心竞争力，不断驱动行业技术创新和服务创新，对经济将会产生巨大的影响，同时对政策制定部门也会提供很好的实践支持，为政府政策改革建立了一套有效有利信息反馈机制。对于市场参与的各方而言，众多的创业者在开展创业活动中积少成多地创造了大量的工作岗位和就业机会，尽管这些机会变化更新快，也正是在不断地更迭中为那些很难长期在同一行业扎根的个体很好地度过了工作的空窗期，为大量的临时岗位和临时工种提供了可持续发展的平台和机会。同时，对国家经济的增长也起到了良好的促进作用，为我国新时期的经济新常态稳步发展作出了贡献。创业活动中随机衍生的新行业在不断地优化调整中更新了新业态，也使优质公司脱颖而出，形成了丰富多元的行业种类和产业形态，丰富和发展了经济新形式。从研究的角度来看，丰富多元的创业实践和创业活动为学者们提供了更为丰富的研究案例，纷繁复杂的创业现象涌现出的不仅是经济新形式，还有经济发展的新规律，大部分的规律总是在现象发生之后我们才察觉到它的存在，只有极少数规律是被预测出来的，因此，丰富的实践案例和现象级的社会形态为研究者们打开了创新创业实践与研究的大门，我们可以从任一群体、任一组织、任一视角等作为切入点，观察并分析其背后的内在逻辑，同时国外的创新创业理论在中国情境下的实践验证本身也会产生不一样的融合反应。创业研究在众创时代的沃土下，其研究素材和成果也会呈现指数级增长。不仅为创业实践者提供了理论支持，促使他们用科学的方法去试错，促进创造力和创新力的形成，还提供了实践指导，帮助他们更好地理解创业环境，更好地透过现象看本质，评估风险和损失，更有信心地开展创业实践；对于创业支持者而言，研究机理的呈现和影响因素的分析能够为政策制定部门如何科学合理地制定有效的政策提供了思考方向，不断以市场为导向的信息反馈促进创业环境的优化和创业活动的健康有序发展；对于创业教育者而言，作为一个新兴的学科领域，其理论基础、内容体系、方式方法等都具有模糊性和不确定性，如何更好地论证理论的价值以及找到正确的方法进行教育引导至关重要，创业研究不仅为创业教育者提供了理论遵循，还为创业教育者在学科建设和课程改革中提供了方法论。

在基于创业大环境分析以及创业在实践中的价值论角度，我们继续从创业研究的角度概括性地认识当前创业研究的现状及值得深入研究的"蓝海"空间。从实践过程到理论生成需要时间和空间，也需要研究者们在此过程中持续不断的科研投入。自 2010 年以来，国内创业相关研究发展迅猛，呈现出来的包括不断涌现的创业主题，不断融合的国内外理论，尤其是创业理论的本土化发展和本土化创业理论的发掘，研究方法也呈现多元化趋势，作为一个集合了多学科领域的创业学新兴领域，已经不再是管理学基础上的多学科交叉融合，而是不断衍生和形成了新的创新创业生态和创业学体系。在根植于中国特色的情境下，创业研究的主题也将不断注入中国特色和中国文化。结合当前研究的已有成果来看，创业相关的研究主要有三个显著的特点。首先，学者们关注创业相关研究的脉络梳理，尤其是在国际顶级期刊文献中，不难发现整体呈现给读者们不断清晰和明朗的创业时间发展历程，这为后续的研究者们提供了研究的思路并为创业发展中规律的探寻奠定了基础。其次，学者们关注创业相关研究的主题，不断多元化发展的创业形式和创业生态为学者们也提供了更多的话题讨论和主题探析，深化对创业活动的认识，并持续探索创业中不同角色、不同方面、不同视角的规律，不断形成了以创新创业为中心衍生的分支领域，构建了对创新创业研究的整体认知，从剖析到重构的理论重塑过程，也不断明确创新创业研究领域的未来发展趋势和研究方向。最后，中国的国际综合影响力的持续攀升，越来越多的学者们关注视角已经无法忽视中国式创业的国际影响力和未来持续提升的地位，中国的创业活动已经在影响全球化的进程中发挥了重要的作用，基于中国文化、中国元素以及中国具体实际的创业研究层出不穷，只有不断读懂中国的文化才能更好地认识中国情境下创业研究的独特性，不断建构起中国特色的创业本土理论，构建完整的创业理论体系架构。因此，我们可以具体地从学者们的实际研究中找到未来研究的思路及切入点。在创新创业研究过去十多年的蓬勃发展期，学者们已经为创新创业研究贡献了十分丰富的参考文献，创业研究也取得了巨大的进展，除了有关创业研究的文献数量呈现指数型增长之外，创业研究的子领域也不断浮现，并且创业研究地域分布也出现全球化等特征，创业研究的影响力也在不断提升，创业研究的思维方式和跨界融合也在不断发生质的飞跃（Davidsson，2016）。从研究主题来看，现有研究主要聚焦于创业网络、创业资源、创业者/创业团队、创业环境、战略导向及创业机会六个主题，从参与者、平台、资源三大板块开展了丰富的研究实践，其中围绕资源展开的创业研究也揭示了创业的本质属性。从研究趋势来看，近年来有关转型经济或新兴经济体下的创业研究正受到极大关注，创业的本质是创造价值，价值的呈现形式总是在围绕经济话题，因此，创业研究会随着经济体的变化而发生变化，国外的创业理论为中国新形势下经济发展和创业活动的双向赋能提供了底层逻辑，国外有关创业领域的研究也为中国创业活动提供一定的理论指导（蔡莉，2011）。然而在中国情境下，不断变化的市场环境、新的变革与挑战、不断涌现的创业问题，加上持续的教育改革等，对创业行为研究也带来了新的冲击。作为人口众多的大国，尽管当前老龄化趋势呈现，但是我们仍然不可忽视作为建设和实现中国式现代化的中坚力量。十年间的创新创业蓬勃发展期，已经孕育了新的一代青年创新者，他们一定会在未来十年迸发出蓬勃生机以及营造出新时代更为崭新的创新创业新气象。基于群体的成长背景和成长路径，并持续关注他们如何思考和行动，对于发现行为背后的规律和引导群体如何在改革驱动下开展创新创业行为具有重要的意义，无论是对个体成长而言，还是对创业支持者、创业教育者等都会形成多维度联动和双向赋能。因此，本书将从研究实践的方法论角度，通过持续关注创业实践现象，并在研究成果和理论支撑的基础上，聚焦研究问题，并为后续研究提供路径遵循。主要分为以下三个方面开展研究。

第一，基于事件系统理论，根据系统层级间的相互影响关系，有学者关注并解释事件的本质属性（时间、空间以及强度）对组织的动态影响程度（Morgeson et al.，2015）。事件的强度是事件系统理论中评价和判定一件事件的十分重要的组成部分，因此研究事件的强度至关重要，它直接影响了事件对后续其他方面的影响效果和影响程度。只有当事件比较突出也就是事件的强度足够大时，该事件才不会被忽略掉，因此我们也更加准确和细分了事件强度的维度，包括事件是否新颖，事件是否具有颠覆性，事件是否具有关键作用等，通过这些方面的综合评价来判断事件是否属于关键的事件，是否值得组织将它放在重点考虑的清单上。事件的空间维度包括事件的发生、传播扩散以及和其他事件有没有关联。事件的起因不同，传播形式不同，其所对外界产生的影响也不同。如果事件传播的速度很快，传播方式很多，那么事件的影响程度自然就高。从事件的时间维度来看，包括事件发生的时机、持续的时长，以及持续发生影响的强度变化趋势等。事件发生的时机既取决于当时所处的环境，也取决于事件受重视的程度，在组织中，事件发生的机遇受到组织政策、资源等的影响，也会受到组织发展战略的影响。基于事件的三个维度来看，本书将从个体如何思考和开展行动的角度出发，重新梳理创业事件的类型、创业事件的空间、创业事件发生的时机、创业事件的强度。个体在不同的创业空间环境内其所受到事件的影响程度不同，对认知的塑造程度不同，进一步影响创业行为的产生效果及后续的可持续影响。从个体对创业事件的影响的时间维度来看，其所受到创业事件不同程度和不同时长的影响下，个体对于创业的认识深度及广度也会有很大的区别。创业事件从影响程度来看，如果个体在高强度的反复训练及深度体验中，其由内而外所产生的创业意识和创业认知也会呈现不同的趋势。与此同时，我们还需要考虑创业事件在影响个体认知和行为过程中如何从"被动式"创业行动转变成"主动式"创业行动的过程。个体是一切行为的具体发出者，而行为产生又受到思维的影响，因此，本书研究结合事件系统理论的底层逻辑思考个体行为产生的影响因素，从个体思考和行为的视角，创业类型的事件空间、强度影响个体的创业认知模式，个体在被动性事件中倾向于采用分析式认知模式识别创业机会，采用直觉式认知模式发现创业资源，通过创造主动性事件在行动学习中利用创业机会，在经验学习中获取并管理创业资源；创业自我效能感能够调节个体认知模式的转变，创业学习能够促进主动性事件对创业能力的提升效果；连续受到创业事件的影响，被动性和主动性事件的交互作用形成创业能力提升的正反馈，被动性事件变少、主动性事件变多，创业能力得以巩固（张默，2018）。基于此，结合潜在创业群体的特征，分析提出不同类型（包括事件属性、时间长短、空间范围、程度强弱等方面）的先前经验如何对个体认知进行塑造进而产生创业行为尤其是创业准备行为。

第二，基于社会认知理论，班杜拉（Bandura A，2001）从个体思考和行为的视角认为，社会认知理论在承认个体具有主观能动性的基础上，从个体认知出发系统地揭示了个体行为的产生过程。人是行为的发起者，也是行为的承载者，除了外在的行为表现之外，我们不能忽视人的思维对行为的影响，从心理学的角度来看，社会认知体现了个体对于如何去理解他人、思考他人等的心理过程和影响过程。人们对外界的认知以及基于认知所作出的反应一定程度上体现了人在根据环境中不断变化的社会信息而表现出来的不同吸收程度和学习效果，在与外界信息进行交换和互动的过程中不断形成了对事物的判断，对事件的推论。社会认知既是一种心理状态，也是对外界的一种理念和态度，它包括个人的心理状态，既有情绪的感性状态，也有分析的理性状态，还包括行为动机，个体做出一定行为的初始意图和随着时间变化的动态意图，在基于心理状态和行为动机的前提下，个体在对外界做出推测和判断的过程集中体现了个体的社会认知。因此，我们在了解社会认知的形成过程中，能够帮助理解个体行为产生的逻辑和原理。社会认知的过程既是个体根据过去的有关经历以及过去体验的基础上分析形成，换句话说，个体的认知受到过去的经历和通过经历转化而成的经验的影响，同时也受到主观上的思维活动的不断优化。人的主观感受体现了某种程度上对信息的加工处理，既有逻辑推理的部分，也有感性流出的部分，大脑通过对这些信息的分类归纳，由思维活动不断沉淀为思想理念。因此，社会认知是个体行为的基础，也是个体不断形成新的认知的过程。在这个循环迭代的系统内，个体的认知从形成、深化到不断强化，进而促进相应的外在行为的产生。因此，本书研究基于社会认知理论的底层逻辑来分析个体是如何受到先前经历的影响，进而产生对创业行为的相关认知，进而产生创业行为，甚至在重复该行为中反过来强化创业认知。既包括对他人的认知，例如创业伙伴、创业教师、创业参与各方等，同时也包括对于创业社交网络的认知，对自我的评价和认知，进一步形成对创业事件的系统和全面的认识。认知既是个体行为的起点，也是个体行为产生的终点，同时，在个体与外界产生互动的过程中，认知会成为发生链接和互动的桥梁，把不相干的两个事件联系在一起，并在此过程中产生强化作用。这也体现出个体认知方式的不同，包括个体认知风格的形成与对认知类型和属性的自主选择性。也就是说，个体认知既受到外界的影响，也受到个体在加工处理中的过滤筛选。研究也表明，具有内在目标的个体更倾向于进行个性化交易，且他们通过个性化交易可增加创新自我效能感并进一步提升其创新行为（吕霄，2020）。当外界的刺激没有规律且类型不一时，个体会受到主观认知的影响而产生筛选作用，而当外界的刺激强度较高，类别集中的时候，个体认知会极大程度地偏向于对信息量大且多的类别进行偏移。所以，本书研究将在社会认知理论的指导下，充分考虑到认知塑造的导向因素，将创业相关的认知作为桥梁和纽带，链接创业事件与创业个体，以此探讨和分析创业认知作为中介变量的作用，剖析创业认知形成过程及影响创业行为产生的因素。

第三，基于效果推理理论，萨拉斯（Sarasvathy，2001）认为，在高不确定情境下，基于现有资源和手段进行科学决策的非预测性逻辑，为企业制定战略决策并实现持续成长提供新的理论指导。效果推理理论是指创业者在不确定性情境下，个体通过有效利用身边的资源和手段，通过获得利益相关者前期承诺为基础，以可承受损失为原则，在不断试错的过程中进行战略决策制定。效果推理区别于因果推理，比起通过逻辑分析和预测未来进行目标设定，效果推理更加关注个体手中所拥有的资源，在创业过程中动态地调整目标，创业结果也可能是在过程中偶然创造的，而不是预先设想好的，因此如何快速行动和迭代是创业活动中广泛讨论的核心。随着创业研究的不断深入，学者们也逐渐发现在经典管理理论中很难找到一个十分满意的解释理论，面临层出不穷的创业现象，现有的管理理论似乎都不能完全进行分析和构建。在现实中，创业者往往会面临快速变化的市场需求，个体很难在一开始创业就能完全预测到未来的需求导向，甚至一开始的计划可能都会在过程中不断发生改变，最终产生的结果出乎意料，而在进行目标调整中也很难通过做管理计划来严格控制偏差，这一现象与经典管理理论中以目标为导向的理念和计划、组织、领导、控制的贯序逻辑相背离。而现实中成功的创业者给大家呈现的是不断努力开发新机遇，寻找新挑战的状态和模式。针对这些问题，美国弗吉尼亚大学达顿商学院的萨拉斯教授在 2001 年提出来的效果推理理论，尝试在解释外界高度不确定的情境下创业个体是如何去开展创业机会探寻和进行创业决策等系列问题。通过不断的尝试，结果屡试不爽，一下子掀起了创业研究新的浪潮，在十年间该理论获得了高度的关注和学术界的高度认可。并且这一原创性的理论被大家公认为最重要的创业研究理论进展。效果逻辑所提出的从自身所拥有的资源出发，思考"我是谁""我知道什么""我认识谁"三个主要问题，并以此建立了以资源为导向的行为模式。这与经典管理理论中的因果推理相对应，从目标导向到资源导向的转变一时间引起学者们的思考，效果推理也很好地在因果推理中做了补充。对于个体而言，我们最能掌握的一定是自己所拥有的资源，即"我是谁"的问题，搞清楚"我是谁"，是一切行为的前提，这既是与生俱来的资源，也是自身优劣势的原始积累。与此同时，要深刻剖析个体自身的特长和能力爆发点，这是后天通过积累不断沉淀的资源禀赋，即"我知道什么"的问题。弄清楚我在后天通过努力能达到什么程度，在一定意义上可以帮助个体有针对性地进行练习和提升，这将打破原始积累的劣势，也将放大原始积累所带来的优势。同样，效果推理还提供了第三个视角，我们还要将目光从自身转移到他人，思考"我认识谁"能够帮助我们搭建网络资源，将自身的长板尽可能发挥，将自身的短板避开或者补齐，每个人都无法回避的问题是，我们一定会有自身的局限性，即使是最好的原始积累和平台，也有无法独立完成的部分，这些所谓的"其他资源"视角就能很好地弥补自身不足的问题，我们可以通过价值互换的形式进行资源交换。在这三个问题弄清楚后，我们会发现，效果推理已经成为因果推理的好伙伴，并且相辅相成地促进个体更好地面对"已知"和"未知"。因此，本书研究将从效果推理的理论视角下，分析个体在不确定性环境下如何思考和行动，如何面对风险和评估损失，如何发挥优势、弥补劣势等问题。现有研究表明，效果推理本质上指导决策者在不确定性和不可预测性情境下，利用既有手段和资源进行决策（刘军跃，2018）。作为效果推理理论中的重要视角，可承受损失原则对于研究个体的决策行为具有重要指导价值，因此本书研究引入可承受损失作为调节变量，深入探究个体采取行动时如何考量自己手中所拥有的资源及能够承担的损失。本书研究在构建理论模型的基础上，基于中国情境下的创业环境，通过实证研究分析验证假设的可行性，并试图探索先前经验对行为影响的"黑箱"。

二、研究创新点

关于创业的问题从国家政策、社会实践、教育研究等领域都备受关注，在国家大力推动创新创业的政策加持下，丰富的创业实践创造了鲜活生动的案例，这不仅为学者们在研究现象问题上提供了沃土，也为创业理论在中国的实践提供了更多的研究素材，同时，也为发掘中国本土的创业理论提供了更多的机会。学者们从关注创业者特质、创业者行为、创业绩效、创业环境、创业风险等角度开展的中国创业研究已经取得了丰硕的成果，在此基础上不断从宏观视角转移到微观视角开展创业研究。因此，创业问题不仅备受政策制定部门的关注，也受到了创业者、创业研究者、创业教育者的关注，同时创业从理论研究到实践价值等角度也吸引着越来越多的群体的关注。因此，本书紧密结合当前中国情境下的创业环境，在学者们研究的基础上客观真实地捕捉当下的社会现象，并通过组织行为角度探究创业行为的问题，对于现有理论边界的延展及从不同情境和不同群体下的实证研究都具有非常重要的现实意义，研究主要有以下三个创新点。

第一，丰富了创业过程研究的相关研究成果。以往的创业研究着重于创业理论在实践中的应用，而关注点几乎聚焦于创业实践的结果导向和价值导向，对于创业前提和创业过程的关注较少，且理论运用中多以国外的创业理论居多，对于本土实际问题的研究分析中可能会在一定程度上出现"水土不服"的现象，并且理论的使用和验证中与中国的具体实际情况也有所不符。本书从效果推理理论的视角出发，分析创业者所处的外部环境和创业活动的特点，并以此作为研究分析的前提，将创业者放到创业外部环境中进行审视，厘清创业的风险性和不确定性，把创业者思考和行动的内在逻辑作为行动指引，基于此，本书选择了先前经验、创业认知、可承受损失、创业准备行为作为研究变量，并构建了研究的理论模型。试图探究先前经验对创业认知的影响，以及先前经验对创业准备行为的影响，以创业认知作为中介变量，可承受损失作为调节变量，将研究视角聚焦于创业行为产生的前端，研究结果将对个体在产生创业认知和没有创业认知之间进行对比，以此观察个体创业行为的强弱程度。在当前已开展的研究中，大多关注创业绩效产出问题，也就是创业行为对企业绩效的影响，创业行为主要作为前置变量，但是个体在创业意愿产生之后如何采取行动的过程研究较少。本书主要从创业过程中个体如何通过创业认知对创业行为的影响强度进行探究，创业行为主要作为结果变量，结合研究对象特征，主要聚焦于创业准备行为的研究，以往研究主要关注创业行为作为起点对创业活动绩效的影响，因此本书拓宽了创业行为的研究视角。

　　第二，提出可承受损失作为调节变量的作用机制。创业环境复杂多变，创业实践风险重重，创业成功后不仅可以创造经济价值，还能在一定程度上创造社会价值，但是价值创造与风险管理总是同时存在的，高风险可能会带来高回报，如果不去冒险，创业的高回报价值的概率自然为零。因此，当我们关注价值创造过程及结果时，我们也需要将风险管理放在重要的位置，事实上，风险存在于创业开始之前、创业进行中以及创业结束后全过程。正如乌卡时代（VUCA）对外部环境的认知和定义，我们总是要不断面临风险、挑战、不确定和模糊，唯一不变的是变化，而创业者也是基于这样的外部环境，不断调整创业策略和创业行为，在不断小步快跑的迭代中发现惊喜，创造价值。基于此，本书基于不断变化的外部环境，在效果推理理论的指导下，将创业者所面临的外部风险环境因素放到研究中进行考量，当风险无可避免地存在时，创业者必须认真审视自己承担风险的能力，有多少资源可以损耗，资源损耗的周期长短等都直接影响到创业结果，所以创业者会评估自身所拥有的资源，资源决定自己可承受的损失下限，察觉资源与风险之间的重要节点在于创业者的创业认知，因此，当个体意识到在创业认知与创业行为之间可能会受自身资源的影响时，会认真考虑风险因素，做出决策调整。因此，研究结果将观察个体如何受到可承受损失原则的调节作用进而影响创业行为的产生。就研究群体而言，以往的创业研究多关注创业者群体，针对创业者群体的各种行为进行研究，研究结果多关注企业绩效，本书将潜在创业群体作为研究对象，通过效果推理的视角解释个体如何在以创业为导向的先前经验影响下塑造认知结构进而影响其创业行为。这个过程对于创业思维在非创业者中的研究有利于研究群体适用边界的拓展，同时对于事件系统理论在不同群体和不同视角的进一步实证研究中具有重要的理论价值，丰富了创业思维在非创业者群体层面的研究，拓展了创业认知对创业行为的调节因素的认识，且本书对于创业研究理论模型的进一步完善，深化创业行为的认识和理解，为潜在创业群体开展创业行为提供指导。

　　第三，对创业理论与组织行为理论进行交叉融合的实证研究。创业理论最早的研究主要在西方国家，创业理论的发展也经历了从一维到多维，从静态到动态的过程，最早的创业研究主要关注创业者特质，学者们认为，创业成功的关键要素是创业者本身所具有的特质，随着创业活动的复杂性不断凸显，创业者的特质已经不能完全解释创业现象。随着经济社会的不断发展，以及创业实践的不断深入和多元化，创业研究的视角也不断得以拓展，逐渐演变为对创业环境、创业资源、创业团队、创业风险等的研究，创业理论也在此过程中得以动态发展。从创业研究关注视角的不断演变——从最初的关注人的视角到关注外部其他因素的视角来看，理论的演变也从最初的创业活动中引入管理学不断拓展到心理学以及其他学科，甚至不断发掘出创业理论。创业理论也不再是抽象的概念，在通过不断的实践应用中逐渐成为可以具体指导创业者行为的指南，也正是因为创业理论最早的起源和发展是基于西方国家的具体实际，在中国情境下的创业研究中，创业理论的适用上会显得水土不服，而创业研究中生硬地使用国外的理论对于指导实践也会出现偏差。因此学者们在具体问题具体分析的情况下也不断发掘出了很多新的现象和现象背后所蕴含的逻辑与原理，这也使得中国本土的创业理论得以发展。基于此，本书将结合中国具体实际，将创业研究的视角和分析维度与国内大环境相结合，并在此过程中与组织行为等理论相结合，基于创业理论的逻辑框架和原理，分析讨论个体是如何在复杂的创业环境中进行思考和行动的，同时结合组织行为相关理论对人的行为特征和行为心理特征进行分析，从个体行为进一步拓展到群体行为。本书基于理论分析和指导，厘清个体认知结构形成过程的影响因素研究，深入探究个体行为如何受到心理活动的影响，而心理活动又会在外界刺激中不断强化。对于创业理论在中国情境下的具体实践中不断丰富以及发掘本土创业理论具有重要意义。同时，将管理学中的相关理论运用到创业活动中，对于交叉学科的不断融合以及理论在不同情境下的应用得以进一步拓展。具体来说，本书将从效果推理视角将个体创业思维形成过程有机结合，探究以创业为导向的先前经验如何有针对性地塑造个体的价值形成，将事件系统理论的作用过程应用到创业情境中来，通过实证研究进一步探究理论交叉融合的边界适用，具有重要的实践意义。

第四节 研究内容与方法

一、研究内容

第一，研究以创业为导向的先前经验对青年创业准备行为的影响作用。当前学者们关于个体创业行为的研究主要聚焦于行为对结果的影响机制，对行为产生的过程的影响因素研究较少，且研究的结论不一。创业者先前经验正向促进企业创新，以往研究多从静态视角出发，分析不同类型经验对企业创新的影响（李颖，2021），创业者的先前经验还能帮助个体进行创业风险的识别，并且能够正向影响个体的创业行为（杨隽萍等，2017），研究表明，创业者的先前经验还能对个体利用式学习具有正向的影响，而这些学习所获的知识及资源能够促进企业资源拼凑，进而提升企业的绩效（龙海军等，2022）。已有研究讨论了先前经验对个体学习行为及企业绩效产生的显著正向影响，根据事件系统理论，学者们认为，个体在主动型实践和被动型实践中所获得的经验会影响其后续事件的结果（Morgeson et al.，2015）。因此，个体过去所经历的事件会通过经验的形式影响其后续行为的发生。同时，根据伊塞克·艾奇森（Icek Ajzen，1988）提出的计划行为理论，人的行为并不是百分之百地出于自愿，而是处在控制之下，个体的行为意向和行为通过行为信念间接受到个人因素影响。个体在产生创业认知后会通过意愿的形式影响其后续行为的产生，该理论能更好地了解和预测个体的行为意图及其自我效能和控制感，并显著地提高人们的具体态度对行为的解释力。研究表明，个体的行为对创新行为意愿与行为间关系有正向调节作用（李柏洲，2014）。基于此，本书将进一步探索先前经验对个体创业行为的影响作用。

第二，研究创业认知在先前经验及创业准备行为之间的中介作用。与创业特质论关注"谁是创业者"不同，创业认知研究关注的是"为什么有人会选择成为创业者"，因此学者们通过分析创业者独特的思维方式来更好地理解个体为什么成为创业者及其创业行为过程（Krueger & Day，2010），创业者在思维方式和认知风格方面与非创业者具有显著的差异，创业者所形成的独特认知能够帮助其识别和把握创业机会（Allinson，2000），创业认知是个体在进行创业机会评价、企业创立决策等活动中所运用的知识结构（Mitchell，2002）。根据班杜拉（Bandura，2001）的社会认知理论，创业认知直接影响了个体的思维、动机和创业行为的发生，个体的认知、行为和环境三者之间能够相互影响，其中认知与环境的交互反映了人的思维变化将影响个体的行为，环境与认知的交互反映了人的思维和认知会受到环境的影响。已有研究表明，在科技人员中创业认知对创业行为具有正向的影响作用（倪嘉成，2017）。因此，本书将从潜在创业群体的认知反应和行为反应进一步验证创业认知对创业准备行为的正向影响作用，并探索创业认知是如何通过先前经验的积累进一步影响创业行为的，验证创业认知的中介效应程度。

第三，研究可承受损失对于创业准备行为的调节作用。创业环境充满了不确定性，对于新创企业而言，企业绩效是其生存和发展的重要衡量指标，能否成功创建企业，创业中所面临的网络规模、强度、资源等都会有显著的正向影响，而组织或个人的可承受损失对于企业绩效具有调节作用（海青，2017）。根据萨拉斯瓦西（Sarasvathy，2001）的效果推理理论，创业者在决策过程中首先考量的是可接受的风险程度，而不是在既定目标及预期收益前提下最大化潜在收益，由于效果推理关注可承受的损失范围，因此该理论强调在有限的资源和手段条件下尽可能多地尝试。现有研究还表明，效果推理对于创业导向具有正相关作用，其中可承受损失是个体在实施行为之前需要考量的因素，创业者在实施创业行为过程中会遵循效果逻辑而不是因果逻辑，并以此在实践和试错中发现和创造机会（崔连广，2017）。因此，个体在拥有创业认知后产生创业意图，进而实施创业行为过程中，如果可承受损失的程度越高，开展创业行为的动机就越强，反之，可承受的损失程度越低，开展创业行为的动机就越弱，本书试图探究可承受损失在创业准备行为实施过程中的调节作用。

根据对当前研究现状的梳理，影响创业的因素有很多，学者们关于创业研究的视角也不尽相同，对于创业理论的使用及适用性都有许多值得进一步研究的地方。对于创业本身来说，大家更容易将其放在真正创建企业的过程，并以此探究其过程性问题和结果性问题，这个在实践的角度无可厚非，也从一定的角度凸显出创业的经济价值。然而对于创业的定义，已经不能从狭义的创建一家企业或者成立一家公司来框定，因为创业已经不仅仅是一种市场实践，它已经逐渐延伸到了创业教育及创业研究。从教育的角度来说，创业教育的最终目的并不是将所有人都培养成创业者或者企业家，而更多的是创业思维的培育、创业精神的塑造、创业行为的落实，而这里思维指的是基于创业实践的特性赋予的面对不确定性和风险挑战的思维模式，精神更是一种企业家精神为导向的学习成长路径。从行为模式来看，无论是在任何一个组织，个体都无可避免地要面对或大或小的问题、挫折、失败，如何回应这些不确定性所带来的情境及状态是个体需要去学习和探索的部分，而这种行为是具有创业思维和企业家精神导向的结果，一种对创业行为更为广义的定义，也是学者们现在越来越多提及并开展研究的内部创业行为，自我创业行为。从研究的角度来讲，创业不仅是关注、观察、关心企业实践，还是在企业实践的现象中找到创业的本质和内涵，以及如何影响创业实践过程及未来发展的种种因素，包括人、具体的环境，也包括隐性的很多因素，所以既有主观也有客观，既有主体也有客体，既有有形也有无形。因此，创业的定义应该是更为广义的，这样才能更有利于对创新思维培育的路径探索，让学者们从更大的范畴发现问题，从强关联和弱关联中有所发现。本书在学者们丰富研究成果的基础上，将研究放在对创业更为广泛的视角，包括人的思维、行为等方面，而不拘泥于创建企业的实践中。因此对于青年而言，尤其是包括大学生群体在内的还不能完全开展创业实战，或者说很难开展创业实战的人群，他们基于时间、空间等因素的影响，在当下无法真正进行创建公司的具体行为，但是，我们可以非常肯定的是，所有的创业者和企业家都曾经历他们的这个阶段，都是从青年群体成长起来的，并且随着时代的发展和教育的普及，创业群体越来越年轻化，受教育水平也越来越高。因此，从国家对于创新人才需求的角度来说，大概率能够预测的是，所有的这些青年中一定有一部分未来会踏上创建企业的创业实践中，不去参与创建企业的其他人群也一定会分散到各行各业的各岗位中，他们都是参与未来建设的人力资源。无论是外部创业还是内部创业，他们都需要具备创业思维，都需要学习企业家精神，以创业为导向的先前经验会对他们思维形成和行为结果产生重要的影响。因此，对于他们的创业教育就显得尤为重要。同时，如果我们从内部创业和外部创业的角度来区分，由于认知及外界不可控因素的影响，实际上我们是很难准确预测哪一些人是未来的企业家，哪一些人会进入什么行业中去，所以对于未来而言，青年群体一定都是潜在创业者，未来他们会将所学所获等先前经验运用到实践中去。

本书从创业的广泛定义出发，分析创业潜在群体对未来创业实践的重要影响和实践意义，选择了大学生群体作为研究对象，分析他们对于创业的现实情况和实践情况，并从创业的不同角度分析他们可能会产生的行为。而从创业实践来说，大学生群体真正能够投入市场创建公司或者开展具有经济价值的创业实践的数量是有限的，他们大部分会在这个过程中不断地做好准备，等待时机，一旦时机成熟他们就会在自己擅长的领域崭露头角。因此，潜在创业群体的创业准备行为对于创业实践具有十分重要的价值，也是创业者如何将创业认知转化为实践的桥梁和重要支持。基于创业和研究对象的分析，本书将基于计划行为理论、事件系统理论、社会认知理论及效果推理理论，从个体思考和行动的视角出发，结合大学生群体的实际特征，将研究视角放在创业实践之前的准备行为阶段，并以创业准备行为的产生为研究结果，旨在探究先前经验如何通过创业认知的中介作用影响创业准备行为的产生，可承受损失在创业准备行为产生过程中如何发生调节作用及其程度。

二、研究方法

结合本书要解决的问题及研究内容的需要，本书主要采用文献研究与实证研究相结合的方法展开后续的研究工作。研究方法如下所述。

（一）文献研究法

文献研究法经过了长时间的实践和发展，是一种富有生命力的方法。具体是指搜集、鉴别、整理文献的一种方法，通过对文献的研究形成对事实的科学认识的方法，文献研究法一般包括五个基本的环节。第一，提出研究假设，假设的提出过程是基于对现有相关理论、现有相关事实以及现实的需要，并通过对文献的阅读进行分析整理，然后重新将其进行归类和构思的过程；第二，开展研究设计，研究设计的过程中要设定研究目标，且目标具有可操作性，将研究的过程进行整体考量；第三，搜集相关的文献，在此过程中研究内容一定要基于前期所预设的研究主题，并且不能偏离研究主题，在研究对象、研究变量、研究理论上都要有所关联；第四，整理文献，该过程中要对阅读的文献进行发散聚敛，围绕研究相关的内容进行发散之后，最重要的是对研究相关内容的聚敛过程，这是对下一步撰写文献综述奠定基础的重要环节；第五，文献综述，围绕研究相关主体对所阅读的研究文献进行分类归总，既能对现有的相关研究进行高度总结提炼，也能为后续研究提供强有力的现实支撑和理论支撑。通过文献研究法，本书对目前尤为关注的创业相关研究文献进行了广泛阅读和整理，并聚焦于先前经验对创业行为的相关研究文献的阅读，进一步找到当前创业相关研究的现状和重难点，以及创业研究中适应性不高并亟待进一步开展研究的领域，找到本书研究的切入点和创新点。根据研究需要，本书重点从计划行为理论、事件系统理论、社会认知理论和效果推理理论等梳理了它们的内涵、研究的范畴以及当前研究的现状，找到其对本书研究的启示并进行论证，同时厘清了先前经验、创业认知、创业准备行为的不同维度、相关构念等。试图为本书后续研究的有效推进提供更多的理论支撑和科学维度分类。本书基于严谨的理论分析和文献述评，构建了先前经验对创业准备行为影响机理的有中介的假设模型。

（二）问卷调查法

问卷调查法在国内外都被广泛运用于社会调查中，也是实证研究中开展社会调查比较常用的一种方法。由于问卷调查通常是统计者和调查者为了了解相关信息所使用，对于被调查者来说，他们需要回答相应的问题以帮助调查者获取相应的数据，因此，问卷调查一般会以设问的行为进行，调查者会通过控制式的测量方式对其所要研究的问题进行测量，为了保证数据的真实有效，调查者一般会对问卷设计进行一致性的测试。通过对收集到的数据进行假设检验，然后对研究假设进行验证。因此在问卷调查过程中也依赖对假设中各变量的量表测量，包括内容和结构上的设计，通过书面的语言就地取材获得一手数据。为了保证问卷设计的严谨性以及收集到的数据真实有效，本书研究的问卷调查计划经过三个阶段：第一阶段，结合本书研究问题，通过对先前经验、创业认知、创业行为、可承受损失等变量中相关研究成熟量表的梳理，设计符合本书研究的量表题项；第二阶段，根据研究群体在小范围内发放问卷进行问卷预调查，根据预调查的结果及被调查者的反馈意见修改问卷题项内容，以改善问卷的有效性；第三阶段，广泛开展正式调研，根据研究内容尽可能地收集所需要的研究数据，并提高问卷的有效回收率。

（三）定量分析

定量分析是对社会现象的数量特征、数量关系与数量变化进行分析的方法，主要是对数据结果的处理，验证是否符合最初的研究假设。定量分析能够直观地通过数据说话，在一定程度上保障了研究的科学性，在定量分析中一定要确保数据的真实性和有效性，否则结果的可靠性和科学性会大大减弱。因此，本书在文献研究部分充分地对已有研究进行了分析总结，在学者们经过长期研究实践形成的数量表中找到适合本书研究的变量维度，保障了本书研究各变量及题项设计的科学性。另外，在数据收集部分，本书结合实际的研究对象特征进行了分析，并将问项在一定范围内进行了回答测试，保证所有人对同一题项的理解是一致的，这为后期数据收集的科学有效奠定了基础。只有确保变量的科学和数据的效度，才能在后续的数据分析中得到可靠的结论，围绕真问题解决真问题。基于此，本书采用 SPSS 软件和 AMOS 软件进行实证分析，通过回归分析和结构方程模型对假设中各变量之间的关系进行检验，进一步得出统计检验结果，并对本书研究中先前经验、创业认知、创业准备行为及可承受损失各变量之间关系的结论进行深入的分析和讨论。

最后，本书在文献研究、理论推导及假设模型构建、实证调查、数据分析的基础上，综合运用了系统分析的方法，就先前经验如何影响创业准备行为的过程及结果进行了系统的分析归纳和总结，也对创业认知在先前经验和创业准备行为之间的中介作用进行了分析，并在此过程中分析验证可承受损失在假设模型中的调节作用。通过系统的理论推导和数据分析，提炼出先前经验对潜在创业群体的创业行为产生的影响机理，不断发掘提炼研究的创新点和理论贡献，最后阐述政府、高校、社会等各方如何通过其作用发挥帮助青年群体积累创业经验，塑造创业认知，鼓励和引导更有价值的创业行为产生，并在此基础上提出了政策制定、育人规划、平台搭建、氛围营造等的实践启示，同时也进一步回顾研究、总结不足，以及展望未来继续深入研究的方向。

第五节　研究框架和技术路线

一、研究框架

根据实证研究的规范范式，本书按照如图1.1所示的研究框架开展研究。

本书研究共分为三个阶段，六个章节。第一阶段是研究准备，主要由第一章、第二章和第三章构成，重点梳理本书的选题背景、研究目的和意义、使用的研究方法、研究的技术路线等内容。第二阶段是研究过程，主要由第四章和第五章构成，该部分重点呈现本书是如何进行研究过程设计并进行实地调研的，同时对所收集的数据进行数据分析，最后结合第一阶段所预设的假设进行检验，并对数据收集及假设检验的结果进行详细的讨论。第三阶段是研究结论，主要由第六章构成，在结合前期准备、中期研究的基础上，总结分析本书研究得出的最终结论，呼应本书最开始提出的假设检验，进一步总结整个研究过程所带来的实践启示，联系实际对本书研究中出现的不足进行反思，对未来研究方向提出展望。本书的整体框架结构主要是按照研究的时间进度和逻辑关系进行梳理和排版，在研究工作开展之前能够清晰地呈现研究工作的进展，是本书研究开展的工作指南，在本书研究结束后，研究框架也是对本书研究的系统总结。每一章的具体研究计划如下。

第一章，绪论。本章主要概述本书的研究背景，主要从创业实践、创业教育、创业研究三个视角描绘创业活动所处的大环境，进一步提出本书研究所关注到的社会现象以及需要解决的问题，以及研究的理论意义和实践意义。

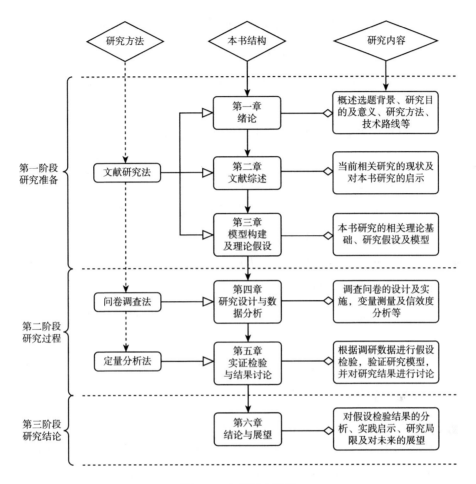

图1.1　本书研究框架

结合研究问题思考使用什么样的研究方法，根据研究实际构思研究框架和研究技术路线。

第二章，文献综述。本章主要梳理研究中使用到的指导理论——计划行为理论、效果推理理论、社会认知理论、事件系统理论。同时针对本书研究相关主题的检索，汇总梳理当前学者们在先前经验、创业认知、创业行为以及可承受损失方面的相关研究，包括研究的群体、研究视角、研究程度等。总结梳理当前研究中存在的不足或尚未得出成熟结论的地方，提出本书研究新的视角和创新点。同时，根据学者们的研究成果对本书研究相关变量进行量表的选择和测量，为本书研究的后续工作开展奠定基础。

第三章，模型构建及理论假设。在确定研究问题后，本章主要在各变量相关研究现状的基础上提出变量之间的假设关系，进一步构建本书研究的假设模型，明确各变量之间的相互作用关系和影响机制。将先前经验作为自变量，创业准备行为作为因变量，创业认知作为中介变量，可承受损失作为调节变量，并提出各变量之间的相互影响关系的假设模型。

第四章，研究设计与数据分析。本章主要结合第三章中的假设模型，明确各变量的测量量表，研究设计调查问卷的题项，并在预调查中检验问卷的可行性。对模型中先前经验、创业认知、创业准备行为、可承受损失等变量的样本数据进行信效度的检验和因子分析，以确定各量表的有效性和可靠性，进一步按照研究假设开展实证研究，同时就研究收集的数据进行样本描述和数据分析。

第五章，实证检验与结果讨论。本章主要根据所收集的一手数据，运用SPSS 和 AMOS 软件进行数据分析，通过回归分析和结构方程进一步验证先前经验、创业认知、创业准备行为、可承受损失之间的影响机制，包括创业认知的中介作用及其程度，以及可承受损失的调节作用及其程度。具体而言，主要分析先前经验对创业准备行为产生的正向影响，创业认知对创业准备行为的正向影响，创业认知在先前经验对创业准备行为影响中的中介作用，可承受损失在先前经验对创业准备行为影响中的调节作用。该部分重点对预设的假设进行检验，并对定量研究后发现的问题进行探讨。

第六章，结论与展望。本章主要总结本书研究的主要结论，进一步呼应研究初期的假设模型，对于不合理的地方进行模型调整，同时结合研究过程总结反思研究中的不足，提出本书研究结论得出的理论贡献和实践意义，并对未来研究提出展望。

二、技术路线

本书在分析研究内容及制定研究计划的基础上，制作了研究技术路线，如图 1.2 所示。

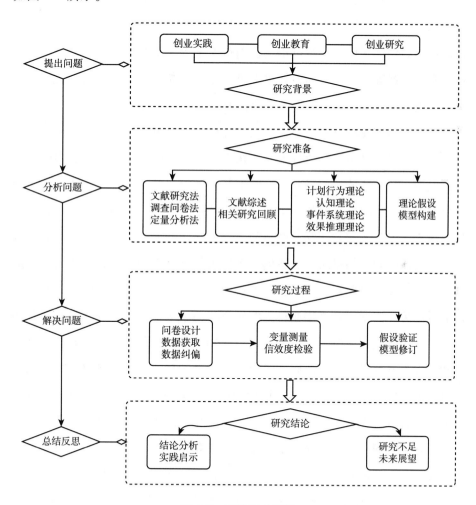

图1.2　研究技术路线

第六节 本章小结

本章基于对研究主题的背景概述，分别从中国情境下创业实践、创业教育和创业研究三个视角总结梳理当前创业行为在创业活动中的重要性。首先，国家大力提倡创新创业，通过搭建创新创业平台、培育创业产业集群、提供优惠政策扶持等措施鼓励创新创业实践，研究个体创业行为受何种因素影响，并以此引导个体快速有效地实施创业行为，对于开展创业实践具有重要意义；其次，在当前创业教育领域中，高校在推进教学改革下注重引导个体形成创业思维，积极主动实施创业行为，从认知形成到实施创业行为的过程中影响因素复杂，从实践的角度来看，这些正在接受创业教育的潜在创业群体对于推进本书研究具有良好的数据来源及现实依据；最后，当前关于创业行为的研究较多，但是大多关注创业产出问题，即企业如何通过创业行为实施促进企业获得高绩效，但是对于潜在创业群体为何产生创业行为，尤其是创业准备行为，以及何种因素会影响意愿到行为产生过程尚缺乏可靠的结论和丰富的研究成果，因此，开展创业行为的研究有助于丰富实证研究结论和填补当前研究不足的空缺。本书通过分别从三个领域进行总结观察，结合当前社会现象发现，开展创业行为的研究具有一定的理论意义和实践意义，同时通过对现有研究的总结分析，基于计划行为理论、事件系统理论、社会认知理论和效果推理理论作为理论基础，提出本书需要解决的研究问题；根据研究问题进一步明确研究内容，研究的主要构成变量包括先前经验、创业认知、可承受损失、创业准备行为。研究中试图将四个关键变量之间的逻辑关系进行预设，聚焦于个体视角，针对潜在创业群体层面建立假设模型开展分析研究，并对研究内容进行框架梳理及制定详细的技术路线。

| 第二章 |

文献综述

　　本章基于第一章提出的研究问题和研究内容，对创业的定义及相关理论基础进行系统的文献综述梳理，旨在明晰对研究主题的理解，概述本书研究所涉及的核心理论，总结当前研究成果，阐述本书研究变量的由来，为后续实证研究奠定坚实的理论基础。首先，就当前学者们对创业的定义进行系统的回顾和梳理，明确创业行为的范畴。创业是创业者及其团队成员对他们所拥有的资源进行优化整合，从而创造更大的经济价值或社会价值的过程，创业是一种需要创业者及其团队成员搭档经营，运用技术、服务等工具和手段，并需要复杂的思考、推理和判断的行为。传统上对创业的定义是创建一家公司或者成立一家企业。提到创业我们也常常将其和赚钱、建立公司联系在一起。关于创业的定义，当前学者们主要有两种认识：一种认为创业是一种思维方式；另一种认为创业是一个行为过程。杰弗里·蒂蒙斯（Jeffry A Timmons，1977）将创业定义为一种思考、推理和行动的方法，它不仅受到机会的制约，还要求创业者有完整缜密的实施方法和讲求高度平衡技巧的领导艺术。同时，蒂蒙斯从教育学的角度将创业定义为一种思想方法，认为创业是一种思考、推理和行为方式，这种行为方式是机会驱动、注重方法和领导艺术相平衡（黄俊等，2015）。熊彼特认为创业者首先是创新者。创新就是把一种新的生产要素和生产条件的"新组合"引入生产体系，包括引进新产品、引入新的生产方式、开辟新的市场、控制原材料或半成品的新来源和建立工业（企业）的新组织五种情况（邓佐明，2018）。随着创业的发展，对创业的定义越来越广泛，创业内涵也在实践中不断得以丰富。欧盟发布的《创业能力框架》将创业定义为对机会和想法有所行动，并在行动中不断创造和传递价值。创业是一种行为，需要主动性；创业者能够意识到或运用社会经济机制，将资源和局面进行整合；创业者拥有接受风险和失败的能力。加特纳从行为研究法（behavioral approach）视角出发，认为创业是个体创办企业的行为；史蒂文森等（Stevenson et al.，1990）提出的定义主要与寻求机会有关：创业是个体——无论是独立创业还是在企业内部——在不考虑现有资源的基础上寻找机会的过程。该定义认为创业并不局限于创建企业，创业在企业内部也能够发生，这就引出了'内部创业'（intrapreneurship）的概念。把创业过程定义为创业者在与机会互动的条件下开展组织活动，进而实现价值创造的过程，并且认为创业研究应该重点关注创业者、环境、机会、组织方式（modes of organizing）等四个主题以及各个主题之间的交叉部分。学者们认为，创业是创业者识别、评价和开发机会的过程（Shane S & Venkataraman S，2000）。

根据学者们对于创业的认识和定义，创业不仅是一种思维方式，还是一个实践过程。需要创业者具有积极主动、勇于冒险、勇于承担损失的品质和能力，而创业的过程也是从 0 到 1，从无到有，不断创造价值的过程。创业者首先需要具备创业思维，并在不断的实践中创造和传递新的价值。创业行为的产生受到创业者认知的影响，而如何实施创业行为，并在创业实践中取得很好的成效，创业者所拥有的资源及其先前经验起着至关重要的作用。对于潜在创业群体而言，拥有创业意愿进而主动开始实施一系列的行为符合对创业的定义，本书将在此范畴内深入探讨群体受何种因素影响进而实施创业准备行为。

第一节　理论基础

理论来源于实践，又通过实践不断得以验证和拓展，实践研究是在成熟理论的基础上开展，并在实践过程中发现新的理论成果。本书在对研究群体、研究变量的适用范畴内选择计划行为理论、事件系统理论、社会认知理论、效果推理理论指导开展研究，本章将系统地梳理四个理论的基本内涵、核心思想，以及这些理论有关本书研究主题的当前研究现状，为本书研究提供坚实的理论基础。

一、计划行为理论

计划行为理论（theory of planned behavior，TPB）是基于人的理性行为提出来的，是理性行为理论（theory of reasoned action，TRA）的继承者，学者在 TRA 中态度和主观规范两个重要因素的基础上，增加了知觉行为控制，也就是将个体感知行为的难易程度作为新的影响因素（Ajzen，2002），进而形成 TPB。学者们基于计划行为理论认为，个体行为的总体态度由人们对行为结果能够实现的期望程度以及对行为产生的结果持积极或消极的预期共同构成，是影响行为的最强变量（Fishbein & Ajzen，1977）。计划行为理论能够帮助我们理解人是如何改变自己的行为模式的。TPB 认为，人的行为是经过深思熟虑的计划的结果。计划行为理论共由五个要素构成，分别是态度、主观规范、知觉行为控制、行为意向、行为（见图 2.1）。学者们认为所有可能影响行为的因素都是经由行为意向来间接影响行为的表现。而行为意向受到三项相关因素的影响，其一是源自个人本身的"态度"，即对于采取某项特定行为所抱持的"态度"（attitude）；其二是源自外在的"主观规范"，即会影响个人采取某项特定行为的"主观规范"（subjective norm）；其三是源自"知觉行为控制"（perceived behavioral control）（Ajzen，2002，2020）。个人对于某项行为的态度越正向时，则个人的行为意向越强；对于某项行为的主观规范越正向时，同样个人的行为意向也会越强；而当态度与主观规范越正向且知觉行为控制越强的话，则个人的行为意向也会越强。

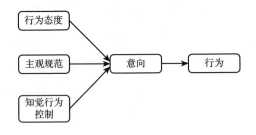

图 2.1　计划行为理论模型

资料来源：Martin Fishbein，Icek Ajzen. Belief，Attitude，Intention，and Behavior：An Introduction to Theory and Research［M］. Addison-Wesley Publishing Company，1975：53.

　　计划行为理论很好地解释了个体意愿受到其行为态度、主观规范及知觉行为控制等因素的影响，个体过往的经历、知识储备等都会影响其个体认知，进而影响意愿的产生，最终影响行为实施。如果个体在之前的经历中对主观规范的影响和塑造越强烈，其开展创业行为的可能性就越强。学者们将计划行为理论应用在创业领域中，旨在促进创业意愿形成，进而提高创业行为发生的概率，比如行为态度、主观规范和感知等都会控制创业者的创业意愿，意愿越强烈，创业行为的可能性就越高，研究发现，个体行为产生受到诸多前置变量的影响，而创业意愿呈现显著的正相关（王季，2020）；学者在创业行为研究中，将创业行为界定为更具体的概念，即新企业创立，而个体行为规范的形成很大程度上会受到过往经历的影响，在此过程中创业意愿则很大程度上影响个体是否真正创建企业（倪嘉成等，2017）；在创新行为研究中，参与主体的行为态度或知觉行为控制会受到其内部资源及环境驱动因素的影响，并最终影响到创新生态系统参与者的合作意向（王发明，2018）。基于该理论，本书试图思考先前经验对创业意图和创业行为的影响，引入先前经验、创业意图及创业行为作为研究变量进行探讨。

二、事件系统理论

学者们提出事件系统理论（event system theory，EST），用来探讨如何将事件纳入管理学研究之中，目的是推动管理学学科相关研究和发展（Morgeson et al.，2015）。EST 是考察事件如何对实体产生影响，能够对事件相关的组织现象提供更全面和真实的描述。事件系统理论首先界定了什么是事件，事件是情境中那些分离的、鲜明的由多个实体构成的相互作用，事件的强度越大，越能吸引实体的资源与注意力，越能调动实体，对其产生影响，比如改变或影响实体的行为、内部特征，激发新的事件发生。事件系统理论在各个层面的实证研究中得到证实，在微观层面，有学者认为中断性事件有益于知识传递，进而促进新的程序与规则的建立，例如当事件具备很强的颠覆性时，团队领导可以通过主动干预来提高团队的表现（Zellmer-Bruhn，2003）。在宏观层面，也有学者认为，依据自然灾害事件所造成的财产损失数额，把自然灾害事件区分为高、中、低三类具有不同强度的事件，发现高强度的自然灾害事件使公司不愿做慈善捐赠，中等强度的自然灾害事件对公司捐赠表现没有影响，而低强度的自然灾害事件对公司捐赠有正面促进作用（Tilcsik and Marquis，2013）。事件系统理论认为，事件分为主动型事件与被动型事件，通过影响组织实体的行为和特征从而触发后续事件，阐释了在事件强度、事件空间和事件时间的共同作用下，实体如何产生变化，改变或形成新的实体行为、特征或激发后续事件（刘东等，2017）（见图2.2）。学者们基于事件系统理论提出的观点中主要关注并解释事件本质属性，包括时间、空间以及强度对组织的动态影响作用（Morgeson et al.，2015）。目前事件系统理论被广泛运用于社会层面、组织层面和个人层面，社会层面的研究主要聚焦于城市公共事件的影响方面，如公共卫生突发事件下的应急响应机制；组织层面主要针对重大事件对组织行为产生的影响；个体层面主要分析工作实践、突发事件等情境对个体的影响。事件系统理论已被广泛应用于创业研究当中，比如创业者创业能力的塑造（张默，2018），在工作中的培训强度也显著影响员工后续的工作投入（晁罡，2021），同时在高团队氛围下，从团队成员视角出发，个体会受到哪些从相对较低的地位到相对较高地位事件的影响，进而影响其认知和行为（魏巍，2022），个人对事件信息的加工会促进行为的改变，事件的吸引力越大，个体越能主动调动资源并投入后续的行为。

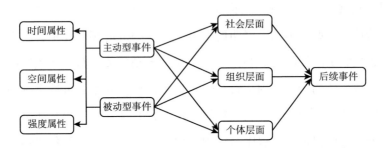

图2.2 事件系统理论过程模型

事件系统理论可以解释个体在被动型事件和主动型事件中如何影响其后续事件的发生过程。研究表明，随着创业者不断的经验学习，被动型事件会逐渐减少，同时，主动型事件会逐渐变多，个体逐渐从被动向主动转变。个体在此过程中也越来越能够主动发现成长的机会、开发资源，并通过不断地营造主动型事件，最大化地利用学习实践机会整合资源。在个体不断丰富知识和能力的过程中，经验学习和行动学习是相辅相成的两条途径，被动型事件和主动型事件的失败经历都是个体经验学习的良好机会，但在如何将已经积累的经验转变成认知进一步影响学习，将已经获取的关键资源进行有效管理和利用，需要依靠个体不断反复地行动学习和实践反思。基于该理论，本书试图思考个体在受到主动学习和被动学习事件的影响时，是如何影响后续创业行为的，特定事件的发生对个体而言就是其所经历过的事情，因此将特定事件的发生作为个体先前经验来考量，探究该特定事件类型的先前经验是如何影响创业行为的。

三、社会认知理论

社会认知理论是美国心理学家班杜拉在 20 世纪 70 年代末提出的，在传统行为主义人格理论中加入了认知成分，它是一种用来解释社会学习过程的理论，社会认知理论认为，人的一切社会行为都是在社会环境的影响下，通过观察学习他人的行为形成的，个体不必直接做出行为，但是也不依赖于行为本身的强化，这个行为发生的过程具有认知性，可以通过学习认知不断提升行为学习效率。社会认知理论包括三元交互决定论、观察学习和自我效能感等内容（见图 2.3）。在三元交互决定论中，人的主体要素比如动机和信念往往有力地支配并引导其行为，行为及其结果反过来又影响并最终决定思维的内容与形式，同时，个体通过自己的主体特征比如性格、社会角色等引起或激活不同的环境反应，行为作为人与环境的中介，是用以改变环境，使之适合人的需要而达到相应的目的，同时也受到环境的制约。同时，班杜拉认为，一个人通过观察他人的行为及其强化结果习得某些新反应，包括注意、保持、产出、动机四个部分。同时，个体为了学习一个特定的行为，会主动去了解当他重复这种行为时可能的结果是什么，当模仿行为时会产生预计的结果，也就是对结果的期望，这就是为什么观察目标会影响认知和行为，这些预期也会深受观察者所处环境的影响。自我效能感是个体对自己与环境发生相互作用效验性的一种自我判断，自我效能感强的个体能对新的问题产生兴趣并全力投入其中，能不断努力去战胜困难，而在此过程中，自我效能感也会得到不断的强化。

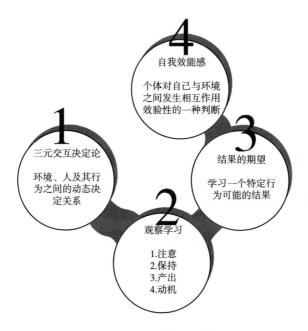

图 2.3　社会认知理论过程模型

认知心理学将认知过程看成一个由信息的获得、编码、贮存、提取和使用等一系列连续的认知操作阶段组成的按一定程序进行信息加工的系统。信息的获得就是接受直接作用于感官的刺激信息，感觉的作用就在于获得信息，信息的编码是将一种形式的信息转换为另一种形式的信息，以利于信息的贮存和提取、使用，个体在知觉、表象、想象、记忆、思维等认知活动中都有相应的信息编码方式。除了认知过程之外，认知风格也会影响认知结果，认知风格是个体习惯化的信息加工方式，又称认知方式。认知风格是个体在长期的认知活动中形成的稳定的心理倾向，表现为对一定的信息加工方式的偏爱。社会认知理论的核心是人的能动性，人不仅具有计划和事前思考的能力，而且能够自我调节和自我变化，学习是人类行为的有效方式之一，学习行为是在认知、个体行为和环境三者相互影响、彼此交互下形成的。根据当前研究可以得出，认知理论已被广泛用于研究创业者的意图和行为，作为该理论的核心自我效能感，更是被广泛应用于外界对个体认知塑造的影响，个体在受到外部活动的影响下会不断塑造个体的认知。

当前学者们将认知理论广泛运用于企业研究，认知与行为之间的关系密切相连，有研究表明，员工会根据对领导的管理感知表现出一定的生产行为，如果领导的行为是辱虐型，产生反生产行为的可能性就越大，而这些行为都受到个体复杂认知和情感的作用机制的影响（马吟秋，2017）。学者们也认为认知理论在一定程度解释了认知对于个体行为的影响作用。在一定程度上，个体的态度和行为是由他们感知到的想法、情感以及行为所决定的，那些善于进行自我建构的人，认为每个人都是一个独立的个体，其行为和态度是受自身内在的想法、情感所控制和决定的成就需要动机，自我效能感强的人更具动力将创业意愿转变为创业成果（Schmitt et al.，2018）。基于该理论，在特定的环境下，个体的学习行为会不断增强自我期望，进而不断塑造个体认知的形成，外部环境和学习行为的影响可以设定为外部影响，本书研究试图探讨个体在受到这些外部影响时是如何影响个体创业认知的。个体由于不同的经历产生的经验都可以统一为外部的影响，因此引入先前经验和创业认知作为研究变量来进行考量。

四、效果推理理论

效果推理理论（effectuation theory）是指创业者在不确定情形下识别多种可能的潜在市场，不在意预测信息，投资他们可承担损失范围内的资源，并以与外部资源持有者互动过程中建立利益共同体的方式整合更多稀缺资源，充分利用突发事件来创造可能结果的一种思维方式。萨拉斯瓦西（2001）认为，在充满不确定性并难以预测的环境中，具体任务目标无法明确，但创业者具备的资源或拥有的手段是已知的，他们只能通过现有手段的组合创造可能的结果。效果推理是学者们为了抽象创业现象，探索创业本质所概括的一种超越古典决策逻辑的创业者所特有的行为方式，它适用于以下情景：首先，创业者有一个明确的创业意愿，或者为了实现某些想法，或者为了自己当上老板；其次，创业者规划的产品或市场在主观上是模糊或不存在的，这里所说的主观上存在与否与创业者自身掌握的信息和创业者的个人认知有关（张玉利等，2011）。效果推理的提出是为了应对不确定的环境，也有助于我们对真实世界中创业行为的理解（见图 2.4）。

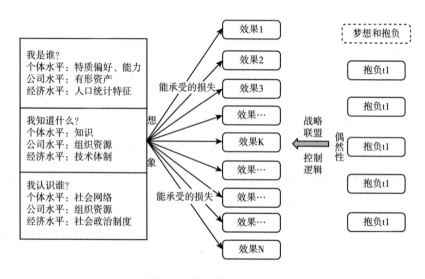

图 2.4　效果推理理论图解

资料来源：笔者根据资料整理。

在效果推理中，可承受损失居于关键前置因素的地位，创业活动的不确定性让潜在创业者更加畏惧未知的风险，个体只有在可承受损失的范围内不断试验、多次迭代，才能扩大利益相关者网络，不断优化自我认知，使创业行为目标自然涌现（何良兴，2020）。研究显示，效果推理中的可承受损失会对企业的探索式创新带来影响，并且是负向的，可承受损失能力越强对企业创新行为越能产生积极影响（崔连广，2017），效果推理对于创业有显著的促进作用，在高不确定性环境下更有利于企业的创新，研究显示，效果推理与企业绩效呈正相关关系（吴隽，2016）。当前研究从效果推理理论的视角分析了大学生创业教育的路径及思维转变，效果推理揭示了创业中的内在逻辑，为大学生创业认知形成提供了很好的理论视角和方法指导（崔祥民，2014），在效果推理理论视角下，创业机会创造与创业者决策中所拥有的资源以及能够承担的损失有密切的联系，创业者往往会根据有限资源的评估来创造和把握各种偶然性带来的机会（秦剑，2011）。当前研究对于个体如何在实施创业行为前进行资源评估进行了探讨，然而对于个体在创业认知前提下如何作用于创业行为的过程并未进行详细的讨论。基于效果推理理论，在面对不确定性的外部环境时，个体行为的产生往往会受到现实因素的影响，包括所拥有的创业启动资金、个体拥有的时间、创业所带来的机会等，个体在真正开展行动之前，会对这些因素进行考量，即使创业者都是大冒险家，但是他们也不可能在极端情况下孤注一掷，面对不确定性，个体总是会权衡利弊，了解自己所拥有的资源和机会成本，进而采取相应的行动，如果资源不匹配，他们或许会先积攒资源，让自己尽可能地具备成功创业的基础。因此，本书研究试图将个体在产生创业认知到创业行为产生之间引入可承受损失变量进行考量，尤其是对于潜在创业者而言，他们更有可能在产生创业认知后采取一定的行动准备创业，尽可能地让自己具备创业基础。

第二节　先前经验相关研究

创业活动的参与主体是创业者，创业者自身所具备的人力资本对新创企业绩效发挥了十分重要的影响作用。创业者自身所具备的人力资本包括其所拥有的教育经历、生活经历、实践经历等，而这些经历会塑造创业者个体的价值观、积累知识储备和社会经验等。学者们从创业过程角度出发，认为经验是在创业过程中不断积累的，创业者在企业不同的发展阶段以及创业过程中的某些具体事件都影响着创业者创业经验的获取和积累。当前研究中学者们主要将先前经验集中在对组织绩效影响和个体认知形成方面的研究，具体研究现状如下。

一、先前经验对组织绩效的影响研究

当前关于先前经验的研究视角多聚焦于组织层面的研究，大部分学者认为，先前经验对创业绩效具有正向的作用（王巧然，2016）。有学者在早期的研究中将创业经验认定为创业者提供的关于如何为新组织筹措资金、雇用员工以及吸引和保持顾客等有用知识（Ucbasaran D，2009）。先前经验是创业者在开展创业活动之前更好地进行机会识别、机会开发、机会利用，并在此过程中准确评估的重要因素。拥有高学历和丰富的工作经验、拥有相同或相似领域的特殊行业工作经验以及通过早期从事管理工作获得经验的创业者，比起其他无经验的创业者，拥有特殊的知识技能并能表现出较好的创业判断（Colombo M G，2010）。早期的研究中学者们大多将先前经验的研究与企业绩效联系起来，但是创业者先前经验与新企业初期生存、成长绩效之间的关系作为学者们竞相关注的焦点，研究结论却没能实现统一。创业者的先前经验与新创企业绩效之间的确存在密切的联系，但是对于影响的过程机制仍然没有得出具体的结论。研究结果的争论说明创业者先前经验对创业绩效的影响过程是复杂的，创业者先前经验通过怎样的途径来对创业绩效产生影响仍然处于"黑箱"之中，二者之间的影响过程值得进一步探索研究，学者们通过对创业团队的研究在一定范围内验证了先前经验通过创业学习影响创业绩效（赵文红，2013）。

二、先前经验对个体认知的影响研究

一部分学者将研究视角聚焦在个体层面的研究，主要关注先前经验对创业者认知形成的影响。创业者的先前经验会影响其知识结构和资源禀赋，而创业者个人的资源禀赋和知识结构能够影响其对创业机会的识别，创业机会的匹配程度在一定程度上又会影响新创企业的绩效表现（Smith，2009）。也有学者将先前经验作为创业者知识的重要来源，认为其会对创业过程、创业战略乃至创业绩效产生重要而持久的影响（Beckman，2006）。由于创业者的先前经验是在创业之前累积的有关工作、学习、行业等方面内化的、潜在的知识和技能，因此绝大多数创业者都会在后期的创业过程中将其显性表现出来，因此在推进"大众创业、万众创新"的过程中，不仅要提高创业者和创业企业的数量，更要提升创业质量和创业成功率，想要提高创业成功率，不仅要做好宣传，营造良好的创业氛围，更要提升创业教育水平、减少盲目创业行为，还应鼓励创业者通过不断学习来丰富认知，提高其创业能力，创业者需要结合自身实际选择相应的学习方式，政策制定者也需要在此基础上不断建立机会甄别系统，邀请具有创业成功经验的创业者对创业机会进行价值评估，支持具有发展潜力和具有丰富经验及能力较强的创业者投入创业活动（王巧然，2016）。以往的研究发现，创业者丰富的个人经历能帮助其更好地识别机会，并最终提高创业成功率，学者们除了以先前经验作为前置变量研究之外，也将其作为调节变量引入创业研究模型中，先前经验对创新性机会识别作用的两面性对其创业行为产生深刻的影响。首先，工作经验丰富的创业者能够从高密度网络中受益，识别到更具有创新性的机会；其次，工作经验丰富的创业者反而不能借助更广泛的网络联系发现创新性机会，这与以往学者研究不同的是，研究的视角关注于创业者行为的过程，虽然先前经验能够为创业者带来对特定领域的深度认识，强化创业者对专业领域内问题的判

断力和洞察力，但是却可能给企业带来固化的认知框架，反而会约束创业者
对其他领域知识的吸收能力（张玉利，2008）。根据创业者经验对新创企业
绩效如何影响的探索，创业者的学习风格差异性也会使拥有同样先前经验的
创业者表现出不同的创业能力，学习风格是创业者先前经验转化为创业能力
的重要影响因素（张玉利，2011）。学者们的研究结果显示，先前经验会对
创业者认知产生重要的影响，并能在个体不断丰富的个人学习经历和实践经
历中提升创业认知进而转化为个体的创业能力。

第三节　创业行为相关研究

创业行为相关研究在中国起步较晚，作为一个新兴的研究领域近年来
也吸引了越来越多的学者们的关注，在前赴后继的研究实践中创业理论也
在不断丰富。创业是一个复杂的过程，既涉及个体层面的问题，包括组织
行为、心理学、社会学等方面，又涉及组织层面，包括管理学、经济学等
方面，还涉及技术层面的问题，包括计算机技术、统计学等。创业活动是
当前的热门实践话题，无论从国家层面、社会层面还是个人层面，创业实
践都产生着巨大的影响。因此，做好创业研究不仅能在多学科融合中发现
新的研究成果，形成新的理论体系，还能在创业实践中发挥重要指导作用。
学者们对创业行为相关研究进行了系统的梳理，通过对研究主题的发展和
研究理论演变系统回顾了 1959 年以来创业研究的进程（蔡莉等，2019）。
创业行为相关研究目前主要分为四个阶段，分为三个大的研究范畴。学者
们在研究中系统总结了不同时期关于创业行为研究的主导主题以及创业理
论的应用情况（见表 2.1），也清晰地呈现出，不同阶段大家对于创业的关
注点是不同的，而在不同情境下，创业活动的呈现形式及其背后的影响因
素也在不断发生变化。

表2.1 创业研究主题及理论的研究变化

研究时间	研究范畴	主要研究主题	主要应用理论
20世纪50~90年代	个体	创业者特质	特质理论、认知理论、权变理论
20世纪90年代	组织	创业战略	交易成本理论、社会网络理论、资源基础观
21世纪初		创业资源	资源基础理论、认知理论、创业拼凑
2010年至今	过程	创业情境	社会网络理论、认知理论、机会观、资源拼凑

资料来源：笔者根据资料整理。

一、聚焦个体特质的创业行为研究

早期的创业研究主要以杰弗里·蒂蒙斯（Jeffry A Timmons，1977）等为代表，主要关注了创业者/团队、创业机会、资源、环境等要素，将创业过程（或新企业创建过程）看作这些要素相互作用的结果（蔡莉，2011），学者们探讨了影响企业绩效的创业者心理特征，例如个体动机。研究理论主要聚焦于个体特质理论、认知理论、权变理论等。在这一阶段的研究中，研究对象大多聚焦于个体层面的创业行为，大多研究认为创业者的行为都是由于个体本身的差异性和先天特质影响的，这一时期的研究成果也极大地丰富了关于特质理论和认知理论在创业研究中的应用以及适用边界。

二、聚焦组织发展的创业行为研究

从20世纪90年代到21世纪初，创业研究主要以创业战略为主，许多学者开始超越特质转为面向过程和情境化的研究（张玉利和杨俊，2009），研究理论大多聚焦于组织学习理论、交易成本理论、社会网络理论、资源基础观等。其中关于创业导向的研究经历了长期的发展，其构念发展经历了从"企业战略类型（创业型和保守型）"到"企业战略态势"最终形成"创业导向"构念的过程（戴维奇等，2009）。21世纪开始的头十年，学者们将研究视角转向创业资源领域的相关研究，学者们强调创业资源的开发过程，研究过程中更关注创业者构建资源体系的重要性，异质性资源能够帮助企业有效制定和实施战略，从而表现出更高的绩效（Alvarez and Busenitz，2014），该阶段的研究主要在于资源基础观的应用，经过不断的研究和发展，资源基础观逐渐发展为创业领域最重要的理论之一（Barney et al.，2011），其研究的假设和研究边界也不断被学者们探索和扩展。在该阶段的研究中，研究理论多聚焦于资源基础理论、认知理论、创业拼凑等。尽管资源基础理论能够解释个体在机会开发中的作用，但是无法诠释个体在创建企业之后如何让企业持续发展并获得竞争优势。

三、聚焦过程情境的创业行为研究

从 2010 年开始，学者们的研究视角逐渐关注到创业的情境，包括对微观层面企业创业绩效的研究以及宏观层面对创业行为的研究。主要有创业资源、创业认知、个体及团队特征、创业机会等主题的相关研究。在该研究时期，学者们主要关注外部环境包括制度环境与市场经济环境对于企业的影响，大家逐渐意识到，在不同情境下创业者及企业如何作出决策是非常复杂的，这也是为什么很多理论在中国的应用需要结合本土情境展开。首先，外部情境是创业机会的重要来源，国家政策及市场的不断变化往往会带来意想不到的机会，个体由于所处的环境不同，其获取信息的渠道不同，信息的不对称包括个体认知的差异都会导致对机会识别和利用的不同，最后导致企业绩效的差异。其次，创业者在机会开发的过程中，极度依赖创业环境所带来的影响，包括政策激励所带来的福利，广泛的客户市场需求所带来的市场，这些不仅能够帮助企业获得长足的发展，也能给创业者带来机会开发的合法性。在这一时期的研究中，研究者们的理论多聚焦于制度理论、社会网络理论、认知理论、机会观、资源拼凑等。学者们认为创业情境能够带来创业机会，主要关注制度和市场对机会开发的影响，包括政府的规章制度、优惠政策等（York and Lenox，2014），同时，创业者也需要为其开发的新产品或者新服务找到能够证明其合法性商业价值的途径（Suddaby et al.，2015）。

根据学者们近年来的研究，关注中国情境下的创业研究越来越多，关注视角在创业者、创业企业、创业绩效等之间不断变化，学者们更加关注中国情境下的复杂创业问题，这既来源于当前中国政府对于创新创业活动的支持和鼓励，也受到越来越多创业者群体的影响，不断上升的创业数据指标给研究者们创造了纷繁复杂的创业活动和呈现出形态各异的创业现象，背后的规律不断推陈出新，从创业研究的角度给学者们提供了更加丰富的素材，也给创业实践如何高质量发展提出了新的问题。理论通常具有情境依赖、现象驱动的性质，任何理论都起源于对不可知现象的探索、抽象与精炼，或者提出崭新的研究问题，或者提出新的研究视角或解释逻辑（Weick，1995）。中国创业研究之所以能够为构建一般创业理论作出自己的贡献，除了中国创业者的创业行为具有自己的特殊性以外，还在于中国创业情境的独特性，具体而言，中国创业情境的独特性主要体现为制度转型和社会结构两个方面（张玉利等，2012）。中国创业问题研究应该有针对性地研究中国创业情境下的特殊创业现象，这样才可能作出自己的学术贡献。具体而言，首先，应该从理论上对中国情境下的独特创业现象进行解释，以便丰富、完善乃至修正基于西方创业情境提出的理论观点，在理论情境化方面作出自己的学术贡献（Child and Mllering，2003）。由于中国情境下创业研究目前还存在很多不足，中国作为一个拥有十几亿人口的大国，不同群体的选择层次以及不同地区和不同时期创业所面临的多元性问题都值得关注和深入开展研究（张玉利等，2014）。因此，当前创业研究关注中国情境具有非常重要的理论价值和实践价值，打开创业者如何思考和行动的"黑箱"，对于鼓励个体更好更快地加入创新创业，在实现个人价值的同时创造更大的社会价值具有重要的意义。

第四节　先前经验与创业行为关系的相关研究

随着"大众创业、万众创新"战略部署的不断推进，我国国民的创业动力和积极性空前提高。在经济新常态的背景下，无论是创业氛围的营造，还是创业平台的搭建，无不激起全社会的创业热情，个体的创业激情一旦被点燃，不同类型的创业群体就不断涌现，包括大学生创业、专业技术人员在职创业、"海归"创业、农民工返乡创业等。根据清华大学二十国集团创业研究中心和启迪创新研究院联合完成并发布的《全球创业观察2017/2018中国报告》，我国新创企业的数量呈现逐年增长的态势，但是存活率①却极低。什么原因促使个体开始创业行为，又是什么原因导致的创业失败后个体转型，这些都成为当前学者们深入关注的问题。创业行为是个体从创业意愿到最终开展创业活动的结果，近年来，学者们对先前经验如何对创业行为产生影响也开展了丰富的研究，构建了包括个体创业导向、创业能力、创业资源、风险控制等因素在内的先前经验对创业行为影响的研究模型，学者们在不同群体中也开展了对创业行为的研究，比如年龄、学历、工作经历等对创业行为的影响机制，比如大学生群体、内部创业者、返乡农民工等群体。当前研究中关于创业行为的定量研究较多，主要从创业行为作为自变量的视角进行研究，对于创业行为作为因变量的视角的研究中，部分学者开始从效果逻辑视角开展了定性研究，试图找到创业者从思维到行为过程的影响机制，并构建新的创业理论，但是关于行为产生过程机制的实证研究较少，且研究结论不一。本节在对学者们关于创业行为研究的回顾整理下，发现当前关于创业者先前经验如何影响创业行为的研究中主要涉及创业导向、创业能力、创业资

---

① 存活率：创业企业在注册3年内倒闭的数量与注册的总数量之间的比值。

源等变量，但是在研究中并没有将先前经验这个变量明确指出，而是通过其他变量形式对创业行为的过程机制及结果导向进行研究。

一、先前经验通过创业导向影响创业行为

研究指出，年轻人更倾向于创业，并探讨了个体收入、风险态度、自主性诉求等因素对个体创业的影响（Moren，2006）。职业选择理论认为，创业是对具有不确定性潜在盈利机会的行为反应，是对创业机会的探索、发掘和开发。个体会根据就业和创业之间的利益权衡来决定自己的行为，而这些会受到个体之前所塑造的价值观的影响，例如，行为经济人的行为具有目标理性特征，即以自身效用最大化为目标判断是创业还是就业（戴蒙德·瓦蒂艾宁，2013）。学者们在能力理论的基础上，以效用最大化为视角，基于工作自主性、创业机会和创业风险等效用因素的分析，构建了行为主体效用最大化的职业选择模型，进而解析了随着时间的变化，个体过去的经历会不断影响其创业与否的决策机制，研究结果表明，创业者对机会的感知能力能够不断提升创业者的创业积极性，并且驱使个体尽快实施创业行为。

二、先前经验通过创业能力影响创业行为

创业能力对于个体感知和开发创业机会，缓解风险恐惧感具有促进作用，从而进一步促进个体的创业行为（黄永春，2021）。也有学者对农民工返乡创业群体的研究表明，个人的创业经验和能力是推动农民工返乡创业的重要因素（肖露露，2021）。在创业行为相关研究中，大学生群体作为创新创业的主力军也备受学者们的关注，自高校推动创新创业教育改革以来，创业教育对大学生创业行为的影响机制也成为社会关注的议题，创业教育作为创业者的一种先前经验，能够丰富大学生关于创业的知识，一定程度上提升其对

创业的基础认识，在进一步的实践中还能促进创业能力的形成，学者们有关创业教育的影响结果表明，大学生创业教育对大学生毕业后是否从事创业活动有显著的预测作用，大学生在校内所接受以及所感知的创业教育越浓厚，毕业后越倾向于从事创业活动（Fayolle et al.，2015）。根据三元交互理论，创业行为的产生不是自发形成的，创业教育作为重要的外在环境推动力，其作用是不可忽视的。创业教育对于个体来说可以归结为其产生创业行为之前的学习经历，当前研究表明，创业教育作为创业者过去的一种经历能够不断提升个体的创业能力，对于创业行为的产生具有正相关的作用，大学生创业行为是个体受到创业教育影响而诱发的内在激情变化以及行为反应的结果。因此，研究认为大学生创业行为产生是外在环境以及内在心理变化共同作用的结果，而内在心理或情绪认知的变化起到了关键驱动作用（贺阳等，2021）。

三、先前经验通过创业资源影响创业行为

创业意向转化为创业行为的过程中受到很多因素的影响，创业活动不仅取决于其拥有一个好的创意或想法，更取决于个体所拥有的创业资源，而个体的创业资源大部分是通过后天积累获得，这些积累资源的过程与创业者的人际关系、工作经历息息相关。学者们在探讨意愿如何影响行为过程的影响机制中发现，个体家庭社会资本在其中发挥着重要的作用，家庭社会资本能够提高大学生的风险承担能力。创业的高风险性是导致一些具有强烈创业意向的大学生迟迟不敢投身创业实践的一大重要因素，而家庭社会资本丰富的个体更能够获得创业信息，创业风险抵抗能力更强（李慧慧等，2021）。个体如果拥有较高的创业动机固然能促进其创业行为，但是面临复杂的创业环境，不确定性所带来的风险往往会让创业者个体在作出决策之前进行考量，个体承担风险的差异性，就导致具有同样意愿的个体最终会作出不同的创业决策和行为，可见创业行为不仅受到创业者教育经历、家庭经历、社会资源

的影响，还受到个体先前经验对创业认知的影响以及个体对于所拥有的资源的风险评估。目前，研究创业行为不仅关注个体在市场上的创业活动，同时也关注个体在企业内部进行创业的行为，内部创业是指已建立企业员工基于新的创业机会，利用母公司平台创造新事业，并推动公司整体战略更新的过程（Neessen，2019）。仅仅局限于创业者个体特质很难完全解释员工为什么会产生内部创业行为。个体在拥有更为丰富的资源基础上更能激发其产生创业行为。

四、先前经验通过创业风险影响创业行为

近年来，越来越多的研究关注到个体对于风险识别、风险承担以及个体自我效能等创业认知要素对于其创业行为产生的影响。内部创业者行为产生与其自身掌握的知识、资源和能力有关，这些先前经验能够增强个体的创业信心，同时，个体也需要评估外部环境中是否存在合适的创业机会，个体的行为态度、主观规范和知觉行为控制三类条件互补组合解释了内部创业行为的复杂性（朱亚丽等，2020）。学者们还在创业行为研究中关注到底层群体创业行为的影响因素，以 BOP 理论模型对失地农民工群体进行回归分析发现，情境特征是影响底层创业群体创业行为的关键所在，比如农民工创业行为主要受到征地项目类型的显著影响，失地农民主要受到安置方式显著影响，而政策环境对失地农民创业行为影响更显著；自身禀赋特征对底层群体创业行为存在差异性影响；BOP 策略对底层群体创业行为存在同构性与异质性影响（韩璐等，2021）。关于创业行为的研究，不同学者分别站在创业者创业想法形成、创业机遇挖掘、创业行为产生等不同创业节点来探究行为特征的特殊性，诸如此类行为特征能够让我们对创业过程的内部机理以及创业行为是怎样影响创业绩效的问题有一个更为深层的把握（刘勤华等，2020），学者们将创业行为作为中介变量研究其如何在创业能力与创业绩效之间发挥作

用，而在实施创业行为中仍然存在很多的影响因素。面对创业的复杂和不确定性，创业风险的存在已经成为创业者不能忽视的问题，也越来越受到学者们在创业研究领域的关注。尽管个体拥有丰富的工作经历甚至创业经历，其在实施创业行为的过程中，或者说创业失败后再次投入创业行为过程中依然会受到外界风险的影响。

第五节　创业认知相关研究

个体的认知会影响其行为反应，创业者在开始创业行为之前，驱使其开展行动的重要因素来源于其对外部环境、创业机会的判断，而创业认知是创业者开展行动的先决条件，创业者如何通过认知影响其行为，在目前的研究中仍然存在不一样的结论。创业认知问题一直以来也受到学者们的广泛关注，在创业认知领域的研究也取得了丰富的成果。著名创业认知研究者米歇尔（Mitchell，2002）及其合作者将创业认知定义为"人们在对机会评价、企业创立和成长等事项进行评估和决策时所使用的知识结构"。关于创业认知的研究，主要从 1980 年开始，创业认知研究快速取代了创业者特质论的相关研究，创业认知研究大致分为了三个研究阶段。

一、创业认知作为前置变量的研究

第一阶段从 1980 ~ 1990 年，学者们发现创业者的特质理论并不能完全解释创业者的行为，也不能准确解释创业企业绩效的提升，因此，越来越多的研究关注到了创业认知。创业认知研究更多地关注创业者为什么会选择实施创业行为，试图探讨认知影响行为的"黑箱"，在 20 世纪 90 年代的研究中，学者们将创业意图与创业认知结合起来，并认为创业意图形成是个体与环境互动条件下主观认知过程诱发的结果（Busenitz and Lau，1996）。现有的创业认知研究表明，从认知视角来解释创业行为，是对经典的创业者特质研究的深化，有助于更好地理解创业者的思维过程和行为动因（陈昀，2012）。

前文我们对创业定义进行梳理可以总结，创业过程主要通过个体在识别机会和开发机会中不断创造价值，而创业者如何能够准确地识别机会并采取恰当的行动来开发机会一直存在很多的未解之谜，有些人能够看见机会，有的人却常常错失机会，有的人能够快速采取行动，有的人却只能在创意面前止步不前。早期创业者特质研究认为这取决于个体的人格特质，创业者个体的认知也会影响其创业行为的产生。20世纪90年代，认知心理学与社会心理学的发展为创业研究提供了新的动力，基于认知视角的创业研究不断深入，并引起越来越多学者的关注（Grégoire et al.，2011）。创业认知研究表明，个体的认知结构和认知过程差异导致了创业者独特的思维和行为方式，可以更好地理解创业者的创业行为过程。随着创业研究的发展，学者们开始将视角从创业者行为深化为对创业者认知的研究，并形成了以"情境—思维—行为"为研究框架的创业者认知学派，致力于探索创业行为背后的认知成因机制（杨俊，2015）。

二、创业认知作为后置变量的研究

第二阶段研究主要集中在20世纪90年代到2000年，创业认知更多地结合创业者所处的情境进行相关研究，学者们认为，创业者认知的产生主要受到其所处的外部环境影响，创业者和非创业者在面对风险、成就欲望的时候表现的差异或许相同，但是他们的思维方式和认知风格方面却存在很大的差异。由于创业过程本身是一个复杂的过程，我们不能忽略个体特质对创业行为的影响，但是更不能忽略外部环境对创业者认知形成的影响。学者们在创业认知能力的相关研究中也证实，创业认知受到个体层面经验学习的影响，认知可以通过个体与环境的互动以及个体在生命历程中积累的经验来塑造，先前知识是个体的工作经验、经历的事件、教育背景和社会网络等的结合（胡望斌，2019；Shane，2000），基于这些不同的来源，个体的先前知识得以形成。另外，学者们还认为先前知识和经验能够提升认知适应性，帮助创业者根据环境反馈和认知需要调整认知过程和策略（Haynie et al.，2012）。因此，创业认知能力很大程度上来源于创业者的先前知识与经验。创业者的分析式和直觉式认知风格对创业者能力的形成有显著的影响，并且创业者对创业事件的学习对创业认知能力提升也具有重要的影响（张默，2018）。

三、创业认知作为中介变量的研究

第三阶段的研究主要是从 2000 年开始，学者们开始将视角从关注创业者的认知、行为以及创业者决策上逐步转向情境化的研究，也就是情境影响思维，思维决定认知的过程。这个研究思路主要着重于解释和回答，创业者所处的外部环境和当下情境如何影响创业者的认知，创业者认知又是如何进一步影响其决策及创业行为。这些研究主要聚焦创业者个体层面的研究，更多地探索创业者从认知到行为过程的决策机理。创业认知作为解释创业者行为的重要理论视角，对于回答个体为什么会选择创业，个体如何识别创业机会，以及为什么创业者之间有差异具有重要的意义。尽管当前研究也发现了一些关于创业活动中的独特性，比如创业不仅和创业活动本身相关，也和创业者的特质及其思维相关，根据学者们的研究显示，个体对创业环境和创业成功的认知越正向、积极，创业意向越强烈（杜跃平等，2016）。这与计划行为理论的观点一致，且对创业环境的正向认知使得个体能够从外部获得更多的资源和支持，当这些支持与自身的主观规范相吻合时，个体的创业意愿就越强烈。同时，创业者的风险感知也会影响到其是否采取相应的创业行为，创业决策本身是创业者在高度不确定的环境中进行信息解读、分析和处理的过程，创业者对外界环境影响所形成的创业认知会影响其创业决策的过程。

第六节　效果逻辑相关研究

效果推理理论是萨拉斯瓦西（Sarasvathy，2001）在研究中首次提出。其核心效果逻辑的决策逻辑（见图2.5）被学术界广泛认同和使用，效果逻辑主要是指创业者在不确定情形下识别多种可能的潜在市场，不在意预测信息，投资他们可承担损失范围内的资源，在与外部资源持有者互动过程中建立利益共同体，并整合更多稀缺资源，充分利用突发事件来创造可能结果的一种思维方式和决策逻辑。在充满不确定性并难以预测的环境中，具体任务目标无法明确；但创业者具备的资源或拥有的手段是已知的，他们只能通过现有手段的组合创造可能的结果。效果逻辑指出，可承担损失作为风险控制承诺，有助于个人应对不确定风险，它强调以少量资源、小范围实验以积累经验和信息，将未知情况决策转变为可知情况决策，创造性策划下一步行动，在可承受范围内有效降低失败成本、控制风险。除缺乏完备信息外，感知不确定性还通过自我感受，即生活、工作舒适区体现出来。在不确定情境下，个人的生活、工作不确定性适应能力会朝任何方向变化，比如生活幸福感、工作满意度变化会导致个人表现出不同行为状态，从事创业活动必须主动适应这些变化（Sidhu et al.，2015）。因此，对于复杂的创业活动而言，个体如何应对创业过程所面临的风险，并在极度不确定性的环境下提高适应能力，作出准确的决策尤为重要，而效果逻辑能够很好地解释创业者如何思考和行动的逻辑，可承受损失对于个体应对风险控制进而解释创业意愿到创业行为的产生过程具有重要的现实意义。

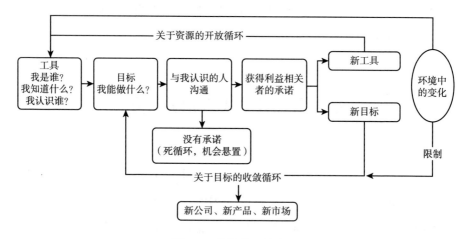

图 2.5　效果推理的应用

资料来源：Sarasvathy S D. Causation and effectuation：Toward a theoretical shift from economic inevita-bility to entrepreneurial contingency［M］. The Academy of Management Review，2011.

一、个体风险承担能力影响创业行为

根据学者们的研究可以得出结论，创业意愿会在一定程度上影响创业者行为的产生，但是并不是有了创业意愿之后，创业者就一定能够实施创业行为。创业意愿与创业行为之间是否一致性的问题逐渐变成学者们关注的焦点，为了探索意愿与行为产生之间的"黑箱"，并找到影响其过程发生的作用机制，学者们开始寻找创业行为产生的影响因素，验证计划行为理论前置因素对创业意愿和行为的预测作用，比较计划行为理论模型和创业事件模型有效性等（苗莉等，2016）。学者们的研究进一步证实了创业认知能力是影响创业行为产生的关键因素，但是个体在态度、个人动机、风险承担方面的差异也是影响创业行为产生的重要原因，具有较强的成就需要、自我效能感更强的个体更具有动力将意愿转变成创业成果（Schmitt et al.，2018）。因此学者们将视角转向了创业者如何思考和行动的逻辑主线上，可承担损失是效果推理理论的核心内容之一，表示个人在可接受的损失范围内从事创业活动，以最小投入找到进入市场的有效方式，一旦损失超出承受范围便及时停止（Sarasvathy，2001）。面对未知的创业活动过程，个体除了有成就动机之外，他还必须考虑自己能否在创业过程中"输得起"，这不仅需要考量创业者自身所拥有的资源，更要考量创业者自己能够承担多大的损失，只有在个体可承受的损失范围之内开展创业活动，个体才能不断在迭代中增强信心，优化自我认知，不断实现资源聚合，因此做出承诺之前个体需要评估自身所拥有的资源，并评估自身所能承担的风险挑战。现有研究表明，创业者意愿与行为之间具有一致性差异，其影响因素包括个体生活舒适区、可承受损失能力，个人在生活、工作中作出重要决策，要敢于以一种积极的成长心态突破舒适区，通过探索和学习提高自己对不确定性的容忍度、端正心态、减少担忧，在运用效果推理逻辑中不断对新事物探索、试验进而积累经验和信息，将未知情况决策转化为已知情况决策，从而优化对未知环境的认知能力，更加理性客观地对待未知风险；最终在不断反馈、迭代中提升自身不确定容忍能力，在不确定风险或损失承受能力演进下，培养和塑造创新创业精神，从而实现自我价值（何良兴，2020）。

二、个体风险评估态度影响创业决策

效果推理最重要的一个原理与未来可预测性有关，强调个体能够对未来产生影响，在个体评估可承受损失时，他会根据所拥有的资源思考和进行决策，进而影响创业行为。不确定性是当前创业环境中普遍面临的问题，在不确定的情况下，预测和计划的作用大大降低，对于创业行为的研究具有重要的意义（崔连广，2017）。根据学者们对效果推理的研究，个体在创业决策中总是会面对高度不确定性的市场，信息不对称也会影响个体的创业决策，其中可承受损失作为效果推理的重要核心内容，极大程度影响着创业者的决策，正是由于所面临的决策情境不同，创业者必须采取与成熟企业管理者不同的决策逻辑来作出和实施创业决策（秦剑，2011）。在完全理性和风险情境下，创业决策是基于因果逻辑的，但高度不确定性条件下的创业决策却体现出很高的权变性，在这样的情境下，就需要采用效果推理模式来作决策，创业者在可承担的风险范围内通过不断尝试和修正创业行动，慢慢摸索出行之有效的创业路径，创造出原本并不存在的新市场和新机会，进而获得一系列的创业成就（秦剑，2011）。创业者从认知到行为产生过程受到很多因素的影响，他们会根据实际情况作出理性决策，也会根据机会采取一定的风险决策，当个体倾向于选择风险性或已知性，而回避不确定性时，表明创业者对不确定性有高承受能力，他们倾向于挑战未知。当决策者面临可测量或相对可预见的未来时，通常会采用调研、分析和推理等决策方式，即标准和理性决策思路，也是因果逻辑思路；而如果面临不可预见情境，他们将通过实验和反复学习，以发掘未来的潜在可能性，通过启发式或顿悟式直觉，来作决策以及推测对未来的潜在信心，这接近效果逻辑思路（段锦云，2010）。因此，在面临复杂的创业环境时，创业者会受到不确定性所带来的风险控制问题，进而影响其实际付诸行动的决策。

第七节　相关变量的测量

一、先前经验的变量测量

学者们认为先前经验是个体在学习、实践中不断积累的知识和能力的总和，创业者先前经验为个体提供了知识和信息，促使个体更加迅速、有效地采取行动，个体的先前经验为其在实施相应的行为过程中提供了无形的知识援助，先前经验所形成的认知也会帮助个体进行决策。学者将创业者先前经验主要分为创业经验和行业经验两个维度（Politis，2005；Becker G S，1964）。当前对创业经验的测度主要指个体亲自参与到创业活动中并对其进行观察所积累的经验。学者们早期研究中将创业经验定义为创业者提供关于如何为新组织筹措资金、雇用员工以及吸引和保持顾客等有用知识（Ucbasaran D，2009）。行业经验的测度主要指个体对于企业创立过程中相关事件的参与度或者观察度。可以使个体转化为自身经验的经历，以及个体在某个行业的从业经历也能影响其后续的创业决策。学者们提出先前经验还应该包括职能经验，职能方面的经验通常包括一般管理、市场营销、财务管理、生产管理和技术管理 5 个方面，职能经验有助于新企业的正常运营和逐步实现管理正规化（李海阳等，2007），还有采用工作经验和创业经历两个条目进行测度（张玉利，2008），有学者将行业经验采用工作和管理经验、教育经验和创业经验三个条目进行测度（Quan，2012），有的学者采用行业经验（如技术经验和市场经验）、创业经验、管理经验来测度先前经验（Stuart and Abetti，1987）。

结合学者们对于先前经验的变量测量维度来看，该维度更多基于创业者群体的测量，对于有过创业经历的个体而言是非常有效的，但是个体先前经验不仅仅局限于创业经验，还应该包括其学习经历、实践经历等。研究群体不同，变量的适用情境就会不同，对于本书研究所针对的大学生群体而言，该变量测量维度中的经验无法准确反映研究群体的先前经验情况，因此，在结合先前经验测量维度的基础上，本书研究主要采用教育经验、行业经验和创业经验三个维度进行测量。个体形成创业认知之前其接受过的创新创业教育与创新创业类实践都会对其创业思维产生潜移默化的影响，而参与的次数、时长以及个人在团队中的重要程度都有可能对创业思维形成产生不同程度的影响，因此，本书研究试图从大学生群体在开展创业行为之前如何形成创业认知，进而影响其创业行为的过程重新进行测度设计，试图从多方位的角度探讨先前经验对于创业认知形成过程的影响机制，对于先前经验的测量共分为三个维度（见图2.6）。

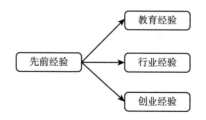

图2.6　先前经验的测量维度

本书研究在参考学者们长期实证研究的基础上，从参与范围、参与频次、参与程度等角度分析不同先前经验对个体的影响效果。首先，从教育经验的维度来看，充分考虑潜在创业群体相关的受教育经历，以及受教育经历的类型、受教育经历的时长，受教育经历对于个体在创业思维认知和创业行为实践中的关联程度，并从个体视角评估这些相关的学习教育经历是否帮助自身获得了提升和进步。其次，从行业经验的维度来看，从潜在创业群体的实际情况出发，侧重于考量潜在创业群体在创业相关的赛事和项目实践中的影响程度，包括参与创业赛事的次数、参与赛事过程中的时长，还包括参与过程中角色的重要程度。参与次数及参与的时间长短会影响其是否对该领域清楚和了解，相比较参与次数少的个体，参与得越多，其对相关规则和创业项目实践过程的了解可能会越清楚，同时，个体参与的程度也是十分重要的因素，作为主要成员在参与过程中的付出和获得感会更强烈，并且大部分情况下主要参与成员将会是团队的核心，直接影响团队决策和创业实践的效果。最后，从创业经验的维度来看，有过创业经历，哪怕是短暂的创业实践经历的个体都可能会比没有真正实践的个体拥有更多的创业感知和实践体验感，也更容易通过角色体验获得更多的认知。同时就参与程度来说，创业团队的负责人需要承担更多的创业压力，参与更多的市场互动和信息交流，其在此过程中获得的创业经验也会更丰富。基于此，本书研究将先前经验的三个维度细化为 16 个测量问项（见表 2.2）。

表 2.2 先前经验测量维度及问项

变量	变量维度	测量问项
先前经验	教育经验	是否参与过创业课程
		参与创业课程的次数（门类）
		参与创业课程的时长
		参与创业课程对创业思维提升的关联性
		参与创业课程对实施创业行为的关联性
		创业类课程或相关培训对创业是否有帮助
	行业经验	是否参加过创新创业类比赛
		参加创新创业类比赛的次数
		参加创新创业类比赛的时长
		参与创新创业类比赛的角色重要性
		参加创新创业类比赛对创业思维提升的关联性
		参与创新创业类比赛对实施创业行为的关联性
		参加创业比赛对准备创业是否有帮助
	创业经验	是否有创业相关经历
		创业经历时长
		创业经历中角色的重要程度
		创业经历对创业思维提升的关联性
		创业经历对实施创业行为的关联性
		是否有创业的计划
		在什么情况下会开始准备创业

二、创业认知的变量测量

创业认知是将一般认知置于创业情境之下提出的，学者们认为，个体组织、表现和处理信息的偏好与习惯方法等认知模式涉及决策、学习、个性和意识等多方面的内容。学者们认为，认知模式可能影响个体对不同类型的学习、知识收集、信息处理、决策制定的偏好，这些都是创业者要采取的重要的日常行动（Leonard et al., 2005; Kicku et al., 2009）。米歇尔（Mitchell, 2002）通过对"创业"和"认知"两个概念定义的回顾，进一步将创业认知定义为创业者在机会评价和创业企业成长过程中用于作出评价、判断和决策的知识结构。有学者提出，创业认知是创业者在制定新产品或新服务的决策时，使用一种简化的思维模式，采用各种信息和资源来发现商业机会，并获得利润增长的过程（Busenitz et al., 2003）。杨俊（2014）则认为，创业认知是一种发生在创业情境下的认知过程，这一过程能够产生独特的决策方式和行为。尽管不同学者提出了自己对创业认知的定义，但学者们对创业认知的解释因其揭示了创业认知的本质，具备科学性、准确性和权威性而得到了广泛认同（陈昀等，2012）。学者们结合创业认知做了很多的相关研究，本书研究根据米歇尔（2002）编制的创业认知量表开展研究，该量表包括准备认知和能力认知两个维度（见图2.7）。

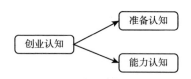

图2.7　创业认知的测量维度

本书在学者们前期研究的基础上，将创业认知的两个维度分别从显性和隐性的角度进行考量，对于创业者而言，外在的显性资源包括可量化及评估的部分，如，团队是否具备了相应的技术资源，包括进入一个新行业之后能够产生的技术壁垒，是否为创业行动做了良好的政策了解和准备工作，是否已经拥有或者正在创建新的产品和服务，是否为进入行业竞争准备好了该有的条件，也包括相应的人脉资源等。从无法量化的角度而言，创业者是否有较强的信心和能力去开始一段创业旅程，是否在知识储备、应变能力、机会识别、战略制定等方面有足够的雄心壮志，并对未来及未知风险做好了充分的应对准备。基于此，本书研究将创业认知的两个维度细分为11个测量问项

（见表 2.3）。

表 2.3　　　　　　　　　创业认知的测量维度及问项

变量	变量维度	测量问项
创业认知	准备认知	具有创业的资源
		具备创业相关的人际和财富网络
		具有相应的专利技术保护
		熟悉相关的创业政策
		具有特殊产品或服务
		可以轻松进入准备创业的领域
	能力认知	具有较好的知识储备
		有渴望成功的野心
		能够准确识别潜在的机会
		能够迅速判断问题所在
		对特定情境的判断准确

三、可承受损失的变量测量

可承受损失是效果推理理论的核心内容之一，其描述了个体在面对决策时会结合自己所拥有的资源评估风险，确定所能承受的损失范围而是否实施创业行为，以最小的投入找到快速进入市场的有效形式。可承受损失是创业行为产生过程中的重要影响因素。可承受损失作为风险控制承诺，有助于克服人们对创业活动不确定风险的畏惧。基于这一承诺，人们可以在损失底线内迈出"一小步"，从而克服创业意愿与行为之间的落差；只有控制风险，才能引发创业行为（刘常勇等，2017）。学者们通过整合已有文献提出的变量测度方法来测量效果推理逻辑的不同维度（Read et al.，2009）。可承受损失作为其中的一个重要测量变量主要通过风险承担倾向、模糊容忍度等指标来测量，本书研究借鉴学者们通过元分析方法设计的测量内容（Read S, Song M & Smit，2009），并结合当前学者已有的成熟量表（Chandler & DeTienne，2009）开展研究，可承受损失共由三个测量题项构成（见表2.4），基于本书研究实际，将可承受损失从机会、资源和承诺等方面进行评估，个体在进行风险评估和采取行动的程度强弱方面来进一步体现创业过程中风险承担能力，并评估风险对于行动的调节作用。

表2.4 可承受损失的测量维度及问项

变量	测量问项
可承受损失	我们会非常谨慎地进行资源承诺，以确保承诺不超越创业所能承受的范围
	我们会谨慎地投资开发创业机会，以免承担不必要的损失
	我们会在发展过程中严格控制资金使用，以免陷入无法承受的风险

四、创业准备行为的变量测量

创业行为是创业者基于一定的知识储备、创业认知和创业意愿以及发现创业机会的前提下，为了实现创业目的而实施的一系列行为。蒂蒙斯（Timmons，1977）在其经典的创业模型里面将机会感知与识别、创业团队的组建、创业资源的获取作为创业行为构成的三个主要要素。学者们在研究中将创业行为看作解释创业过程和新创企业产生机理的关键，并认为创业行为是创业者感知机会、资源整合、组建团队、获取创业资源的逻辑过程（张玉利等，2008）。本书的研究对象主要是大学生群体，这些群体可能多数并没有创业经历，因此本书研究测量的创业行为更多是创业准备行为，通过对创业行为相关研究的回顾发现，学者们已开展的研究大多会根据自己的研究需要，并结合具体的研究环境和问题对创业行为进行测量。本书研究设计的创业行为题项在参考借鉴姚晓莲（2014）创业行为量表的基础上，将创业准备的关键行为设计为四个维度（见图2.8）。

根据本书研究实际，将创业准备行为的四个维度通过不同类别的资源准备进行评估。对于潜在创业群体而言，他们在最初开展真正的创业实践的可

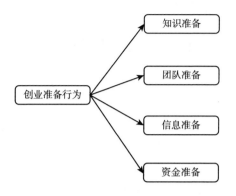

图 2.8 创业准备行为的测量维度

能性较弱，但是并不代表他们未来不会成为真正的创业实践者，以及他们不会创建更加成功的企业。在创业行为的前置因素中我们也必须关注到这些潜在创业者在真正开始行动之前是如何积累经验和做好资源准备的。因此在学者们广泛的研究基础上，结合潜在创业群体的现实情境，将准备行为分别通过知识准备、团队准备、信息准备、资金准备四个维度进行评估。尽管我们一直在强调创业者会随时行动并在行动中不断迭代，但事实是，没有合适的契机，创业者也不会盲目行动。从知识准备的角度来看，它体现了创业者通过足够的知识存量进行知识生产以及知识创新的过程，这个过程我们也可以联系到创业机会识别的过程。从团队准备的角度来看，创业者会寻找合适的合伙人，也许在未来的创业过程中会有新的伙伴加入，一旦有合适的核心团队加持，创业者开始其创业行为的可能性就越大。从信息准备的角度来看，更加体现了创业过程的风险和不确定性特质，信息包括产品生产和服务创造及优化的过程中我们所能获得的关键资源，信息准备是创业者对外界信息输入的筛选过程，如果团队能够积极地进行信息获取和政策了解，那么团队会更加清晰向前的目标和愿景。从资金准备的角度来说，创业过程的资源投入一定需要一笔启动资金，如果潜在创业团队找到资金来源或者能够有很好的办法解决资金问题，那么他们开始创业的动机会更加明确也更有底气。基于此，本书研究将创业准备行为的三个维度细化为 12 个测量问项（见表 2.5）。

表 2.5 创业准备行为的测量维度及问项

变量		测量问项
创业准备行为	知识准备	我正在学习有关创业所需要的知识
		我积极参加有关创业知识或技能的培训班（讲座）
		我经常和有关人士讨论如何创业的问题
	团队准备	我积极结交有创业意愿的同学和朋友
		我积极组队参加一些创业比赛
		我积极寻找创业合伙人
	信息准备	我积极做创业项目的信息收集
		我积极地为创业项目进行规划
		我积极了解有关大学生的创业政策
	资金准备	我准备向银行申请创业贷款
		我准备寻找创业合伙人募集创业启动资金
		我准备寻找投资人筹措创业资金

第八节 本章小结

本章主要从相关理论基础、当前研究的文献述评、本书研究相关变量的测量三个主要模块进行系统地回顾和梳理。具体分为七个部分进行详细阐述并呈现研究的整体逻辑和研究思考。在进行研究主题聚焦和研究过程构思的过程中，首先对本书研究所涉及的相关概念进行了界定。通过系统回顾创业的定义，明确本书研究的关键点和重点讨论的内容。分别从广义的角度和狭义的角度对创业定义进行了梳理，并结合本书研究主题的具体实际情况，将创业的范畴聚焦在更为广义的理解基础上，包括创业思维、创业过程以及创业结果等多维度多视角。从创业思维的角度来看，创业不仅是创建公司和开创企业，还是一切从 0 到 1 的思维转变和资源视角，不仅是现有资源的既定组合，还更加关注资源的随机组合。从创业过程视角来看，创业不仅是经营一家实体企业的过程，还是更为广义的创造活动的过程，包含了更为广义的创业活动创建过程，在此基础上我们将更为广义的创业活动考虑在内。从创业结果视角来看，创业不仅是产出高绩效和高利润的结果，一切有价值的可量化或不可量化的结果都可以用来评估创业结果。因此，当我们更为广义地理解创业时，我们更加明确创业行为的前置因素和后置因素，也能帮助我们更为深刻地理解创业之所以能够教授的内涵和底层逻辑。既包括创业思维的培育，通过创业思维看问题，面对不确定性，用成长型思维的视角开拓创新，也进一步深化和理解创业教育的意义，以及创业为什么能成为一门课程并且可教授的原理。作为过程视角，创业让我们更加深刻理解外部环境的不断变化和高度不确定性下，大计划和方案可能无法完全吻合，我们更需要小步快跑的迭代式推进，既需要对确定情境的管理计划，也需要对不确定情境的随机应变，因此过程视角给我们提供的不仅仅是方法路径，更是基于创业思维的行动逻辑。从结果视角来看，创业不仅是可量化的绩效指标，还有无法量化但却在实际中发挥作用的部分，既包括个人的自我效能感提升，也包括组织在此过程中不断形成的持续竞争力。因此，通过对创业定义的回顾并厘清本书研究的范畴更有利于后续研究的开展以及对研究意义和创新点的挖掘，也为后续开展研究提供强有力的支持。

本章系统梳理了研究中相关指导理论的发展及应用现状。具体包括理论的定义、理论的研究范畴以及当前对理论的研究现状，理论对于本书研究的启示等内容。第一，从计划行为理论来看，其主要应用学科为心理学的范畴，更多地聚焦于人的心理活动如何影响行为的过程，该理论认为非个人的意志完全控制的相关行为不仅受到个人在行为意向方面的影响，还同时受到了个体在执行个人行为中的能力表现、个人的机会成本以及其所拥有的资源情况，这些因素在受到个体实际控制的过程中，个体的行为意向会直接影响其行为的产生过程。行为的态度、个体的主观规范和个体的知觉规范以及知觉行为控制是决定个体行为意向最主要的因素，个体的态度越积极，与其相关的重要资源和个体对其支持度越大，个体的知觉行为控制就会越强，反之，个体的行为意向就会越小。学者们将该观点主要聚焦于一个人在行为过程中所表现出来的一系列心理反应和行为结果，包括个体的态度、主观规范、知觉行为控制、行为意向、行为五个维度。当前学者们的研究主要将事件系统理论应用于人的心理改变过程，视角也逐渐关注在创业行为领域。基于此，本书研究将该理论的内在逻辑用来分析创业者思考和行动的行为过程，当个体受到更多的有关创业的外界刺激及重要资源和个人的影响时，他能够开始创业的态度强烈程度会直接影响创业行为的具体表现，且两者之间会相互促进。第二，事件系统理论的当前现状。该理论更加强调个体是如何在动态环境下不断改变心理认知进而改变行为结果。该理论以更加动态的视角考察具体事件是如何对个体产生影响的，将个体放在大环境下考量，并基于某一事件的大背景下，比较该事件的出现频次及出现的效果对于个体在某些方面所呈现出来的变化，包括显性的和隐性的数值变化过程。事件系统理论还界定了事件的类型，包括事件发生的空间属性、时间属性和强度属性。学者们已经开始将该理论运用在管理学等领域并取得研究成果。基于该理论，本书研究将创业者所处的时空属性进行分析和讨论，探讨那些可能会影响潜在创业群体形成强烈的创业认知的事件，并研究其内在的影响因素和逻辑规律。当个体所遇到的相关事件越多，事件影响的空间范围越广，事件发生的持续时间越长，事件对个体参与中的强度越大的时候，这些潜在创业群体受到的影响越大，从被动影响转化为主动实践的可能性就越大，基于此来分析此潜在创业群体的心理逻辑和实践逻辑。第三，对社会认知理论的研究回顾。如果前两个理论更倾向于外在的刺激对个体心理的影响机制，那么社会认知理论更倾向于个体心理活动范畴。作为社会心理学的重要理论之一，该理论被广泛运用于解释个体是如何参与社会学习的过程，它关注于个体的信念、记忆、期望、动机以及个体自我强化等认知因素。个体并不会完全被动地面对世界上的种种事物，与大家通常的理解不同，个体往往会把自己的知觉、思想和信念等组合成简单的、有意义的形式。也许这很难理解和解释，但是，个体能够将某一概念应用于那些可能看起来很随意或者杂乱的情景中，并且赋予它某种意义。外部世界的组织过程、知觉过程和解释过程不断影响个体在社会情境中所表现出来的行为方式。基于此，本书研究将个体复杂的心理过程放在社会认知理论的逻辑框架中进行解释，个体认知形成不仅受到外界的影响，还会在个体认知塑造中不断形成自己的观念和解释事物的认知。这个框架可以帮助我们更好地理解潜在创业者在创业认知塑造中的关键因素。第四，效果推理理论的理论回顾。尽管我们可以从行为的内外部因素分析个体产生认知和事实行为的关键因素及过程机制，但是我们不能忽略个体所处的具体情境以及该情境下会对个体的哪些方面产生何种程度的影响。本书研究的关键点在于创业环境所具备的特殊性。该理论是在创业研究中备受关注和广泛运用的理论，它更加强调外部环境的不确定性，也正是因为不断变化的外部环境，个体必须直面创业过程中那些不确定性所带来的风险，它既是机遇也是挑战，这个过程也赋予创业者们不断创造的能力。效果推理理论的逻辑主线围绕变化进行，其所呈现出来的五大原则更是清晰地展现了创业者行动和思考的逻辑。个体必须清楚自己的定位，包括所拥有的资源，所有一切能用的工具都有可能成为创业过程中的资源，还包括那些潜在的资源形式，基于此，个体必须思考自己能够损失什么，只有清楚知道自己所拥有的，才能明确自己能够损失什么及承担什么，换言之，那些可损失的就是自己所拥有的。大胆地拥抱不确定性才能更好地开始行动。创业过程也强调团队协作和互补，管理团队和创业团队的不同组建方式也很好地体现两者之间的互补性，而面对那些能够控制的部分，要尽可能地做好管理，提高效率，而面对那些难以控制的部分，我们也要拥抱不确定性，努力打破现状创造新的可能性。基于此，本书研究所关注的潜在创业群体正是基于效果推理理论的逻辑框架进行审视，将创业环境的特点及创业者思考的行动逻辑作为行动指南，分析潜在创业群体在认知塑造到行为产生过程的影响因素，通过心理学、管理学相关理论进一步发掘中国情境下的创业理论。

本章还系统梳理了创业行为研究的发展历程，以及当前研究中关于先前经验、创业认知、创业行为以及可承受损失的相关研究现状。创业最初的关注点更多在于创业实践的本身，正如创业的定义一样，为什么开展创业以及创业的结果导向是一直以来备受关注的话题，企业创建中我们要注重绩效问题，首先是生存下来，再进一步到发展及创新，整个过程中最重要的目标结果导向也是学者们关注的焦点问题，对于纷繁复杂的创业现象而言，如何从中找到规律，并通过科学的方法促进绩效产生也成为研究和实践中的重点。随着创业实践的不断延伸，以及中国情境下涌现出的更多的创业现象来看，创业领域值得探索的空间依然很大，创业已经不再是单纯的实践或者单一的现象，它汇聚了不同的人员、不同的资源、不同的情境，甚至不同的过程。学者们的研究视角也逐渐从关注实践本身到关注参与实践的个体、实践中的资源流动、实践中的风险承担等问题。这些不同的视角也提供了理论发现的更多可能性。尽管创业实践及创业研究最早的成果被国外所领先，但是随着中国的不断发展和国际地位的提升，世界的目光也投向了这片广袤的土地上，中国情境下的创业问题受到越来越多来自全球学者和创业实践者的关注。厘清纷繁复杂的创业发展历程以及其中随着时间推移而不断发生变化的研究主题，可以进一步总结和发现创业研究中的一般规律，将创业放到具体的政治环境、经济环境、社会环境中进行考量，有利于在研究实践中更加客观地进行现象描述和规律发现。通过对学者们丰富的研究实践回顾和文献综述可以发现，创业行为的研究在研究视角、研究群体、研究方法等方面都各具特点。具体来看，学者们对创业行为研究从个体层面到组织层面都比较丰富，个体层面的研究中主要关注个体特质的较多，因此主要应用理论聚焦于认知理论、特质理论等范畴；在对组织层面的研究中主要关注企业行为对绩效的影响结果，应用理论多聚焦于资源基础观、创业拼凑、社会网络等范畴，一些学者也较多地使用计划行为理论、自我效能感等，在理论视角上呈现出多元化的状态。在研究群体方面，当前的研究大部分都是关于创业者群体的研究，且大多关注于创业者行为对于创业产出即企业绩效的影响，对于创业行为过程的研究近几年逐渐变多，但是研究结论不一。在研究方法的使用上，当前学者主要以回归分析方法、数理分析、结构方程模型等实证分析方法为主，部分学者也采用案例研究方法对理论边界进行探索。根据当前研究系统回顾梳理来看，学者们关于创业行为对创业产出的研究较多，对创业行为产生过程机制研究成果较少。综上所述，结合对当前创业行为的相关研究来看，虽然取得的成果较多，但是面对不断变化的环境和创业群体，仍然存在以下三点不足之处。

第一，创业理论在当前研究中仍然需要进一步探索。中国情境下的创业研究问题具有其独特性，且与西方国家也存在较大的差异。随着不断变化的创业环境，以及中国作为拥有十几亿人口的大国而言，当前大多数创业定量研究的区域性特点比较突出，缺乏进一步的实证推广，且研究层次、研究对象、制度影响等都会对研究结论的普适性带来一定的影响。因此，在具体问题具体分析的前提下，不同情境下的创业问题都可能会带来新的理论视角。与此同时，国外创业理论在中国情境下的具体使用中也会存在"水土不服"的现象，基于研究的具体情境来对问题进行分析过程中，我们可以透过现象发现背后的规律，总结出适应中国情境下的创业实践逻辑，立足于实际的创业研究更能够有针对性地去观察现象、发现问题、分析成因、总结规律。因此，相较于管理学科在历史长河中的发展积淀，创业理论的发现及应用仍然有很长的路要走，中国情境下涌现出的创业现象以及纷繁复杂的创业具体情境能够为我们提供更多的观察视角和实践样本，更有利于对引进理论的实践验证及发掘出更多的本土创业理论。

第二，当前对创业行为的过程机制研究较少。目前大多数学者的研究都聚焦于创业行为对企业绩效的影响，无论是创业者个体特质，还是创业企业发展中的行为研究，都是围绕创业产出的问题，起点是从创业者已经开始实施创业行为之后的研究，尽管考虑了创业者在创业之前的经历的影响，但是都直接将这些先前经验作用于企业绩效，探究创业者在企业创建过程中对后续发展的影响，而对于创业者为什么成为创业者，什么因素会影响其成为创业者并没有太多的关注，尽管少部分学者已经开始关注创业意愿到创业行为之间的研究，但是研究成果也较少，对于影响变量的探究也较少，因此得出的结论也各有不同。并且在创业行为产生之前的前置变量的研究中，目前学者们开展的一部分是关于变量及理论探析的定性研究，实证研究也较少。创业概念的提出及其发展虽然已经有很长的历程，但是事实上，无论是实践者还是研究者，都会更加聚焦于创业本身的实践价值，既体现在直接的绩效产出，更体现在绩效产出的方式方法。而创业本身是一个复杂的过程，离开任何一个环节都很难达到最终的整体效果，我们可以通过以结果为导向去发现规律，也可以通过规律去促进有效的结果产生，然而在实践中，引起结果产生的不仅有目标本身，还有创造结果的过程以及推进过程的前置因素，当前的大量研究显示，由于环境因素的影响，关注点也会受到政策导向、社会因素、个体因素等的综合作用，但是这并不影响创业实践的过程机制以及产生创业和促进创业的前置因素。因此，基于当前的研究成果、研究视角进行拓展可以帮助我们更好地认识创业实践的一般规律，找到更科学的指导理论。

　　第三，研究群体选择的单一。当前研究大部分都聚焦于对创业者群体的研究，而对于非创业群体的研究较少，但是创业者不是天生就会创业，也不是天生就是创业者，在真正开始实施创业行为之前他们都是潜在创业群体，但是什么样的时机会让他们选择成为创业者，实现身份的转变对于创业研究领域来说仍然是个未解之谜，同时如何激发更多群体加入创业者群体对于创业实践也具有十分重要的意义。由于个体的多样性，以及个体在不同时期、不同情境下的成长变化，我们很难用一套固定的标准去定义创业者个人特质，那些正在创业中的个体是否可能经历过失败之后改变赛道我们无从得知，选择创业者群体固然能为我们直观地带来关于创业的一些认识，但是创业者的身份也是多元发展的。正如我们前面提到的关于创业的定义一样，如何更加准确地界定是具有难度的且标准和维度也存在模糊性，由于环境的变化和外界高度不确定性，我们也要根据具体的情境来进行甄别和明确它的范畴。创业者的角色转变影响因素以及角色转换过程中的机制机理也是需要放到具体的情境下进行具体分析，一个创业者并不是天生就是创业者，而他在成长为创业者的过程中的因素也是多元存在的，因此对于创业者而言，我们可以从更为广泛的视角进行关注和分析，成为创业者的那些潜在群体有多大概率进行身份转变，其影响因素及机理如何体现，值得我们关注。与此同时，创业者在经历创业实践之后有没有转变身份的可能性，以及未来如何将创业实践的成长收获在新的身份中持续发挥作用，这些未知的领域都会给我们提供更为宽广的视角，并在此基础上发现新规律，找到新方法，从而更好地从实践、教育等角度带来新的启发。因此基于对现有研究对象选择的梳理，本书研究试图以变化的创业环境作为前提，选择那些具有较大潜力成为创业者的群体作为研究对象，探究他们会受到何种因素的影响从而选择创业。

当前研究中学者们从不同视角、不同维度、不同群体等开展创业研究，已经取得丰硕的成果，并在此基础上给未来的研究者们提供了更多的理论支撑和实践支撑。同一事物从不同视角和维度都会得出不同的结论，面对纷繁复杂的创业现象，我们也很难用同一维度去统一概念，因此学者们的丰富研究中仍然有许多未来探索的空间。虽然当前研究中存在一些不足之处，但是对后续的创业研究奠定了坚实的基础，并在实践中给本书研究提供了很大的启发，本章在回顾研究的基础上，还借鉴了学者们的创业理论、量表设计，并在此基础上提出了本书研究的假设和构建了理论模型，也试图通过研究的推进不断验证假设。本章在对计划行为理论、事件系统理论、社会认知理论和效果推理理论的梳理和启发下，进一步对先前经验、创业行为、创业认知和可承受损失的相关研究进行了梳理，提出了关于先前经验通过创业认知的中介作用影响创业行为的研究假设，并在考虑创业环境总是不断变化的特征下，将可承受损失作为调节变量，如果研究进展顺利，对于丰富和完善创业行为研究的相关理论，拓展研究群体以及为创业实践中提供一些政策建议都具有十分重要的意义。

第三章

模型构建及理论假设

第一节　模型框架构建

　　根据前面对创业相关研究的系统回顾和梳理，个体产生创业认知进而实施创业行为是一个复杂的过程，当前研究从个体层面到组织层面再发展到今天聚焦于行为过程的研究经过了漫长的时间，也积累了丰硕的创业研究成果，对于创业认知到创业行为产生过程的研究较少，且目前已开展的相关研究从研究群体和研究视角来看都具有各自的特色，对于创业行为产生过程的影响因素尚无成熟的研究结论。因此本书研究关注个体先前经验如何对其创业认知产生影响，进而促进其创业行为的产生，并对其过程机制进行探究，同时引入可承受损失变量作为调节变量验证在变化环境中个体作出决策的影响因素。在前面对计划行为理论、事件系统理论、社会认知理论和效果推理理论回顾整理的基础上，试图通过现有理论的指导推进本书研究后续实施。计划行为理论从人的行为、态度视角解释了个体是如何受到自身主观信念和规范的影响进而实施相应的行为，这对于本书研究中试图探究的认知影响行为具有指导意义；在事件系统理论中，强调事件通过其发生的时间、空间和强度如何影响和建构个体的认知，本书研究试图通过本理论探求个体是如何通过先前经验影响创业认知的形成过程；在社会认知理论中，从心理学的角度解释了个体如何通过环境及其行为影响认知形成的过程，本书研究试图通过本理论探求个体如何通过先前经验影响创业认知不断形成的过程机制；效果推理理论主要强调创业环境的不确定性和模糊性，创业者在实施创业行为过程中与传统的管理者的因果逻辑有所不同，在面对无法预测的未来时，个体会根据自身所拥有的资源来开始行动，在此过程中个体会评估自身所能承受的损失，进而作出下一步的决策，本书研究试图使用该理论指导个体在创业认知形成之后采取创业行为的过程影响机制，引入可承受损失作为调节变量，探究可承受损失在个体认知与行为产生过程中的作用机理及其影响程度，结合对本书研究指导理论的启示，本书研究试图将潜在创业群体放在不断变化的创业环境下，设想其如何思考和行动的逻辑，如图3.1所示。从创业理论的视角下，创业者如何思考和行动是基于其所拥有的创业思维的驱动作用，创业者的思维方式决定了他的行为方式，进而在不断反馈和强化的过程中塑造个体认知，认知又反过来促进行为的发展，在形成闭环过程中也刻画了创业者思考和行动的逻辑。由于创业者所处的外部环境总是在不断变化的，因此基于不断变化的外部环境，个体在采取相应的行为之前会首先评估自身所拥有的资源，包括先天资源和后天资源、外部资源和内部资源。从资源角度细分我们可以将其概括为三个维度，首先是个体对自我的认知部分，即我是谁。本书研究中将潜在创业群体框定在认知角色定位中，并以此为出发点分析和厘清自身所拥有的资源。其次是我知道什么。

潜在创业群体通过以创业为导向的经历赋予和塑造的认知经验构建了该群体对创业方向的认知资源。最后是我认识谁。潜在创业群体通过学习、社交等渠道所认识的那些伙伴或者潜在伙伴共同构成了群体的社群资源。基于对潜在创业群体所拥有的资源视角或者说工具视角，下一步他们需要考虑如何开始行动。创业目标中进一步思考我能做什么的问题，既是对创业认知的体现，也是对创业机会识别的过程。在目标方向明确之后，他们开始寻找创业伙伴，将目标价值进行分享并寻找合适的团队中，可能会获得他人的资源投入，也可能会获得承诺，情况良好的情况下两者兼具。当开始行动时，个体会通过评估行动计划来判断可承受的损失风险，如果风险在可承受的范围之内，下一步行动计划顺理成章地得以推进，相反，如果行动计划评估中风险已经超出了团队的可承受范围，团队也会及时调整方向，既需要改变目标内容，也需要重新补充和不断拓展资源形式。整个过程完整地体现了创业者思考的行动逻辑，并将潜在创业群体放在框架中审视后，更加清晰地呈现了创业行动的小步快跑迭代过程。基于框架分析，为本书研究后续的假设提出奠定基础。

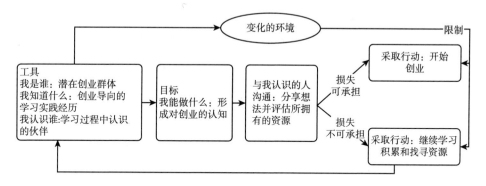

图 3.1 潜在创业群体在变化环境下的行为过程

基于对本书研究相关的文献回顾和指导理论核心内涵的梳理，本书研究选择潜在创业者群体作为研究对象，试图探析个体是如何受到先前经验影响其创业行为的过程，本书研究引入创业认知作为中介变量，可承受损失作为调节变量。构建了先前经验影响个体创业行为的有调节的中介效应模型。综上所述，本书研究以先前经验为自变量，以创业认知为中介变量，以创业行为为因变量，以可承受损失为调节变量，分析先前经验通过创业认知对创业行为的影响机制。在对各变量维度进行测量的时候，充分考虑研究群体的特性，将先前经验分为学习经历、比赛经历和实践经历三个维度。对于潜在创业群体而言，他们可能没有经历过真正创建企业的过程，而作为青年群体，他们具有丰富的学习经历，包括其过去学习的创业课程，参加过的创新创业类赛事以及在不同岗位上的实践锻炼等都可以构成先前经验；对创业认知的测度上将其分为准备认知和能力认知两个方面，包括思维上的认知转变和技能上的提升。本书研究的理论框架如图 3.2 所示。

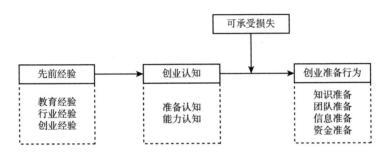

图 3.2　先前经验对创业准备行为的影响理论模型

第二节　研究假设的提出

一、先前经验与创业行为的研究假设

根据学者们关于先前经验的相关研究发现，学者们的研究对象主要是创业群体，因此主要将先前经验的维度定位于创业者过去的创业经历和行业经历，但是对于本书的研究对象潜在创业群体而言，他们可能是零创业经历甚至只有非常少的行业经历，如果用这两个维度测量可能会无法实现预期的测量结果，因此，本书在结合学者们研究的基础上充分考虑研究对象的特点，将个体在过去所积累的教育经验、行业经验、创业经验等作为测量维度，研究这些经历对塑造和影响创业者决策的程度，通过经验的不断积累的过程，进一步测量这些经历如何通过对认知的影响驱使早期的创业行为。对于潜在创业群体而言，他们没有过多的创建企业的经历，但是其在实施创业行为活动之前并不是一时冲动，大部分时候会结合自身实际与当前机会作出决策，而对于机会的识别和环境的考量源于其对外界信息的获取和对信息的解读，这些都会受到先前经验的影响。通常情况下，个体学习经历越丰富，比如青年在接受创业教育的过程中会不断加深对创业活动的认识，对其开展的过程及不确定性拥有基本的了解，同时，在不断的教育过程中会形成创业思维。国内外学者都肯定了创业的可教性，并指出创业教育能够提升个体的创业行为，因此，个体受到的创业教育经历越丰富，在创业教育过程中得到的激励越高，其采取相应行为的可能性越大；除此之外，这部分潜在创业群体在参加各类创新创业类比赛中也会加深对创业活动的理解，并在不断获得的成长中增强自我效能感，在创业活动中自我效能感越强的个体，其开展创业行为的可能性越高；本书研究还考量个体其他实践经历对创业行为的影响机制，比如大学生在校期间创业经历、参加社会兼职等对其后续开展创业活动的影响，创业类活动对于在校大学生而言是一个非常好的实践平台，既需要个体在此过程中具有较强的主动性和积极性，还需要在这期间具有较强的沟通能力、执行能力、组织能力、应变能力，而这些能力都是创业者在实际创业活动中非常宝贵的品质，因此，有过相关创业经历的个体会在潜移默化中不断形成甚至强化其主动性和积极性，并在此过程中提升适应能力和解决问题的能力，在面对复杂的具有挑战性的创业活动时，这些经历所塑造的价值观和认知会促使他们积极挑战，战胜困难，勇于实践，因此，实践经历越丰富，个体产生创业准备行为的可能性越强。基于此分析，本书认为，先前经验对创业准备行为有显著的正向影响作用，因此提出以下假设（见图3.3）。

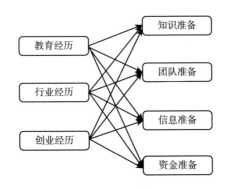

图3.3 先前经验对创业准备行为的影响

假设1：先前经验正向影响创业行为。

假设1-1：教育经历正向影响知识准备。

假设1-2：教育经历正向影响团队准备。

假设1-3：教育经历正向影响信息准备。

假设1-4：教育经历正向影响资金准备。

假设1-5：行业经历正向影响知识准备。

假设1-6：行业经历正向影响团队准备。

假设1-7：行业经历正向影响信息准备。

假设1-8：行业经历正向影响资金准备。

假设1-9：创业经历正向影响知识准备。

假设1-10：创业经历正向影响团队准备。

假设1-11：创业经历正向影响信息准备。

假设1-12：创业经历正向影响资金准备。

二、创业认知在先前经验和创业准备行为之间的中介作用

（一）先前经验对创业认知的影响

认知心理学认为，在个体积累了足够的经验之后，其大脑的深层认知结

构就会自动影响其决策行为，个体决策大多是在无意识的深层认知结构的驱使下完成的，个体的认知又受到外部环境的深度影响，个体在接受不同类型的学习过程中，其个性和意识等多方面的内容都会影响其认知结构。对于本书研究的潜在创业群体而言，其在接受创业教育过程中会极大程度地塑造其对创业的认知结构，并形成知识体系、思维层次进而形成价值观。因此，创业相关的学习经历能够对其创业认知的形成产生较大的影响，个体受到的创业教育时间越长，效果越好，其形成的创业认知结构越丰富和稳定。对于个体而言，如果知识层面的影响只能暂时形成短暂的认知结构，那么在亲身体验的创新创业实践中能够通过行动加深其认知结构，个体在参与创新创业赛事过程中，自己作为独立的个体真正融入创业角色中，撰写商业计划书的脚本，模拟创建企业的过程，而在最后得到肯定和鼓励之后的收获感会促进其创业认知的形成，因此，个体参与赛事的范围越广，时间越长，在团队中扮演的角色越重要，其对创业的认知形成影响越大。同样，对于实践经历而言，个体在实践中的体验过程会加深其对外界事物的认知判断，逐渐塑造其价值观，实践经历中要求的执行力和主动性会从被动型的要求逐渐转变为主动型的习惯，最终形成个体的认知结构，因此，个体如果作为学生干部的实践经历时间越长，担任的角色越重要，其受到的影响越大，对创业认知形成的影响也越大。无论是何种先前经验对创业认知的影响，都会首先对其思维层次产生影响，也就是个体对外界事务判断认知的构成，称为准备认知；与此同时，个体在先前经验中所积累的还有不断提升的能力，包括实际掌握的技能，以及看待问题解决问题的方法，称为能力认知。先前经验会同时影响准备认知和能力认知，同时，准备认知也会促进个体能力认知的提升，因此个体在不断形成认知的过程中，会从思维认识和具体能力两方面不断提升，而先前经验对创业认知的两方面形成都具有重要的影响。因此，提出以下假设（见图3.4）。

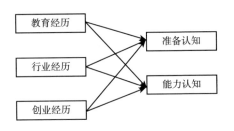

图 3.4　先前经验对创业认知的影响

假设 2：先前经验正向影响创业认知。

假设 2－1：教育经历正向影响准备认知。

假设 2－2：行业经历正向影响准备认知。

假设 2－3：创业经历正向影响准备认知。

假设 2－4：教育经历正向影响能力认知。

假设 2－5：行业经历正向影响能力认知。

假设 2－6：创业经历正向影响能力认知。

（二）创业认知对创业准备行为的影响

行为的产生来源于个体的心理意愿，思维决定行为。研究发现，创业者的认知过程通常具有随机、机会主义、知觉、行动导向等特点，快速简单的探索式思维方式能够更快地解读和分析高度不确定和复杂的外部环境，而个体认知的形成也不是与生俱来，而是不断受到外界因素的影响。个体决定实施某项行为的过程并不是一个绝对理性的过程，会受到个体认知差异的影响，个体心理特性、所处的社会环境、经济环境、文化环境等都会对其产生深刻的影响。个体过去的经历所形成的认知会在一定程度上影响其后续的行为决策，正如前文所述，如果潜在创业群体受到较长时间的创业教育的熏陶，参加过丰富的创新创业类比赛，自然会不断影响其对创业的认识，加深其对创业认知结构的构建，当其对创业活动认识深刻且明确了解到创业活动对于个体价值实现过程中的意义时，个体越容易开展其创业准备行为。本书研究所关注的潜在创业群体虽然没有开展过具体的创建企业的活动，但是其身上可能具备创业者的特质和能力，通过一定的激发和引导，他们在时机成熟的时候很有可能会成为创业者群体，成为创业者群体首先应该是从认知层面对创业活动有正确的认识，当个体真正具备创业思维，同时在不断的实践中加深创业认知，进一步在外部资源、自身能力、创业机会等条件允许的时候，个体会更容易开展创业活动。因此，提出以下假设（见图3.5）。

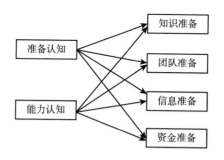

图3.5　创业认知对创业准备行为的影响

假设3：创业认知正向影响创业准备行为。

假设3－1：准备认知正向影响知识准备。

假设3－2：准备认知正向影响团队准备。

假设3－3：准备认知正向影响信息准备。

假设3－4：准备认知正向影响资金准备。

假设3－5：能力认知正向影响知识准备。

假设3－6：能力认知正向影响团队准备。

假设3－7：能力认知正向影响信息准备。

假设3－8：能力认知正向影响资金准备。

（三）创业认知的中介作用

基于前文所述，个体认知是后天学习过程中不断形成的，受到其教育背景、社会经历等的影响，个体认知呈现差异化，个体认知的差异与其学习经历、实践经历、生活经历等息息相关。本书研究中所关注的潜在创业群体在创业认知形成过程中受到其先前经历的影响，包括其所接受的创业教育的程度，其参加创新创业类比赛的程度，还有其在校期间担任学生干部的成长程度，根据事件系统理论我们可以知道，这些事件在实践、空间和程度上对于潜在创业者群体的影响是巨大的，而个体在学习经历、比赛经历、实践经历等先前经验不断积累的基础上，不断形成对创业的认知结构，包括创业思维的不断形成和固化，鼓励个体学会在不确定性环境下积极主动、领先行动的态度，不断养成习惯，最终形成面对模糊挑战的思维方式和勇气，而这些准备认知能够帮助其不断提升创业技能，包括发现问题、分析问题、解决问题的能力，在先前经验的不断积累和影响下，个体的能力认知也不断得以提升。当个体不断成熟的创业认知形成之后，他会越来越向创业者靠近，当机会来临的时候，其开展创业活动的可能性越来越大。因此，提出以下假设（见图3.6）。

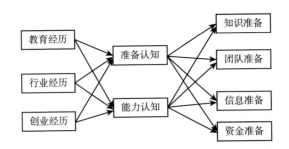

图3.6　创业认知在先前经验对创业准备行为的影响机理中的中介效应

假设4：创业认知在先前经验与创业准备行为间具有中介作用。

假设4-1：准备认知在教育经历与知识准备间具有中介作用。

假设4-2：准备认知在教育经历与团队准备间具有中介作用。

假设4-3：准备认知在教育经历与信息准备间具有中介作用。

假设4-4：准备认知在教育经历与资金准备间具有中介作用。

假设4-5：准备认知在行业经历与知识准备间具有中介作用。

假设4-6：准备认知在行业经历与团队准备间具有中介作用。

假设 4 - 7：准备认知在行业经历与信息准备间具有中介作用。

假设 4 - 8：准备认知在行业经历与资金准备间具有中介作用。

假设 4 - 9：准备认知在创业经历与知识准备间具有中介作用。

假设 4 - 10：准备认知在创业经历与团队准备间具有中介作用。

假设 4 - 11：准备认知在创业经历与信息准备间具有中介作用。

假设 4 - 12：准备认知在创业经历与资金准备间具有中介作用。

假设 4 - 13：能力认知在教育经历与知识准备间具有中介作用。

假设 4 - 14：能力认知在教育经历与团队准备间具有中介作用。

假设 4 - 15：能力认知在教育经历与信息准备间具有中介作用。

假设 4 - 16：能力认知在教育经历与资金准备间具有中介作用。

假设 4 - 17：能力认知在行业经历与知识准备间具有中介作用。

假设 4 - 18：能力认知在行业经历与团队准备间具有中介作用。

假设 4 - 19：能力认知在行业经历与信息准备间具有中介作用。

假设 4 - 20：能力认知在行业经历与资金准备间具有中介作用。

假设 4 - 21：能力认知在创业经历与知识准备间具有中介作用。

假设 4 - 22：能力认知在创业经历与团队准备间具有中介作用。

假设 4 - 23：能力认知在创业经历与信息准备间具有中介作用。

假设 4 - 24：能力认知在创业经历与资金准备间具有中介作用。

三、可承受损失的调节作用

创业过程是复杂的，创业所面临的环境是不确定的、模糊的、充满挑战的、不可预测的。因此，在开始创业行为之前，再冲动的创业者也不可能孤注一掷，即便创业意愿非常强烈，但是驱使个体开始实施创业行为之前，仍然有很多复杂的因素影响其最终的决策。效果推理很好地解释了创业者在行动过程中如何思考和行动的逻辑，创业者看似非理性的，实则创业者是理性思考下的非理性行动过程，他们会针对确定的环境做出计划和预测，而针对不确定的环境采用创业思维小步快跑，快速行动，在不断迭代的过程中实施创业过程，当然，也在一次又一次的失败经历中继续追求成功。正是由于创业的不确定性，导致创业者想要在创业过程中取得成功就必须显得更加谨慎，稍不留神，可能会倾家荡产导致无法复出。因此，效果推理中将创业者行动逻辑中的风险承担作为重要的因素考虑，个体在开始行动之前，往往会评估自己所拥有的资源，然后根据机会风险评估自己所能够承受的损失，基于可承受损失开始行动，寻找合作伙伴，当机会成熟时才能采取行动，看似赌博的过程实则蕴藏了创业者背后的复杂决策。因此，当个体具备创业意愿之后，并不会马上开始行动，实际上他们会根据当下的情境计算得失，哪怕是看起来的孤注一掷，个体内心已经想好如果全部损失是否自己能接受，在无法触碰的红线出现的时候，个体仍然会退后一步谨慎决策，个体在面对不确定性情境下会运用创业思维思考并评估可承受的损失程度，而在实际操作层面，会通过思维认知指导其评估损失的实际行为，认真盘点自己所拥有的资金，可供使用的社会网络资源，包括社会信誉等方面。如果在可承受损失的范围内，个体实施创业准备行为的可能性越大，个体从心理层面和能力层面所能承受的损失越大，其开展创业活动的概率就越大。基于此，提出以下假设（见图3.7）。

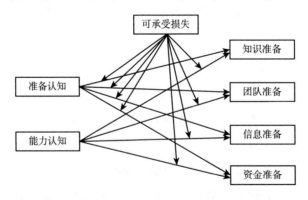

图3.7 可承受损失在创业认知和创业准备行为中的调节效应

假设 5：可承受损失在创业认知和创业准备行为间具有正向调节作用，可承受损失程度越高，个体实施创业准备行为的可能性越强。

假设 5 - 1：可承受损失在准备认知和知识准备间具有正向调节作用。

假设 5 - 2：可承受损失在准备认知和团队准备间具有正向调节作用。

假设 5 - 3：可承受损失在准备认知和信息准备间具有正向调节作用。

假设 5 - 4：可承受损失在准备认知和资金准备间具有正向调节作用。

假设 5 - 5：可承受损失在能力认知和知识准备间具有正向调节作用。

假设 5 - 6：可承受损失在能力认知和团队准备间具有正向调节作用。

假设 5 - 7：可承受损失在能力认知和信息准备间具有正向调节作用。

假设 5 - 8：可承受损失在能力认知和资金准备间具有正向调节作用。

第三节 本章小结

本章主要基于指导理论的启示和研究主题的思路呈现，将对文献述评中的理论使用情况和内在逻辑进行梳理，通过以潜在创业群体作为研究对象，并分析他们在计划行为理论、事件系统理论、社会认知理论、效果推理理论的内涵和主要理论过程中的逻辑框架下，将本书研究假设的提出呈现科学的逻辑过程，四个理论从个体如何受到环境和事件影响认知进而影响行为的角度清晰地呈现了行为发生过程，对于本书研究假设提出的合理性提供科学的理论保障。同时，本章还对本书研究中先前经验、创业认知、创业准备行为、可承受损失等变量的测量维度和测量量表进行了系统梳理，在借鉴学者们研究成果和成熟量表的基础上，结合本书研究拟开展调研对象的实际，有针对性地设计和改良了部分量表，对本书研究后续的开展提供计划保障。在对理论基础系统梳理的基础上，本章勾画了本书研究的理论模型并提出研究假设。首先是先前经验三个维度对于创业行为的正向影响。由于研究个体的特殊性，本书研究聚焦于潜在创业群体的特质，他们更多的以创业为导向的先前经验表现为理论学习提升和实训式或者竞赛式等工作实践。如果我们脱离群体特征去开展创业行为研究，将会偏离本身的研究目的，因此，对于潜在创业群体而言，他们以创业为导向的经历主要分为了三个维度，第一个维度是关于创业的相关教育提升，可以是课程类学习，也可以是培训类讲座，总之，理论提升部分重点考量个体是如何在理论层面上不断提升对创业的认识，并在可能的情况下激发学习兴趣和实践兴趣的过程。第二个维度是以创业为导向的行业经历，具体包括潜在创业群体所参与的项目化创业实践，例如青年创新创业比赛等，这些经历将个体理论层面的认知拓展到实践中来，让他们对创业活动加深认识，并形成对创业过程的认知。第三个维度是更贴近社会价值创造的创业实战，个体在真正参与的过程中可能会发现自身短板，并在不断冒险中更加深刻地认识到创业的过程和创业的价值。先前经验的三个维度设置更加贴近潜在创业群体的现实情境，也充分体现了无论是未来创业家的培育还是内部创业者的创业意识形成都具有重要的意义，三个维度分别从理论角度、思维角度和行为角度进行了框定和呈现，为后续理论发现和实践奠定基础。其次是对创业认知的维度分类，将创业认知分为准备认知和能力认知，对于潜在创业群体而言，面对创业活动以及走进创业活动的过程中，既是由被动向主动转变的过程，也是形成创业思维并大胆拥抱不确定性的认知塑造过程，准备认知的维度更多从知识储备和创业认识进行考量，个体对外界事物的认识深度直接关系到其采取有效行为的可能性，因此准备认知是创业认知中的重要组成部分；另一个维度是能力认知，这一层次主要从技能层面进行考量，只有认识而没有开展具体实践以及解决实际问题的能力是不够的，因此能力认知可以帮助提供个体在具体实践中真正能够实施创业行动并使之持续发展的能力。能力越强，行为结果越好，由此产生的个体自我效能感也能更好地促进认知塑造。最后，从创业准备行为的维度来看，主要是分为知识、团队、信息、资金四个维度。变化的环境是我们必须面对的现实情境，个体在实施创业行为中不能忽略也不可回避那些由变化所带来的不确定性问题。对于潜在创业群体而言，尽管创业行为的程度不一，但是创业一定始于创业者手中所拥有的资源，正如效果推理理论框架中所呈现的，创业者必须审视自身所拥有的资源，然后评估损失程度后开始行动。对于潜在创业者而言，其所拥有的资金是创业开始的重要资源，团队的形成过程能够帮助分担风险和损失，对于创业政策的了解以及创业机会的识别过程是决定其战略的重要组成部分，基于前期所积累的知识储备以及在此过程中不断打破的信息茧房都会不断促进创业活动的迭代。同时不断变化的环境总是存在，也总是会不同程度地影响个体决策。基于此，本章在系统分析潜在创业群体的特质并对其行动和思考的逻辑进行理论分析的基础上，提出了先前经验影响创业准备行为，先前经验影响创业认知，创业认知影响创业准备行为，并引入可承受损失变量，并探究其在此过程中所具有的调节作用，构建了有调节的一维中介模型。本章的主要内容将为本书后续研究的具体开展奠定基础。

第四章

研究设计与数据分析

第一节　研究设计

　　研究设计概述了本书研究的整体思路及研究蓝图，自 20 世纪 50 年代以来，实证主义传统强调客观现象与抽象理论之间的双向依赖关系，一切科学知识必须建立在来自观察和实验的经验事实基础上，研究者将观察到的各种客观的社会现象通过量化的数据形式呈现出来，并运用一定的实证方法进行统计分析，基于此得出研究结论。研究设计包含了调查的计划和结构，最终的目的是得到研究问题的最终答案（Kerlinger et al.，1986）。本书研究的整体设计主要包括问卷的设计思路、呈现问卷调查的实施过程，以及对于本书研究中各研究变量的测量和实施过程。

一、研究设计的依据及基本思想

解决问题是一个识别实际问题和期望状态之间的差异，然后采取行动解决这个差异的过程。解决问题的过程也是分析和找到差异的过程，而社会研究就是在不断观察社会现象进而运用科学的方法解决问题，社会研究需要满足许多目的，但是最基本的也是最有用的目的有三个，分别是探索、描述和解释。这也对应了研究的三种常见的方法，即探索性研究（exploratory study）、描述性研究（descriptive study）和解释性研究（interpretive approach）。对于探索性研究而言，更多处于研究初期，人们如何通过观察发现有意思的现象，而为了更为全面地了解和分析这个社会现象或者问题，研究者们通常会采用一些基础的方法进行观察和调查，并通过收集相关的信息和资料，进而为后续的研究奠定基础。比如我们通常所熟悉的问卷调查法、访谈法、案例研究等，探索性研究主要解决是什么的问题。这些都是初步对研究对象进行数据收集和分析的基础方法。对于本书研究而言，问卷调查是需要用到的方法之一。相较于探索性研究，描述性研究的层次更丰富，研究也更加深入，它要求研究者已经对一个社会现象或者社会问题拥有一定的了解，基于所掌握的数据和信息资料，研究者需要对这些数据进行整理、描述和分析，以期进一步对所观察到的现象进行深入的分析和了解，通常我们需要用到一些分析工具和分析软件，比如描述性统计分析方法、内容分析方法等。通过科学工具的进一步分析，可以帮助研究者更为客观地呈现出现象背后的一些关键特征和主要规律。描述性研究主要解决"在哪里""什么时间""如何进行"等问题。本书研究中就采用了定量研究的分析方法进行数据分析。对于解释性分析而言，它建立在对研究对象进行深入的描述性统计和分析的基础之上，进一步通过更加科学的理论假设或者分析框架，对结果进行解释或者科学推论。解释性分析相较于探索性分析和描述性分析而言，其深度更深，聚焦点也更具体，对于问题的本质原因和深层次的逻辑发掘也更为有效，通常研究者们会采用因果分析等方法，以期更好地理解被研究对象，更好地找到问题背后的本质和影响机制。解释性研究解决了"为什么"等问题。本书研究中就采用建模的方式提出理论假设，并在理论假设的基础上通过定量分析的方法探索潜在创业群体认知和行为之间的关系及其影响因素。尽管探索性分析方法、描述性分析方法和解释性分析方法在社会科学研究中有不同的作用和适用的范围，但是它们也可以在同一问题上表现出不同层面的分析阶段和过程，其中，探索性分析方法可以帮助我们了解研究对象的基本情况以及帮助我们透过现象收集数据；描述性分析方法在研究过程中帮助我们更加客观地呈现数据的形态，总结和描述研究对象的客观特征，为后续的研究筑牢研究基础；解释性分析方法则是更深层次的研究方法，在基于描述性统计分析的基础上，解释性分析方法通过科学的研究工具用数据等形式呈现研究对象的本质和逻辑规律。因此三种研究方法并不孤立，而是相互关联和补充。

科学研究致力于发现新的规律，因此在进行科学研究中研究者需要观察到研究对象所呈现的现象问题，并对其进行解释，判断是什么、为什么以及如何做等问题，这既包含了研究的过程，也呈现了问题发掘的一般规律。如图4.1所示，我们需要理性地分析问题发生的过程以及如何制定解决方案，我们需要在发现的问题中将其结构化，包括重新定义问题、识别备选方案、确定标准等，下一步分析问题的过程中我们需要评价备选方案，然后选择一种方案进行分析，决策的过程中可能包含两种形式的方案类型，通常在使用定量的分析方法时，研究人员需要将视角聚焦于定量因素或同问题相关的数据上来，然后建立一个可以描述问题的目标、约束以及其他关系的数学表达式。接下来再通过一种或者多种定量的分析方法，结合问题的定量因素来作出决策建议。对于定量分析而言，从一开始的问题结构化我们就可以着手研究的过程，将一个一个的描述转化成定义明确的可用定量分析方法解决的问题，在此过程中，研究人员对问题的结构化过程参与得越深入，定量分析决策过程中的贡献度就可能越大。为了能够更加成功地将定量分析运用到决策中去，研究人员需要与被研究对象或者问题的呈现方进行更好的合作，主要表现在问题表述的效度维度上，当研究人员和被研究对象对于问题的结构化已经达成一致并表示非常合理的情况下，下一步就要开始建模，也就是将感性的描述转变成理性的描述，这就需要用到数据方法来反映我们提出的研究问题。数据分析过程就是通过模型帮助我们找到更好的解决方案，在解决方案中我们可以提供给决策者一些建议。因此从分析过程和研究过程来看，模型建立与求解的过程就是定量分析过程的关键核心环节。

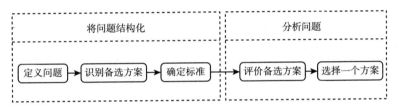

图 4.1　决策过程的分类

资料来源：戴维·R.安德森. 数据模型与决策［M］. 侯文华，等译. 北京：机械工业出版社，2017：3.

　　研究设计帮助我们呈现了研究结构以及研究过程如何推进的整体安排（陈晓萍等，2012），是整个研究过程的计划呈现。因此，研究设计体现了研究主题、研究框架、研究方法、论证过程等一系列的内容（巴比，2009）。本书研究将基于研究对象和研究问题，通过前面的文献述评以及理论推导建立的理论研究模型，围绕潜在研究对象，呈现出本书研究的整体思路和框架，重点介绍本书研究如何使用调查问卷收集数据的过程，以及对于研究变量的度量和采用的相关研究方法有哪些。并基于此为后续研究数据的描述性统计分析和定量模型的解释性分析奠定坚实的基础。第一步是对研究主题的确定，本书研究主要聚焦于创业行为的相关研究，由于潜在创业群体的具体特征，本书研究的创业行为主要为创业准备行为，影响的相关因素为先前经验、创业认知、可承受损失等变量。第二步围绕研究主题的相关文献回顾过程，主要包括相关理论基础的研究现状，如计划行为理论、事件系统理论、社会认知理论、效果推理理论等理论基础的基本原理，同时系统梳理了有关先前经验、创业认知、创业行为和可承受损失等方面的研究现状。并基于理论基础的指导和启示进一步提出当前研究现状中的成果与不足，得出本书研究的相关思考和研究切入点。第三步为定义研究问题，找到各研究变量之间的相关关系，进一步厘清各变量之间的联系。第四步为研究假设提出和研究模型构建。本书研究建立了以创业认知为中介的理论假设模型，并引入可承受损失作为调节变量。第五步为数据收集的过程，主要以问卷调查为数据收集方法。第六步为分析数据。本书研究主要使用定量研究的分析方法，运用所搜集的数据进行描述性统计和解释性研究。第七步为结果。通过探索性分析、描述性分析和解释性分析得出本书研究结论，并结合实际总结研究结论和提出相关的实践建议。整体的研究设计过程的核心在于完成一项研究的过程中，总体逻辑能够清晰地呈现，清楚明了地展示出来，并且清晰地构建研究项目的各部分以及展示各部分之间的联系（Royer et al.，2001）。本书的整体研究逻辑如图4.2所示。

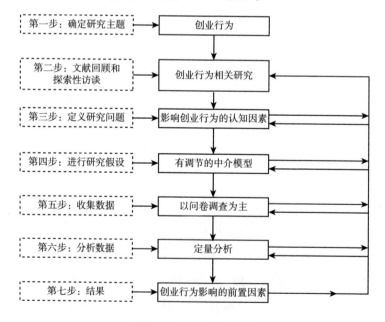

图4.2 研究设计的过程

二、问卷设计与实施

问卷调查法具有灵活和便捷等优点，被广泛应用于管理学实证研究中的数据收集环节，被调查者在填写问卷时的态度和行为往往会受到问卷设计质量的影响，因此，问卷设计的质量一定程度上决定了一个研究的质量。如果被调查者对问卷的理解和认知不一致，将会影响问卷最终的效度，同时，如果在同样的时间节点中被调查者随机抽样的结果不一致，也会导致问卷调查最终的信度问题。因此，要保证问卷整体的信效度以及问卷数据收集后能够得到很好的使用，问卷整体设计必须科学合理，数据收集有效。本节将对研究中问卷的设计依据、问卷设计过程、问卷的发放与回收情况等进行具体阐述。

（一）调查问卷的设计依据

问卷调查法又称问卷法，是国内外社会调查中较为广泛使用的一种方法。问卷是指为统计和调查所用的以设问的方式表述问题的表格。问卷法就是研究者用这种控制式的测量方式对所研究的问题进行度量，从而搜集到可靠资料的一种方法。问卷法大多用邮寄、个别分送或集体分发等多种方式发送问卷。由调查者按照表格所问来填写答案。一般来讲，问卷较之访谈表要更详细、完整和易于控制。问卷法的主要优点在于标准化和成本低。因为问卷法是以设计好的问卷工具进行调查，问卷的设计要求规范化并可计量。问卷调查在实施得当的前提下，是所有数据搜集方法中最快速、最有效的方法，在保证量表信度和效度足够高的前提下，数据样本量越大，使用问卷法搜集到的研究数据质量就越高，问卷法容易得到被调查者的支持，是一种可操作性很强的方法，并且调查成本低。

开展实证研究中，研究者们更注重问卷设计的科学性，一般情况下，实证研究中的问卷设计有两种类型：一种是通过使用当前研究中已经被多次验证有效的现有的成熟量表；另一种是研究者在科学方法的指导下根据自身的研究需要自行设计的量表。对于第一种情况而言，使用现有成熟的量表风险性较低，因为学者们往往在不同的研究环境和研究群体中反复使用过该量表，使其在不断的研究过程中得以检验，因此成熟的量表往往具有较高的信度和效度，研究者选择使用成熟量表不需要进一步验证量表的可行性，因此得出的结论相对比较可靠，研究结论偏差的风险比较小。但是，由于现有的成熟量表是学者们结合自己的研究设计出来并进行验证的，不同研究在时间、空间等因素的影响下，存在文化差异，也可能存在适用的局限性，因此在选择使用成熟量表时，学者们建议要充分考虑以下四点因素：首先，现有量表在概念表述上、文化内涵上和研究样本上的适用性；其次，量表的可行性，即确认量表是可以有偿使用还是无偿使用；再次，选用的量表要尽量沿用量表中的所有问题或题项，最好不要任意删改；最后，如果选用的量表来自国外，要确保量表的翻译质量，避免因为语言差异导致谬误。当现有的成熟量表不能满足研究的需要，此时研究者可根据自身需要自行设计研究量表。自行设计研究量表前需要注意以下三点：第一，要明确研究中将要调查的变量有哪些；第二，明确研究中各变量之间的关系如何；第三，明确研究中所包含的变量属于什么结构（陈晓萍等，2012）。

研究认为，问卷的设计应该注意以下五个问题：第一，问卷设计总的原则是表述应尽可能简明，方便被调查者回答，同时还要引起被调查者填写此份问卷的兴趣；第二，问卷中应该只包含与研究目的有直接联系的问题，并且备选答案之间要有明显的差异，对于概念之间不明确的选项要做好详细的标注和解释；第三，问卷中所提到的问题要遵循"一个问题包括一个明确界定的概念"的原则，一个问题中不能包含双重语义；第四，问卷中每一个可能引起被调查者不理解的名词或者概念都要进行相应的说明与解释；第五，问卷所提到的问题，在用词上要始终保持中性原则，不能带有倾向性，避免诱导、鼓励被调查者作出某种偏向性的回答（李怀祖，2004）。

（二）调查问卷设计过程

"先前经验对创业准备行为的影响研究"问卷设计过程严格遵循调查问卷设计依据的流程和注意事项，本书研究的问卷设计大致经过了三个阶段：第一，针对本书的研究问题与内容，笔者认真研究和整理了大量关于大学生创业先前经验、创业准备行为及影响因素的相关文献，系统梳理了前人的研究成果，明确了各研究变量的测量维度，同时明确了各测量维度如何通过问项具体化；第二，根据研究目的与研究内容，编制了初步的问卷调查；第三，对初步编制的问卷进行预调查，将初步调查问卷发放给几类不同人群，包括在校大学生（不同年级）和已毕业大学生，根据预调查的分析结果和被调查者反馈的意见，增加了一定数量的分类题型，让被调查者能快速并准确地反映出自身情况。同时修改了部分题目的语言表达方式以及度量方式，最终完成了调查问卷的修订工作，确认了所有调查问卷内容。"大学生先前经验对创业准备行为的影响研究"问卷分 5 个部分，共 50 个题目。

三、调查问卷发放与收集

本书研究的调查对象主要是普通高等学校在校大学生以及已经毕业的大学生，问卷的数据收集工作自 2022 年 2 月至 2022 年 5 月，历时 4 个月，由于当时疫情形势的复杂性，因此本书研究的问卷发放采取线上线下同时进行，数据收集以线上为主，主要包括两种形式：一是现场调查，将问卷带到学校进行发放，调研人员向受访者们说明本次调研的目的以及填写问卷的具体要求后，受访人员现场进行填写，完成后由调研人员当场收回；二是利用问卷星形成电子问卷，通过社交平台微信、QQ、电子邮件等方式进行推广，主要选择符合要求的大学生群体进行填写。同时，在电子问卷线上投放前，会详细认真介绍本次调研的目的以及该研究对调研主体的影响，促使受访大学生认真完成问卷，保障整体问卷质量。最终，本书研究总计发放纸质版问卷200份，根据问卷填写规范剔除无效问卷后，共回收有效纸质问卷188份，回收率为94%；问卷星网站收到填写问卷400份，根据填写有效性筛查确定321份线上有效问卷，最终，回收纸质问卷与电子问卷共计509份。并且对收回的数据做无效数据处理后，最后形成正式问卷453份。

四、研究变量的度量

本书研究数据来源于"大学生先前经验对创业准备行为的影响研究"问卷所采集的453份有效问卷。问卷主要包含五个部分内容。第一部分是人口学变量的测量，不分维度，主要包括受访者所属的省份、性别、年龄、受访者受教育程度等数据信息，共由4个题项构成。第二部分为先前经验的相关测量，分为三个维度，包括受访者以创业为导向的教育经验、以创业竞赛为主的行业经验、以项目实战为主的创业经验，包含了20个题项。第三部分是创业认知的测量，分为两个维度，包括准备认知和能力认知，共有11个题项。第四部分是可承受损失的测量，不分维度，包括可承受损失的相关内容。第五部分是创业准备行为的测量，分为四个维度，包括知识准备、团队准备、信息准备和资金准备，共有12个题项。本书研究的问卷结构和内容如表4.1所示。

表4.1　　　先前经验对创业准备行为的影响研究调查问卷结构和内容

分布	变量	维度	题项数量
第一部分	人口学变量的测量	无	4
第二部分	先前经验	教育经验/行业经验/创业经验	20
第三部分	创业认知	准备认知/能力认知	11
第四部分	可承受损失	可承受损失	3
第五部分	创业准备行为	知识准备/团队准备/信息准备/资金准备	12
合计			50

其中，受访者有关创业的相关经历分为教育经历、行业经历、创业经历三个维度进行测量；受访者有关可承受损失的现状分为准备认知、能力认知两个维度进行测量；受访者有关创业准备行为的现状分为知识准备、团队准备、信息准备、资金准备四个维度进行测量，如表4.2、表4.3、表4.4所示。

表4.2　　　　　受访者有关创业的相关经历分维度内容

变量	内容	题项数量
先前经验	教育经历	6
	行业经历	7
	创业经历	7

表4.3　　　　　受访者有关创业认知的现状分维度内容

变量	内容	题项数量
创业认知	准备认知	6
	能力认知	5

表4.4　　　　受访者有关创业准备行为的现状分维度内容

变量	内容	题项数量
创业准备行为	知识准备	3
	团队准备	3
	信息准备	3
	资金准备	3

（一）自变量

本书研究的自变量是先前经验，根据文献综述部分学者们对先前经验的变量测量，本书研究的先前经验主要指高校大学生在大学期间能参与到的有关创业的内容，主要包含三个方面，第一，教育经历。随着国家提出"大众创业、万众创新"的战略号召，大学生创业教育已成为全国高校大学生必修课程之一，在学习创业课程中，从参与创业课程或培训对创业思维提升的程度、参与创业课程或培训对后续的创业行为影响的程度、开设创业类课程或相关培训对创业是否有帮助三个方面进行测量。第二，行业经历。随着高校创业课程的普及，创业比赛也成为大学生创业先前经验获取的主要途径之一，同时也是理论向实践转化的重要一步。在行业经历中，从参加创新创业类比赛对创业思维提升的影响、参与创新创业类比赛对后续的创业行为影响的程度、参加创业比赛对准备创业是否有帮助三个方面进行测量。第三，创业经历。创业经历是指大学生通过课余时间进行的创业实践活动，也是将理论知识转化为实际行动的主要体现之一。在创业经历中，从创业经历对创业思维提升的影响、创业经历对后续的创业行为影响的程度、未来是否有创业的计划三个方面进行测量。每个题项均采用了李克特5分量表法设计，被调查者需在"无影响""一般""还行""较高""影响程度高"这五个选项中勾选唯一答案，并且在数据处理过程中将"无影响"编码为1、"一般"编码为2、"还行"编码为3、"较高"编码为4、"影响程度高"编码为5。

（二）因变量

本书研究的因变量是创业准备行为，根据文献综述部分学者们对创业行为的变量测量，本书研究结合调查对象，主要围绕创业准备行为进行研究，创业准备行为是指大学生自愿付出时间与精力并积极在知识、团队、信息、资金准备等环节上做出持续的努力。结合本书研究目的，从四个维度进行了量表设计：第一，知识准备。知识准备是创业准备行为中首要的因素之一，量表主要从学习有关创业所需要的知识、积极参加有关创业知识或技能的培训班（讲座）、经常和有关人士讨论如何创业的问题三个方面进行测量。第二，团队准备。创业团队的搭建，对创业整个过程起到非常重要的作用，从创业初级产品（服务）的设计到后期规模的提升，都离不开创业核心团队的人员，所以团队准备从积极结交有创业意愿的同学和朋友、积极组队参加一些创业比赛、主动去寻找创业实践伙伴三个方面进行测量。第三，信息准备。现阶段获取创业有关信息对创业初期具有非常大的帮助，在信息准备中主要从积极做创业项目的信息收集、积极为创业项目进行规划、积极了解有关大学生创业政策三个方面进行测量。第四，资金准备。资金是创业期间的保障，在资金准备方面从准备向银行申请创业贷款、准备寻找合伙人募集创业启动资金、准备向投资人筹措创业资金三个方面进行测量。每个题项均采用了李克特5分量表法设计，被调查者需在"无""一般""还行""正在准备""已经准备好"这五个选项中勾选唯一答案，并且在数据处理过程中将"无"编码为1、"一般"编码为2、"还行"编码为3、"正在准备"编码为4、"已经准备好"编码为5。

（三）中介变量

本书研究的中介变量是创业认知，根据文献综述部分学者们对创业认知的变量测量，创业认知是指个体所具有的，能够帮助个体思考、评价以及开发创业机会的认知结构，这种知识结构也可以帮助创业者在创建新企业、开展新业务等方面有更好的表现，本书研究对创业认知从准备认知和能力认知两个维度进行测量。第一，准备认知，从当前具有的创业资源、具备创业相关的人际和财富网络、具有相应的专利技术保护、了解一定数量的创业政策、已做了一些创业准备工作五个方面进行测量。第二，能力准备，从具有较好的创业知识储备、具有创业成功的信心、能够准确识别潜在的创业机会、能够迅速判断有关创业的问题所在、能对创业的特定情境进行准确判断五个方面进行测量。每个题项均采用了李克特5分量表法设计，被调查者需在"无""一般""还行""较好""很好"这五个选项中勾选唯一答案，并且在数据处理过程中将"无"编码为1、"一般"编码为2、"还行"编码为3、"较好"编码为4、"很好"编码为5。

（四）调节变量

本书研究的调节变量是可承受损失，根据文献综述部分学者们对可承受损失的变量测量，本书研究认为可承受损失对个体是否创业或选择创业方向都具有一定的影响作用，但是，前人的研究没有给出可承受损失对创业认知和创业准备行为是否存在正向显著影响的回应，因此，本书研究引入可承受损失作为调节变量，考察其在创业认知对创业准备行为影响环节的调节效应。本书研究的可承受损失从"开始创业前，您会非常谨慎地进行资源承诺，以确保不超越创业所能承受的范围""开始创业前，您会谨慎地投资开发创业机会，以免承担不必要的损失""一旦开始准备创业，您会在发展过程中严格控制资金使用，以免陷入无法承受的风险"三个方面进行测量，每个题项均采用了李克特5分量表法设计，被调查者需在"非常谨慎""一般""还行""较大胆""十分大胆"这五个选项中勾选唯一答案，并且在数据处理过程中将"非常谨慎"编码为1、"一般"编码为2、"还行"编码为3、"较大胆"编码为4、"十分大胆"编码为5。

第二节 数据分析方法

本书研究主要以定量研究为主，因此根据研究的现实需要，本书研究采用问卷调查法收集数据，并通过实证研究的形式对数据进行分析，具体分析步骤如下：第一步，将回收的纸质问卷进行整理以及编码录入 Excel 表中；第二步，将问卷星导出数据和已录入 Excel 表纸质问卷数据进行整合和编码；第三步，利用 SPSS 26.0 和 AMOS 24.0 软件进行数据分析。本书研究用到的数据分析方法有描述性统计分析、信度与效度分析、共同方法偏差分析、相关和回归分析。下面将对本书研究所涉及的数据分析方法进行简述。

一、描述性统计

描述性统计，是指运用制表和分类、图形以及计算概括性数据来描述数据特征的各项活动。描述性统计分析要对调查总体所有变量的有关数据进行统计性描述，主要包括数据的频数分析、集中趋势分析、离散程度分析、分布以及一些基本的统计图形。描述性统计可以将搜集的原始数据经整理后变成可操作化的信息或统计量，数据处理的方法包括以次数分布表呈现、以图标表示、以数据的各项统计量表示等，不同的变量尺度有不同的呈现方式，量表、分数等连续变量通常以统计量或图示表示；性别、年龄等类别变量或次序变量通常会以次数分布表或图示表示（吴明隆，2015）。在 SPSS 软件里，可以很容易地绘制各个变量的统计图形，包括条形图、饼图和折线图等。本书研究利用了数据的频数（frequency）和数据百分比（percentage）等统计量（statistic）清晰呈现了研究数据的基本情况，并且通过计算样本数据的均值和标准差等来具体了解大学生参与创业教育、创业竞赛、创业实践以及创业认知和创业准备行为等方面的现状与差异性等特征。通过对数据的描述性统计分析对原始数据进行整理分析成为有意义的统计量，为后续进一步开展数据分析奠定基础。

二、信效度检验

信度（reliability）指的是可靠性或者一致性，主要说明了研究测量结果是经得起重复检验的，也就是说研究者所使用的测量工具是否能够稳定地测量出预期想要的数据结果。信度也在一定程度上反映了在研究过程中所测量数据的随机误差性，随机误差高说明数据可信度低，随机误差低说明数据可靠性高，因此信度检验对于后续数据分析的科学性提供了很好的支撑。信度检验要保障测量结果的可靠性、一致性和稳定性，通过信度分析可以检验量表所测得结果的一致性和稳定性，量表的信度值越大，表示量表的内部一致性越好。信度检验常用的统计量是 α 系数，根据威利斯（DeVellis，1991）提出的观点，α 系数如果在 0.6 ~ 0.65 则数据不建议使用；α 系数界于 0.65 ~ 0.7

是数据的最小可接受值；α 系数界于 0.7 ~ 0.8 说明数据相当好；α 系数界于 0.8 ~ 0.9 说明数据非常好。在本书研究中，利用 α 系数测量先前经验、创业认知、可承受损失和创业准备行为量表的信度。

效度（validity）即有效性，主要反映的是所使用的测量工具能够测出研究者预期的内容。要保证所有参与数据提供的个体对同一内容的理解是一致的。如果效度足够高，说明测量内容能够反映测量对象的真实特征，反之，如果效度比较低，则说明测量内容不能很好地反映测量对象的真实特征。效度检验的分析方法有以下几种，首先是内容效度的检验，主要考虑所测量的内容是否能够很好地反映研究主题中的相关变量，也就是说研究者实际想要研究的内容和测量工具实际测量得到的内容的匹配程度，一般情况会采用专家评估以及预调查的方法，根据评估结果进行问卷修订。其次是结构效度的研究，主要包括对于量表内部结构与编制量表的理论假设是否相符合，具体来讲就是需要评估量表的题项与测量的维度是否保持一致。一般会通过因子分析的方法来对结构效度进行检验，主要包括探索性因子分析（exploratory factor analysis，EFA）和验证性因子分析（confirmatory factor analysis，CFA）的方法进行综合评估（吴明隆，2015）。其中探索性因子分析的主要目的是研究所评估现象的因子结构，通过评估得到的公因子就相当于量表所测量的潜在维度，因子表现出来的载荷系数反映出了该量表题项对于这个潜在维度的贡献度，因子的载荷系数数值越大，说明该题项与该维度的关系越密切，反之，因子的载荷系数数值越小，说明该题项与该维度的关系越弱。对于验证性因子分析来说，是在已经确定的因子数量、各题项和因子有对应的关系前提下，通过实际的数据来拟合特定的因子模型，分析它的拟合优度，用来检验研究者所预设的因子结构和实际数据之间的匹配程度。最后是对校标效度的检验。主要是以一个大家公认且有效的量表作为标准，考察当前的量表与标准的量表的测量结果之间的相关性。如果通过测量得出的相关系数为当前量表的效度，相关系数的数值越大表示该量表的校标效度越好，反之，相关

系数的数值越低，说明该量表的校标效度越差。效度检验能够帮助研究者对
数据收集的科学性进行提前检验，效度检验也是结构效度中最为严谨的方法，
结构效度体现了量表能够测量到理论上所构建的程度或者测量出心理特质的
程度。为保证本书研究的严谨，本书研究利用 AMOS 24.0 软件对先前经验、
创业认知、可承受损失、创业准备行为量表进行探索性因素分析和验证性因
素分析。

三、共同方法偏差分析

共同方法偏差主要用于分析那些因为同样的数据来源、测量环境、项目
语境以及项目本身特征所造成的预测变量与校标变量之间人为的共变，这种
人为的共变对研究结果产生严重的混淆并对结论有潜在的误导，是一种系统
误差。也就是研究者在对来源单一的数据开展研究的时候，如果通过自我报
告的方式来阐述或者作答，那么就需要运用共同方法偏差来对所收集的资料
进行检验并评估其产生结果的差异。实际上，研究者们一般会采用 Harman
单因素检验，采用这种检验方法，需要有足够的样本量，以保证分析结果的
有效性，在此基础上，可以对所有内容因素展开分析，析出具有代表性的因
子，对多数变量进行解释（杜涛，2018）。因此研究数据来源具有重要意义。
Harman 单因素检验在进行因素分析时，把所有变量放到一个探索性因素分析
中，检验未旋转的因素分析结果，确定解释变量变异必需的最少因子数，如
果只析出一个因子或某个因子的解释力特别大，即可判定存在严重的共同方
法偏差。

四、结构方程模型

结构方程模型（structural equation model，SEM）是一种多元的数据分析

方法，它可以用于研究多个潜变量之间的影响关系。结构方程模型通过将因子分析引入路径分析之后提出来并得以发展，很好地弥补了传统因果模型和路径分析中的不足，从 20 世纪 70 年代开始，许多统计学家们开始分析和研究不同的研究模型，并将因子模型为代表的潜在变量研究模型和路径分析所代表的传统线性因果关系模型进行有机整合，不断发展形成了结构方程理论，很快，结构方程模型就被心理学、经济学、教育学等学科广泛运用和实践。直到 20 世纪 80 年代，在新的计算机技术不断成熟和发展中，结构方程模型的理论和方法也得到了完善与更加广泛的应用。结构方程模型有两种基本的变量形态，即测量变量（measured variable）与潜在变量（latent variable），研究者需要将所观测到也就是数据调研得到的测量变量资料作为基本分析元素，而潜在变量则是由测量变量所推测出来的变量。在使用该方法的过程中，会构建两个模型：一个是反映测量变量和潜在变量之间关系的测量模型；另一个是对结构关系进行假设检验的模型。因此在使用结构方程模型时，我们可以同时测量多个因变量，也容许多个自变量和因变量含有测量误差，如果研究者需要了解潜变量之间的相关关系，每个潜变量用多个指标或题目测量，通常是对每个潜变量先用因子分析计算潜变量（即因子）与题目的关系（即因子负荷），进而得到因子得分，作为潜变量的观测值，然后再计算因子得分，作为潜变量之间的相关系数。在结构方程中，这个相互独立的步骤可以同时进行，即因子与题目之间的关系和因子与因子之间的关系同时考虑。结构方程模型也被广泛运用于定量分析中。对于本书研究而言，基于探索性因子分析和验证性因子分析的前提下，数据具有良好的信度和效度，因此使用结构方程模型来进行影响关系分析是可行的，为了进一步保障数据分析结果的可靠性，并且进一步分析各变量之间路径关系的合理性，本书研究对前文所提出来的假设模型进行详细分析，主要测量先前经验（教育经历、行业经历、创业经历）和创业认知（准备认知和能力认知），创业认知（准备认知和能力认知）和创业准备行为（知识准备、团队准备、信息准备、资金准备），先前经验（教育经历、行业经历、创业经历）、创业认知（准备认知和能力认知）、创业准备行为（知识准备、团队准备、信息准备、资金准备）之间的线性关系，并且可以结合回归分析来进一步测量出各变量之间的关系，为进一步做假设检验提供更加科学的数据支撑和理论支撑。

五、相关和回归分析

相关分析与回归分析是统计学中十分重要的概念，相关分析是对现象之间的数量关系进行分析研究，目的在于讨论各变量之间相互关系的密切程度及其变化的规律，可以帮助研究者做出准确的判断，并对其进行必要的预测和控制，而回归分析主要是依据相关分析所得出的结论，确定数学方程来描绘变量之间的相关关系，以便进一步估计和预测研究者的假设（张俊荣，2022）。一般来讲，相关和回归分析是研究者们开展相关关系分析的两个完整的阶段，相关分析是回归分析的前提，回归分析则是相关分析的进一步推进和深入研究，只有当研究者发现各变量之间存在高度的相关关系时，进行回归分析才会变得有意义。具体来说，在进行相关分析时，研究者所设置的各变量之间属于随机变量的关系，各变量之间不存在差异关系，而是平等的关系，但是在进行回归分析时，各变量之间的关系则不再是平等的关系，研究者需要明确哪些变量是自变量，哪些变量是因变量，然后在回归分析中研究自变量对因变量的影响关系，因为自变量是作为确定性变量来对待，而因变量则作为解释变量，处于被解释的地位，它们之间的关系更像是函数关系。因此明确相关分析和回归分析两者之间的关系对于后续开展研究具有重要的指导意义。在进行相关和回归分析的过程中，我们会选择具有一定内在联系的若干变量来建立回归方程，然后通过特定的处理方法，来对各变量间的特定关系作出解释与说明。在回归分析的过程中，变量与变量之间是不确定性的，在研究变量间的关系时，把其中一些因素作为受控制的变量，另一些变量作为它们的因变量。而在相关分析过程中，则用某一指标来度量回归方程式所描述的各个变量之间关系的密切程度。

在本书研究中，主要通过相关性分析来对多个相关性的变量因素进行分析，包括先前经验（教育经历、行业经历、创业经历）、创业认知（准备认知、能力认知）、创业准备行为（知识准备、信息准备、团队准备、资金准备）以及可承受损失。通过相关分析衡量两个变量因素的相关密切程度。因此，基于模型假设，我们构建的模型中先前经验、创业认知、可承受损失和创业准备行为等变量之间是存在一定联系的，基于此来进行相关性分析。尽管相关性不等于因果性，也不是简单的个性化，相关性所涵盖的范围和领域几乎覆盖了我们所见到的方方面面。本书研究将在学者们科学验证和方法指导下开展后续的分析研究。

本书研究依据上述方法分别检验各研究变量之间的两两相关关系。第一，分析自变量（先前经验）与因变量（创业准备行为）之间的关系，包括第1～13项：（1）先前经验与创业准备行为的关系检验；（2）教育经历与知识准备的关系检验；（3）教育经历与团队准备的关系检验；（4）教育经历与信息准备的关系检验；（5）教育经历与资金准备的关系检验；（6）行业经历与知识准备的关系检验；（7）行业经历与团队准备的关系检验；（8）行业经历与信息准备的关系检验；（9）行业经历与资金准备的关系检验；（10）创业经历与知识准备的关系检验；（11）创业经历与团队准备的关系检验；（12）创业经历与信息准备的关系检验；（13）创业经历与资金准备的关系检验。第二，分析自变量（先前经验）与中介变量（创业认知）之间的关系，包括第14～29项：（14）先前经验与创业认知的关系检验；（15）教育经历与准备认知的关系检验；（16）教育经历与能力认知的关系检验；（17）行业经历与准备认知的关系检验；（18）行业经历与能力认知的关系检验；（19）创业经历对准备认知的关系检验；（20）创业经历对能力认知的关系检验；（21）创业认知与创业准备行为的关系检验；（22）准备认知与知识准备的关系检验；

（23）准备认知与团队准备的关系检验；（24）准备认知与信息准备的关系检验；（25）准备认知与资金准备的关系检验；（26）能力认知与知识准备的关系检验；（27）能力认知与团队准备的关系检验；（28）能力认知与信息准备的关系检验；（29）能力认知与资金准备的关系检验。第三，分析中介变量（创业认知）在自变量（先前经验）与因变量（创业准备行为）之间的关系，包括第30～54项：（30）创业认知在先前经验与创业准备行为之间的关系检验；（31）创业准备认知在教育经历与创业知识准备之间的关系检验；（32）创业准备认知在教育经历与创业团队准备之间的关系检验；（33）创业准备认知在教育经历与创业信息准备之间的关系检验；（34）创业准备认知在教育经历与创业资金准备之间的关系检验；（35）创业准备认知在行业经历与创业知识准备之间的关系检验；（36）创业准备认知在行业经历与创业团队准备之间的关系检验；（37）创业准备认知在行业经历与创业信息准备之间的关系检验；（38）创业准备认知在行业经历与创业资金准备之间的关系检验；（39）创业准备认知在创业经历与创业知识准备之间的关系检验；（40）创业准备认知在创业经历与创业团队准备之间的关系检验；（41）创业准备认知在创业经历与创业信息准备之间的关系检验；（42）创业准备认知在创业经历与创业资金准备之间的关系检验；（43）创业能力认知在教育经历与创业知识准备之间的关系检验；（44）创业能力认知在教育经历与创业团队准备之间的关系检验；（45）创业能力认知在教育经历与创业信息准备之间的关系检验；（46）创业能力认知在教育经历与创业资金准备之间的关系检验；（47）创业能力认知在行业经历与创业知识准备之间的关系检验；（48）创业能力认知在行业经历与创业团队准备之间的关系检验；（49）创业能力认知在行业经历与创业信息准备之间的关系检验；（50）创业能力认知在行业经历与创业资金准备之间的关系检验；（51）创业能力认知在创业经历与创业知识准备之间的关系检验；（52）创业能力认知在创业经历与创业团队准备之间的关系检验；（53）创业能力认知在创业经历与创业信息准备之间的关系检验；（54）创业能力认知在创业经历与创业资金准备之间的关系检验。第四，分析调节变量（可承受损失）在中介变量（创业认知）和因变量（创业准备行为）之间的关系，包括第 55 ~ 63 项：（55）可承受损失在创业认知与创业准备行为之间的关系检验；（56）可承受损失在准备认知与知识准备之间的关系检验；（57）可承受损失在准备认知与团队准备之间的关系检验；（58）可承受损失在准备认知与信息准备之间的关系检验；（59）可承受损失在准备认知与资金准备之间的关系检验；（60）可承受损失在能力认知与知识准备之间的关系检验；（61）可承受损失在能力认知与团队准备之间的关系检验；（62）可承受损失在能力认知与信息准备之间的关系检验；（63）可承受损失在能力认知与资金准备之间的关系检验。

第三节　本章小结

本章系统地呈现了研究框架和实践蓝图，主要包括研究设计的过程以及数据分析的方法。通过研究设计的框架构建为研究实践开展提供思路和步骤，首先本书研究的问卷设计原理及实施过程，在现有学者们成熟的量表和相关问卷题项的基础上，结合本书研究实际进行变量的可操作化和问项设计。对于先前经验维度，本书研究主要参考了学者们的成熟量表（Politis，2005；Ucbasaran D，2009；张玉利，2008；Quan，2012），并在此基础上将先前经验设置为教育经历、行业经历和实践经历三个维度共 16 个题项。在创业认知维度方面，本书研究主要参考米歇尔（Mitchell，2002）编制的创业认知量表开展研究，主要分为准备认知和能力认知两个维度，共由 11 个题项构成。在可承受损失维度方面，本书研究借鉴学者们通过元分析方法设计的测量内容（Read S，Song M & Smit，2009），并结合当前学者已有的成熟量表（Chandler & DeTienne，2009）开展研究，不分维度，共由三个题项构成。在创业准备行为维度方面，本书研究主要在参考姚晓莲（2014）创业行为量表的基础上，结合本书研究群体的实际将创业准备行为设置为四个维度，共由 9 个题项构成。基于对问卷量表选择和题项设计，对量表和问卷进行整理，运用李克特量表五分法进行编码测量，1~5 分使用同一方向的程度表达。本章还整理总结了问卷调查的过程，包括问卷预调研，在问卷设计完成之后，为了保证问卷的内容效度，本书研究开展了小范围的问卷预调研，在开展调研过程中针对出现的内容理解不一致以及对预调研数据分析中出现的题项不足等问题进行了调整，通过预调研反馈修订后的问卷进行正式发放，由于调研期间的外部客观因素影响，本书研究的正式调研过程通过问卷星和线下相结合的形式进行。为了进一步保障数据的有效性，在调查问卷的发放过程中，主要通过与本书研究主题相关的从业者作为问卷发放的小组长，并清晰地告知问卷填写的注意事项，尽可能确保数据收集的真实性和有效性，同时为了保障数据在填写中所遇到的客观问题能够得以及时发现，本书研究通过发放部分线下问卷，通过面对面填写等形式进行具体沟通和交流，以便能更好地获取问卷填写中可能会出现的问题，在此过程中，对问卷也进行了填写规则的更新和完善。经过为期 4 个多月的数据调研和收集，本书研究共收回问卷509 份，其中包括线下问卷 188 份，回收率为 94%，线上问卷通过有效性筛查得出有效问卷 321 份。在对所收集的全部数据进一步整理后，剔除无效数据，共有 453 份数据有效。所收集的数据为后续数据分析提供了有效的支撑。本章还系统地梳理了研究中所使用的数据分析方法，包括描述性统计分析、数据信效度检验、共同方法偏差、结构方程模型、相关和回归分析等。描述性统计分析主要用于对数据特征值和统计量的整体描述；在信效度部分主要是对量表各维度的信度检验，以及对量表数据结构效度的检验；共同方法偏差部分主要是通过对数据同一来源的差异性进行解释分析；结构方程模型主要帮助测量假设模型中各变量之间的线性关系和路径影响关系，由于本书研究的样本量充分，所以运用结构方程模型能够很好地分析测量变量的影响关系和模型的拟合情况，主要测量先前经验（教育经历、行业经历、创业经历）和创业认知（准备认知和能力认知），创业认知（准备认知和能力认知）和创业准备行为（知识准备、团队准备、信息准备、资金准备），先前经验（教育经历、行业经历、创业经历）、创业认知（准备认知和能力认知）、创业准备行为（知识准备、团队准备、信息准备、资金准备）之间的线性关系，以便为后续的研究分析和假设检验进一步提供可靠的数据基础和模型基础；在相关和回归分析部分主要对本书研究中自变量（先前经验）、中介变量（创业认知）、调节变量（可承受损失）、因变量（创业准备行为）以及具体维度之间的关系进行检验。通过提出变量各维度之间的检验关系对后续数据分析提供框架和指导，最终通过关系构建，共提出了 63 组检验关系。因此本章系统论述研究的设计过程，以及每一种方法在研究过程中发挥的作用，能够帮助后续研究勾画实践路线和研究地图。

第五章

实证检验与结果讨论

第一节　调研者基本特征分析

本书研究的数据来源于"先前经验对创业准备行为的影响研究"调查问卷，结合研究设计和问卷数据收集的整体情况，经过对 453 份有效问卷进行整理，本书研究首先对问卷数据进行了初步的数据筛选，分别从性别和年龄两个方面对被调研者的基本信息情况进行描述性统计分析，通过判断基本的性别比例来评估当前潜在创业群体的性别分布是否均衡，主要考察数据收集来源是否存在性别偏差等情况。其次主要从年龄层面分析所调研潜在创业群体的基本情况，对于本书研究而言，重点调研对象主要集中在那些经历创业学习阶段或者已经完成创业学习阶段的青年，他们已经开始准备创业或者在未来即将开始创业。因此，通过对现状的分析和了解，该部分群体以青年大学生为主，年龄分布也将集中在18~25岁，通过对年龄的数据分析进一步判断所收集的数据是否符合本书研究的实际对象。通过对数据的筛选和频数分析，得到具体的被调研者基本分布情况，如表5.1所示。

表5.1　　　　　　　　　　　被调研者基本特征分析

变量	值	频率	百分比（%）
性别	男	243	53.6
	女	210	46.4
年龄	18岁以下	4	0.9
	18~25岁	436	96.2
	26~30岁	9	2.0
	31~40岁	4	0.9

对于453个样本量总体性别分布来看，男性被调研者有243人，占比53.6%，女性被调研者有210人，占比46.4%，男性被调研者略高于女性被调研者的人数和占比，能够从均衡度体现出男女性别在被调研对象中的实际情况，且较为符合目前各类别高校中大学生性别综合占比情况，不存在性别偏差，因此在一定程度上保证问卷数据的有效性；从整体样本中年龄上看，18岁以下被调研者有4人，占比0.9%；18~25岁有436人，占比96.2%；26~30岁有9人，占比2%；31~40岁有4人，占比0.9%。其中占比最多的被调研者是18~25岁的人群，与目前大学生的年龄分布状况相吻合，在一定程度上代表本书研究对象的实际情况，问卷数据具有很强的代表性，可以做进一步的数据分析。

第二节　量表的信度与效度检验

为了保证本书研究结果的准确性，结合前文所阐述的研究方法，在验证假设之前，本书研究利用 SPSS 26.0 软件和 AMOS 24.0 软件进行量表的信度和效度检验，具体包括问卷整体的信效度检验，以及先前经验（教育经历、行业经历、创业经历）、创业认知（准备认知、能力认知）、创业准备行为（知识准备、团队准备、信息准备、资金准备）、可承受损失量表的信效度检验。

一、信度分析

信度作为检验问卷设计是否有效的重要指标，其检验显得尤为重要，信度检验通常采用 Cronbach's α 值来测量信度，并且学术界对信度指标做出明确规定：（1）当 Cronbach's α 值介于 0.65 ~ 0.70 时，说明问卷信度在可以接受的范围内；（2）当 Cronbach's α 值介于 0.7 ~ 0.8 时，说明问卷信度较好；（3）当 Cronbach's α 值大于 0.8 时，说明问卷信度好；（4）当 Cronbach's α 值大于 0.9 时，说明问卷信度非常好。因此，本书主要采用内部一致性的方式检测量表的信度水平，先前经验（教育经历、行业经历、创业经历）、创业认知（准备认知、能力认知）、创业准备行为（知识准备、团队准备、信息准备、资金准备）、可承受损失等变量的 Cronbach's α 系数检验结果如表 5.2 所示，先前经验的 Cronbach's α 系数为 0.807，其中教育经历的 Cronbach's α 系数为 0.867，行业经历的 Cronbach's α 系数为 0.895，创业经历的 Cronbach's α 系数为 0.871；创业认知的 Cronbach's α 系数为 0.933，其中准备认知的 Cronbach's α 系数为 0.958，能力认知的 Cronbach's α 系数为 0.937；创业准备行为的 Cronbach's α 系数为 0.872，其中知识准备的 Cronbach's α 系数为 0.859，团队准备的 Cronbach's α 系数为 0.871，信息准备的 Cronbach's α 系数为 0.870，资金准备的 Cronbach's α 系数为 0.874；可承受损失的 Cronbach's α 系数为 0.787。

表5.2   问卷信度分析

变量	Cronbach's α 系数	折半信度	题目数
问卷整体	0.950	0.885	35
先前经验	0.807	0.603	9
教育经历	0.867	0.850	3
行业经历	0.895	0.892	3
创业经历	0.871	0.856	3
创业认知	0.933	0.639	11
准备认知	0.958	0.974	6
能力认知	0.937	0.929	5
创业准备行为	0.872	0.758	12
知识准备	0.859	0.868	3
团队准备	0.871	0.871	3
信息准备	0.870	0.897	3
资金准备	0.874	0.860	3
可承受损失	0.787	0.788	3

基于以上信度检验标准，得到先前经验（教育经历、行业经历、创业经历）、创业认知（准备认知、能力认知）、创业准备行为（知识准备、团队准备、信息准备、资金准备）、可承受损失这4个变量的 Cronbach's α 系数均大于0.6的最低标准，折半信度均大于0.6，均在学术界可以接受的较好范围内。且得到问卷整体的 Cronbach's α 系数和折半信度分别为0.950和0.885，说明变量量表信度表现很好且稳定可靠。通过校正后项目与总分相关性和项删除后的 Cronbach's α 系数（见表5.3）可以看出，各个题目的值均在可以接受的范围内，因此，问卷题项的设计较为可靠。

二、探索性因子分析

本书研究通过探索性因子分析方法对数据进行分析。首先，利用 SPSS 26.0 软件对数据进行 KMO 值和 Bartlett 球形检验。学术界规定，当 KMO 值大

测量变量	编码	删除项目后的 标度平均值	删除项目后的 标度方差	校正后项目 与总分相关性	项删除后 Cronbach's α 系数
表5.3			项总计相关性分析		
教育经历	A11	7.63	4.489	0.729	0.828
	A12	7.58	4.377	0.790	0.771
	A13	7.62	4.759	0.719	0.836
行业经历	A21	7.31	5.393	0.769	0.872
	A22	7.40	5.063	0.825	0.823
	A23	7.32	5.357	0.788	0.856
创业经历	A31	7.62	4.564	0.763	0.810
	A32	7.56	4.548	0.768	0.805
	A33	7.52	4.710	0.729	0.840
准备认知	B11	18.09	37.272	0.867	0.950
	B12	18.02	37.135	0.885	0.948
	B13	18.02	37.836	0.854	0.951
	B14	18.06	38.330	0.829	0.954
	B15	18.03	36.860	0.890	0.947
	B16	18.00	37.462	0.873	0.949
能力认知	B21	14.84	21.523	0.843	0.921
	B22	14.86	21.976	0.824	0.925
	B23	14.87	20.893	0.834	0.923
	B24	14.85	20.976	0.828	0.924
	B25	14.86	21.418	0.834	0.922
知识准备	C11	7.06	4.802	0.720	0.816
	C12	6.98	5.254	0.737	0.802
	C13	7.05	4.794	0.748	0.788
团队准备	C21	7.60	4.616	0.763	0.810
	C22	7.60	4.936	0.746	0.826
	C23	7.62	4.665	0.753	0.819
信息准备	C31	7.68	4.835	0.745	0.822
	C32	7.63	5.269	0.717	0.848
	C33	7.63	4.414	0.797	0.774

续表

测量变量	编码	删除项目后的 标度平均值	删除项目后的 标度方差	校正后项目 与总分相关性	项删除后 Cronbach's α 系数
资金准备	C41	7.30	4.919	0.772	0.809
	C42	7.34	5.067	0.746	0.832
	C43	7.27	4.814	0.755	0.824
可承受损失	M1	7.58	3.434	0.638	0.698
	M2	7.58	3.567	0.615	0.723
	M3	7.63	3.220	0.628	0.711

于 0.9 时说明非常适合做因子分析；KMO 值介于 0.8~0.9 时则说明适合做因子分析；KMO 值介于 0.7~0.8 时比较适合做因子分析；KMO 值介于 0.6~0.7 时勉强适合做因子分析；KMO 值小于 0.6 时，说明问卷不太适合做因子分析。基于此，对先前经验（教育经历、行业经历、创业经历）、创业认知（准备认知、能力认知）、创业准备行为（知识准备、团队准备、信息准备、资金准备）、可承受损失进行探索性因子分析。

（一）先前经验探索性因子分析

先前经验探索性因子分析结果如表 5.4 和表 5.5 所示，先前经验的 KMO 值为 0.762，大于 0.6，近似卡方值为 2272.430，自由度为 36，满足因子分析的前提要求，在 Bartlett 球形检验中 P < 0.05，因此，先前经验量表可以做进一步因子分析。接着，提取特征值大于 1 的公因子，得到旋转成分矩阵共计提取 3 个公因子，累积方差解释率达到 80.502%，大于 50% 的最低标准。最后，通过方差最大化正交旋转得到探索性因子负荷矩阵，当每一个测量题项的因子载荷系数大于 0.5 时表明收敛效度可以接受，大于 0.7 时代表收敛效度非常好。结果如表 5.5 所示，各自变量上的因子载荷均超过 0.5。由此可见，所有题项不仅能有效聚敛于各自的共同因子，而且还能够有效区别于其他共同因子，说明本书研究的量表具有很好的效度。因此，本书研究将先

前经验划分为教育经历、行业经历、创业经历三个维度的划分方式合理有效。

表 5.4 **先前经验 KMO 和 Bartlett 检验**

KMO 值		0.762
Bartlett 球形度检验	近似卡方	2272.430
	df	36
	P 值	0.000

表 5.5 **先前经验效度检验结果**

编码	成分			公因子方差
	1	2	3	
A11	0.028	0.112	0.874	0.777
A12	0.067	0.094	0.905	0.832
A13	0.119	0.074	0.864	0.765
A21	0.885	0.118	0.061	0.802
A22	0.904	0.169	0.100	0.856
A23	0.898	0.121	0.060	0.824
A31	0.159	0.878	0.101	0.806
A32	0.091	0.895	0.081	0.815
A33	0.152	0.857	0.105	0.768
初始特征值	3.556	2.012	1.677	
方差解释率	27.598	26.536	26.368	
累积方差解释率	27.598	54.134	80.502	

KMO = 0.762，χ^2 = 2272.430，df = 36，Sig. = 0.000

(二) 创业认知探索性因子分析

创业认知探索性因子分析结果如表 5.6 和表 5.7 所示，创业认知的 KMO 值为 0.922，近似卡方值为 5023.11，自由度为 55，在 Bartlett 球形度检验中 $P < 0.05$，因此，创业认知量表可以做进一步因子分析。接着，提取特征值大于 1 的公因子，得到旋转成分矩阵共计提取 2 个公因子，累积方差解释率达到 81.456%，大于 50% 的最低标准。最后，通过方差最大化正交旋转得到探

索性因子负荷矩阵，当每一个测量题项的因子载荷系数大于 0.5 时表明收敛效度可以接受，大于 0.7 时代表收敛效度非常好。结果如表 5.7 所示，各自变量上的因子载荷均超过 0.5。由此可见，所有题项不仅能有效聚敛于各自的共同因子，而且还能够有效区别于其他共同因子，说明本书研究的量表具有很好的效度。因此，本书研究将创业认知划分为准备认知和能力认知两个维度的方式合理有效。

表 5.6 　　　　　　　　　创业认知 **KMO** 和 **Bartlett** 检验

KMO 值		0.922
Bartlett 球形度检验	近似卡方	5023.11
	df	55
	P 值	0.000

表 5.7 　　　　　　　　　创业认知效度检验结果

编码	成分		公因子方差
	1	2	
B11	0.888	0.197	0.827
B12	0.898	0.213	0.852
B13	0.863	0.252	0.809
B14	0.861	0.188	0.777
B15	0.892	0.243	0.855
B16	0.887	0.220	0.835
B21	0.198	0.881	0.815
B22	0.188	0.871	0.793
B23	0.236	0.863	0.801
B24	0.226	0.861	0.793
B25	0.227	0.866	0.802
初始特征值	6.612	2.348	
方差解释率	44.526	36.930	
累积方差解释率	44.526	81.456	

KMO = 0.922, χ^2 = 5023.11, df = 55, Sig. = 0.000

(三) 创业准备行为探索性因子分析

创业准备行为探索性因子分析结果如表 5.8 和表 5.9 所示，创业准备行为的 KMO 值为 0.845，近似卡方值为 3044.798，自由度为 66，在 Bartlett 球形检验中 P < 0.05，因此，创业准备行为量表可以做进一步因子分析。接着提取特征值大于 1 的公因子，得到旋转成分矩阵共计提取 4 个公因子，累积方差解释率达到 79.560%，大于 50% 的最低标准。最后，通过方差最大化正交旋转得到探索性因子载荷矩阵，当每一个测量题项的因子载荷系数大于 0.5 时表明收敛效度可以接受，大于 0.7 时代表收敛效度非常好。结果如表 5.9 所示，各自变量上的因子载荷均超过 0.5。由此可见，所有题项不仅能有效聚敛于各自的共同因子，而且还能够有效区别于其他共同因子，说明本书研究的量表具有很好的效度。因此，本书研究将创业准备行为划分为知识准备、团队准备、信息准备、资金准备四个维度的方式合理有效。

表 5.8　　　　　创业准备行为 KMO 和 Bartlett 的检验

KMO 值		0.845
Bartlett 球形度检验	近似卡方	3044.798
	df	66
	P 值	0.000

表 5.9　　　　　创业准备行为效度检验结果

编码	成分				公因子方差
	1	2	3	4	
C11	0.109	0.255	0.122	0.818	0.760
C12	0.016	0.178	0.140	0.863	0.796
C13	0.061	0.195	0.184	0.847	0.794
C21	0.881	0.060	0.126	0.176	0.827
C22	0.851	0.141	0.212	−0.001	0.790
C23	0.865	0.145	0.167	0.010	0.797
C31	0.209	0.150	0.832	0.162	0.785

编码	成分				公因子方差
	1	2	3	4	
C32	0.161	0.184	0.825	0.138	0.759
C33	0.160	0.144	0.877	0.157	0.840
C41	0.159	0.845	0.130	0.237	0.812
C42	0.128	0.831	0.206	0.195	0.787
C43	0.084	0.850	0.154	0.216	0.800
初始特征值	5.008	2.028	1.335	1.176	
方差解释率	20.08	19.862	19.843	19.775	
累积方差解释率	20.08	39.942	59.784	79.56	
KMO = 0.845, $\chi^2 = 3044.798$, df = 66, Sig. = 0.000					

(四) 可承受损失探索性因子分析

可承受损失探索性因子分析结果如表 5.10 和表 5.11 所示，可承受损失的 KMO 值为 0.706，近似卡方值为 389.600，自由度为 3，在 Bartlett 球形检验中 $P < 0.05$，因此，可承受损失量表可以做进一步因子分析。接着，提取特征值大于 1 的公因子，得到旋转成分矩阵共计提取 1 个公因子，累积方差解释率达到 70.169%，大于 50% 的最低标准。最后，通过方差最大化正交旋转得到探索性因子载荷矩阵，当每一个测量题项的因子载荷系数大于 0.5 时表明收敛效度可以接受，大于 0.7 时代表收敛效度非常好。结果如表 5.11 所示，各自变量上的因子载荷均超过 0.5。由此可见，所有题项不仅能有效聚敛于各自的共同因子，而且还能够有效区别于其他共同因子，说明本书研究的量表具有很好的效度。因此，本书研究将可承受损失划分为单一维度的方式合理有效。

表 5.10   **可承受损失 KMO 和 Bartlett 检验**

KMO 值		0.706
Bartlett 球形度检验	近似卡方	389.600
	df	3
	P 值	0.000

表 5.11 可承受损失效度检验结果

编码	成分	公因子方差
	1	
M1	0.714	0.845
M2	0.689	0.830
M3	0.703	0.838
初始特征值	2.105	
方差解释率	70.169	
累积方差解释率	70.169	

$KMO = 0.706$，$\chi^2 = 389.600$，$df = 3$，$Sig. = 0.000$

三、验证性因子分析

结构效度的度量主要从聚合效度和区别效度两方面进行。其中，聚合效度的检验标准为"标准化因子载荷大于 0.5""组合信度大于 0.7""平均提取方差大于 0.5"三个指标。本书研究运用 SPSS 26.0 对每一个变量的聚合效度进行检验，对先前经验（教育经历、行业经历、创业经历）、创业认知（准备认知、能力认知）、创业准备行为（知识准备、团队准备、信息准备、资金准备）、可承受损失做验证性因子分析。

首先，验证性因子分析如图 5.1 所示。

其次，得到验证性因子的模型拟合指标如表 5.12 所示。本书研究主要从绝对拟合指数、增值拟合指数和简约拟合指数三个方面对问卷的拟合度情况加以检验。检验结果表明，绝对拟合指标中，$\chi^2/df = 1.754$，$RMSEA = 0.041$，$GFI = 0.898$，$AGFI = 0.875$；增值拟合指数中，$IFI = 0.967$，$TLI = 0.962$，$CFI = 0.967$；简约拟合指数中，$PGFI = 0.734$，$PNFI = 0.802$，$PCFI = 0.837$。总体上，模型各个拟合度指标均达到学术界规定的范围，因此，模型的拟合度指标较好。

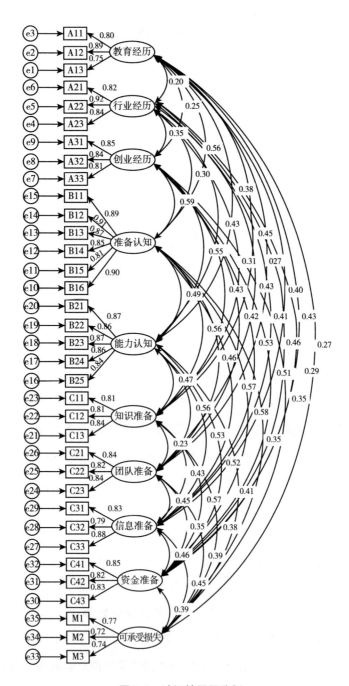

图5.1 验证性因子分析

表 5.12 模型拟合度指标分析

拟合指标		评价标准	检验结果	模型拟合判断
绝对拟合指数	χ^2/df	<3	1.754	接受
	RMSEA	<0.08	0.041	接受
	GFI	>0.80	0.898	接受
	AGFI	>0.80	0.875	接受
增值拟合指数	IFI	>0.90	0.967	接受
	TLI	>0.90	0.962	接受
	CFI	>0.90	0.967	接受
简约拟合指数	PGFI	>0.50	0.734	接受
	PNFI	>0.50	0.802	接受
	PCFI	>0.50	0.837	接受

再次，本书研究主要从标准化因子载荷系数、CR 值和 AVR 值三个方面测度问卷的聚敛效度，学术界规定，当标准化因子载荷值大于 0.5，组合信度 CR 值大于 0.7，AVE 值大于 0.5 时，聚敛效度通过检验，聚敛效度检验结果如表 5.13 所示。数据结果显示，先前经验（教育经历、行业经历、创业经历）、创业认知（准备认知、能力认知）、创业准备行为（知识准备、团队准备、信息准备、资金准备）、可承受损失 10 个维度的各个题项的标准化载荷系数绝对值均大于 0.5，CR 值均大于 0.7，AVE 值均大于 0.5，总体上说，问卷数据收敛效度较好。

表 5.13 因子载荷系数

变量	编码	非标准化因子载荷	S. E.	P	标准化因子载荷	AVE	CR
教育经历	A13	1			0.789	0.6883	0.8685
教育经历	A12	1.168	0.06	***	0.894		
教育经历	A11	1.07	0.06	***	0.802		
行业经历	A23	1			0.842	0.741	0.8954
行业经历	A22	1.124	0.048	***	0.92		
行业经历	A21	0.978	0.047	***	0.817		
创业经历	A33	1			0.811	0.6941	0.8719

续表

变量	编码	非标准化因子载荷	S. E.	P	标准化因子载荷	AVE	CR
创业经历	A32	1. 04	0. 054	***	0. 839		
创业经历	A31	1. 054	0. 054	***	0. 849		
准备认知	B16	1			0. 899	0. 7908	0. 9577
准备认知	B15	1. 037	0. 034	***	0. 91		
准备认知	B14	0. 927	0. 035	***	0. 849		
准备认知	B13	0. 965	0. 034	***	0. 874		
准备认知	B12	1. 025	0. 033	***	0. 912		
准备认知	B11	1. 008	0. 034	***	0. 89		
能力认知	B25	1			0. 873	0. 751	0. 9378
能力认知	B24	1. 037	0. 041	***	0. 865		
能力认知	B23	1. 042	0. 041	***	0. 867		
能力认知	B22	0. 937	0. 038	***	0. 856		
能力认知	B21	0. 981	0. 038	***	0. 872		
知识准备	C13	1			0. 837	0. 6725	0. 8603
知识准备	C12	0. 892	0. 048	***	0. 813		
知识准备	C11	0. 988	0. 053	***	0. 81		
团队准备	C23	1			0. 841	0. 6934	0. 8715
团队准备	C22	0. 924	0. 048	***	0. 819		
团队准备	C21	0. 998	0. 05	***	0. 838		
信息准备	C33	1			0. 876	0. 6956	0. 8725
信息准备	C32	0. 804	0. 041	***	0. 791		
信息准备	C31	0. 907	0. 043	***	0. 833		
资金准备	C43	1			0. 833	0. 6985	0. 8742
资金准备	C42	0. 947	0. 048	***	0. 824		
资金准备	C41	0. 986	0. 048	***	0. 85		
可承受损失	M3	1			0. 736	0. 5525	0. 7873
可承受损失	M2	0. 895	0. 069	***	0. 721		
可承受损失	M1	0. 977	0. 073	***	0. 772		

注: * $P < 0.05$, ** $P < 0.01$, *** $P < 0.001$。

最后，通过 AVE 平方根值对问卷的区分效度加以检验，主要通过对角线上 AVE 平方根与对角线下各个变量的相关系数对比加以检验，如若对角线上 AVE 平方根大于对角线下各个变量的相关系数，说明问卷区分效度通过检验。区分效度检验结果如表 5.14 所示。结果表明，先前经验（教育经历、行业经历、创业经历）、创业认知（准备认知、能力认知）、创业准备行为（知识准备、团队准备、信息准备、资金准备）、可承受损失 10 个变量对角线上 AVE 平方根均大于对角线下各个潜变量的相关系数值，符合区分效度检验指标的要求，因此问卷区别效度通过检验。

表 5.14　　　　　　　　　　　　　　区分效度

变量	教育经历	行业经历	创业经历	准备认知	能力认知	知识准备	团队准备	信息准备	资金准备	可承受损失
教育经历	0.830									
行业经历	0.199	0.861								
创业经历	0.250	0.348	0.833							
准备认知	0.559	0.297	0.589	0.889						
能力认知	0.375	0.427	0.548	0.493	0.867					
知识准备	0.448	0.307	0.431	0.561	0.467	0.820				
团队准备	0.268	0.434	0.424	0.455	0.556	0.228	0.833			
信息准备	0.404	0.409	0.526	0.572	0.529	0.434	0.459	0.834		
资金准备	0.428	0.458	0.515	0.577	0.516	0.568	0.352	0.462	0.836	
可承受损失	0.268	0.288	0.352	0.345	0.406	0.383	0.393	0.450	0.387	0.743
AVE 值	0.688	0.741	0.694	0.791	0.751	0.673	0.693	0.696	0.699	0.553

本书研究运用 AMOS 24.0 进行变量验证性因子分析，对先前经验（教育经历、行业经历、创业经历）、创业认知（准备认知、能力认知）、创业准备行为（知识准备、团队准备、信息准备、资金准备）、可承受损失做多因子模型区分效度对比分析，得到区分效度检验对比如表 5.15 所示。

表 5.15　　　　　　　　　　　　区分效度检验

模型	χ^2	df	χ^2/df	IFI	TLI	CFI	RMSEA	SRMR
10 因子模型	903.490	515	1.754	0.967	0.962	0.967	0.041	0.0276
9 因子模型	1811.861	524	3.458	0.891	0.876	0.891	0.074	0.0868
8 因子模型	2372.070	532	4.459	0.845	0.826	0.844	0.087	0.0695
7 因子模型	2772.843	539	5.144	0.812	0.791	0.811	0.096	0.0916
6 因子模型	4276.673	545	7.847	0.685	0.655	0.684	0.123	0.1076
5 因子模型	4710.461	550	8.564	0.537	0.469	0.469	0.129	0.1097
4 因子模型	5230.628	554	9.442	0.504	0.435	0.443	0.137	0.1118
3 因子模型	5635.507	557	10.118	0.571	0.540	0.569	0.142	0.1114
2 因子模型	6025.137	559	10.778	0.538	0.507	0.537	0.147	0.1117
1 因子模型	6323.562	460	11.292	0.513	0.481	0.511	0.151	0.1143

注：
10 因子模型：教育经历、行业经历、创业经历、准备认知、能力认知、知识准备、团队准备、信息准备、资金准备、可承受损失；
9 因子模型：教育经历 + 行业经历、创业经历、准备认知、能力认知、知识准备、团队准备、信息准备、资金准备、可承受损失；
8 因子模型：教育经历 + 行业经历 + 创业经历、准备认知、能力认知、知识准备、团队准备、信息准备、资金准备、可承受损失；
7 因子模型：教育经历 + 行业经历 + 创业经历 + 准备认知、能力认知、知识准备、团队准备、信息准备、资金准备、可承受损失；
6 因子模型：教育经历 + 行业经历 + 创业经历 + 准备认知 + 能力认知、知识准备、团队准备、信息准备、资金准备、可承受损失；
5 因子模型：教育经历 + 行业经历 + 创业经历 + 准备认知 + 能力认知 + 知识准备、团队准备、信息准备、资金准备、可承受损失；
4 因子模型：教育经历 + 行业经历 + 创业经历 + 准备认知 + 能力认知 + 知识准备 + 团队准备、信息准备、资金准备、可承受损失；
3 因子模型：教育经历 + 行业经历 + 创业经历 + 准备认知 + 能力认知 + 知识准备 + 团队准备 + 信息准备、资金准备、可承受损失；
2 因子模型：教育经历 + 行业经历 + 创业经历 + 准备认知 + 能力认知 + 知识准备 + 团队准备 + 信息准备 + 资金准备、可承受损失；
单因子模型：教育经历 + 行业经历 + 创业经历 + 准备认知 + 能力认知 + 知识准备 + 团队准备 + 信息准备 + 资金准备 + 可承受损失

根据模型适配度的标准 χ^2/df 的值小于 3，RMSEA 的值小于 0.08，CFI 的值大于 0.9，SRMR 的值小于 0.05（吴明隆，2010b），可以发现，只有 10 因子的模型拟合度最为理想（$\chi^2 = 903.490$，df = 515，χ^2/df = 1.754，IFI = 0.967，TLI = 0.962，CFI = 0.967，RMSEA = 0.041，SRMR = 0.0276），其他模型的拟合度均没有 10 因子模型理想。由此可以推断本书研究的变量具

有较好的区分效度。

第三节　共同方法偏差分析

为避免多重共线性对模型的影响，本书研究对问卷数据的共同方法偏差情况进行检验。共同方法偏差（common method biases）是指调研过程中由于同样的客观环境造成数据来源相同或者同样问题解释语境相同等，使得解释变量和自变量间的关系具有共变性。共同方法偏差会对研究结果产生一定的影响，因此，为保证后续研究正常展开，需要检验样本数据是否存在共同方法偏差问题。运用 Harman 单因子法对所有变量（除控制变量外）进行探索型因子分析，未旋转情况下获得因子方差解释率，第一个主成分解释总方差是 37.619%，小于临界值 40%，可初步验证不存在共同方法偏差问题（见表 5.16）。

表 5.16　　　　　　　　　　　　　总方差解释

成分	初始特征值			提取载荷平方和			旋转载荷平方和		
	总计	方差百分比	累积（%）	总计	方差百分比	累积（%）	总计	方差百分比	累积（%）
1	13.167	37.619	37.619	13.167	37.619	37.619	5.071	14.490	14.490
2	2.945	8.415	46.034	2.945	8.415	46.034	4.117	11.763	26.252
3	1.976	5.645	51.680	1.976	5.645	51.680	2.575	7.357	33.610
4	1.844	5.270	56.949	1.844	5.270	56.949	2.412	6.892	40.502
5	1.759	5.026	61.975	1.759	5.026	61.975	2.386	6.816	47.318
6	1.725	4.927	66.903	1.725	4.927	66.903	2.351	6.718	54.036
7	1.342	3.834	70.736	1.342	3.834	70.736	2.335	6.670	60.706
8	1.175	3.358	74.095	1.175	3.358	74.095	2.291	6.545	67.251
9	1.064	3.040	77.135	1.064	3.040	77.135	2.287	6.534	73.785
10	1.033	2.951	80.085	1.033	2.951	80.085	2.205	6.301	80.085
11	0.491	1.403	81.489						

成分	初始特征值			提取载荷平方和			旋转载荷平方和		
	总计	方差百分比	累积（%）	总计	方差百分比	累积（%）	总计	方差百分比	累积（%）
12	0.488	1.395	82.883						
13	0.460	1.314	84.197						
14	0.426	1.216	85.413						
15	0.386	1.103	86.516						
16	0.348	0.995	87.510						
17	0.337	0.962	88.472						
18	0.325	0.928	89.401						
19	0.316	0.903	90.304						
20	0.297	0.850	91.153						
21	0.285	0.814	91.967						
22	0.271	0.774	92.741						
23	0.264	0.756	93.497						
24	0.260	0.744	94.241						
25	0.252	0.721	94.961						
26	0.238	0.679	95.640						
27	0.219	0.625	96.265						
28	0.210	0.600	96.866						
29	0.204	0.583	97.449						
30	0.198	0.567	98.016						
31	0.179	0.511	98.527						
32	0.164	0.469	98.995						
33	0.152	0.433	99.428						
34	0.115	0.329	99.757						
35	0.085	0.243	100.000						

注：提取方法为主成分分析法。

第四节 变量的描述性统计与相关性分析

为初步了解收集的样本数据，本书研究针对所有测量变量进行描述性统计分析，得到变量均值与标准差，并计算皮尔森（Pearson）系数以检验所有变量的两两相关性，实证检验结果如表5.17所示。

由表5.17可知，所有变量的均值与标准差都处于合理范围内。首先，先前经验（教育经历、行业经历、创业经历）、创业认知（准备认知、能力认知）、创业准备行为（知识准备、团队准备、信息准备、资金准备）、可承受损失等变量的均值均分布在3.5～4，说明被调研者对各个变量的认可程度相对较高。其次，先前经验（教育经历、行业经历、创业经历）、创业认知（准备认知、能力认知）、创业准备行为（知识准备、团队准备、信息准备、资金准备）、可承受损失变量之间的相关性结果显示，先前经验（教育经历、行业经历、创业经历）、创业认知（准备认知、能力认知）、创业准备行为（知识准备、团队准备、信息准备、资金准备）、可承受损失之间均呈现显著的相关关系，系数均小于0.7的临界值，这说明变量间不是过度相关，对本书研究的假设检验不会产生严重影响。

本书研究还基于性别对各变量维度进行了单因素方差分析，研究性别对于各变量维度的差异性。分别分析了性别对于先前经验（教育经历、行业经历、创业经历）的差异性分析，性别对于创业认知（准备认知和能力认知）的差异性分析，性别对于创业准备行为（知识准备、团队准备、信息准备、资金准备）的差异性分析，以及性别对于可承受损失的差异性分析。

利用单因素方差分析去研究性别对于先前经验的差异性，先前经验中教育经历维度编码为A11、A12、A13，从表5.18中可以看出，不同性别样本对

表5.17　变量描述性统计及相关系数矩阵

变量	平均值	标准差	1	2	3	4	5	6	7	8	9	10	11	12
性别	1.46	0.499	1											
年龄	2.03	0.252	0.017	1										
教育经历	3.80	1.032	-0.168**	0.030	1									
行业经历	3.67	1.119	-0.034	-0.076	0.175**	1								
创业经历	3.78	1.041	-0.085	0.041	0.221**	0.304**	1							
准备认知	3.61	1.219	-0.140**	0.074	0.514**	0.273**	0.539**	1						
能力认知	3.71	1.146	-0.087	0.047	0.339**	0.391**	0.498**	0.468**	1					
知识准备	3.51	1.075	-0.093*	0.019	0.392**	0.265**	0.377**	0.511**	0.421**	1				
团队准备	3.80	1.055	-0.067	0.096*	0.227**	0.377**	0.370**	0.419**	0.503**	0.199**	1			
信息准备	3.82	1.066	-0.199**	0.060	0.361**	0.357**	0.465**	0.528**	0.480**	0.378**	0.405**	1		
资金准备	3.65	1.077	-0.138**	0.001	0.371**	0.401**	0.453**	0.531**	0.468**	0.494**	0.306**	0.410**	1	
可承受损失	3.80	0.878	-0.045	-0.071	0.227**	0.236**	0.292**	0.297**	0.345**	0.317**	0.324**	0.379**	0.319**	1

注：样本量 N = 453；* P < 0.05（双尾检测），** P < 0.01（双尾检测）。

于 A11、A12、A13 均未表现出显著性（P > 0.05），意味着不同性别样本对于 A11、A12、A13 均表现出一致性，并没有差异性。因此不同性别样本对于先前经验中的教育经历全部表现出一致性，并没有差异性。

表 5.18   性别对于教育经历的方差分析

编码	性别（平均值±标准差）		F	P
	1.0（n=221）	2.0（n=232）		
A11	3.82±1.14	3.74±1.24	0.539	0.463
A12	3.87±1.10	3.80±1.23	0.480	0.489
A13	3.83±1.01	3.77±1.23	0.378	0.539

利用单因素方差分析去研究性别对于先前经验的差异性，先前经验中行业经历维度编码为 A21、A22、A23，从表 5.19 中可以看出，不同性别样本对于 A21、A22、A23 全部未表现出显著性（P > 0.05），意味着不同性别样本对于 A21、A22、A23 全部表现出一致性，并没有差异性。因此不同性别样本对于先前经验中的行业经历均表现出一致性，并没有差异性。

表 5.19   性别对于行业经历的方差分析

编码	性别（平均值±标准差）		F	P
	1.0（n=221）	2.0（n=232）		
A21	3.71±1.17	3.69±1.27	0.033	0.856
A22	3.60±1.22	3.64±1.28	0.146	0.703
A23	3.64±1.18	3.75±1.25	0.887	0.347

利用单因素方差分析去研究性别对于先前经验的差异性，先前经验中创业经历维度编码为 A31、A32、A33，从表 5.20 中可以看出，不同性别样本对于 A31、A32、A33 全部未表现出显著性（P > 0.05），意味着不同性别样本对于 A31、A32、A33 全部表现出一致性，并没有差异性。因此不同性别样本对于先前经验中的创业经历均表现出一致性，并没有差异性。

表5.20 性别对于创业经历的方差分析

编码	性别（平均值±标准差）		F	P
	1.0（n=221）	2.0（n=232）		
A31	3.67±1.19	3.78±1.15	1.092	0.297
A32	3.72±1.18	3.85±1.16	1.391	0.239
A33	3.74±1.13	3.91±1.19	2.612	0.107

利用单因素方差分析去研究性别对于创业认知的差异性，创业认知中准备认知的编码为B11、B12、B13、B14、B15、B16，从表5.21中可以看出，不同性别样本对于B11、B12、B13、B14、B15、B16全部未表现出显著性（P>0.05），意味着不同性别样本对于B11、B12、B13、B14、B15、B16均表现出一致性，并没有差异性。因此不同性别样本对于创业认知中的准备认知均表现出一致性，并没有差异性。

表5.21 性别对于准备认知的方差分析

编码	性别（平均值±标准差）		F	P
	1.0（n=221）	2.0（n=232）		
B11	3.40±1.34	3.55±1.45	1.290	0.257
B12	3.64±1.36	3.65±1.39	0.010	0.921
B13	3.48±1.44	3.62±1.38	1.129	0.289
B14	3.64±1.41	3.63±1.40	0.004	0.947
B15	3.56±1.44	3.63±1.45	0.285	0.594
B16	3.78±1.31	3.69±1.34	0.555	0.457

利用单因素方差分析去研究性别对于创业认知的差异性，创业认知中能力认知的编码为B21、B22、B23、B24、B25，从表5.22中可以看出，不同性别样本对于B21、B24、B25共3项未表现出显著性（P>0.05），意味着不同性别样本对于B21、B24、B25均表现出一致性，并没有差异性。另外性别样本对于B22、B23共2项呈现出显著性（P<0.05），意味着不同性别样本对于B22、B23有着差异性。具体分析可知，性别对于B22呈现出0.01水平的

显著性（F=7.706，P=0.006），具体对比差异可知，1.0的平均值（3.54）会明显低于2.0的平均值（3.86）。

表5.22　　　　　　　　　性别对于能力认知的方差分析

编码	性别（平均值±标准差）		F	P
	1.0（n=221）	2.0（n=232）		
B21	3.60±1.29	3.81±1.25	3.058	0.081
B22	3.54±1.24	3.86±1.20	7.706	0.006**
B23	3.54±1.42	3.81±1.31	4.478	0.035*
B24	3.64±1.38	3.88±1.29	3.564	0.060
B25	3.62±1.27	3.81±1.27	2.534	0.112

注：*P<0.05，**P<0.01。

性别对于B23呈现出0.05水平的显著性（F=4.478，P=0.035），具体对比差异可知，1.0的平均值（3.54）会明显低于2.0的平均值（3.81）。因此，不同性别样本对于B21、B24、B25不会表现出显著性差异，性别样本对于B22、B23则呈现出显著性差异。其中编码B22代表的是个体渴望成功的野心，编码B23代表的是个体能够准确识别创业机会的程度。因此通过分析发现不同性别样本对于创业认知中准备认知在关于渴望成功的愿望和识别机会的程度上体现出差异性。

基于此，本书研究进一步分析出现差异性的增幅情况，通过使用效应量（effect size）研究差异幅度情况，方差分析时使用偏Eta方表示效应量大小（差异幅度大小），该值越大说明差异越大；方差分析使用偏Eta方表示效应量大小时，效应量小、中、大的区分临界点分别是0.01、0.06和0.14；偏Eta方值计算公式为SSB/SST；方差分析也可以使用Cohen's f表示效应量，其计算公式为Sqrt（偏Eta方/(1-偏Eta方)），Cohen's f表示效应量大小时，效应量小、中、大的区分临界点分别是0.10、0.25和0.40。分析结果如表5.23所示，根据分析数据显示，编码B22和编码B23均处于偏Eta方（Partial η^2）"小"的临界值，也处于Cohen's f值"小"的临界值。说明在创业认知的能力认知维度中，性别凸显出了差异性，但是差异性增幅较小。

表5.23 性别对于能力认知的效应量指标分析

分析项	SSB（组间差）	SST（总离差）	偏 Eta 方（Partial η^2）	Cohen's f 值
B21	4.932	732.362	0.007	0.082
B22	11.524	685.951	0.017	0.131
B23	8.367	850.945	0.010	0.100
B24	6.357	810.773	0.008	0.089
B25	4.095	732.954	0.006	0.075

利用单因素方差分析去研究性别对于创业准备行为的差异性，创业准备行为中知识准备的编码为C11、C12、C13，从表5.24中可以看出，不同性别样本对于C12、C13共2项未表现出显著性（P>0.05），意味着不同性别样本对于C12、C13全部表现出一致性，并没有差异性。另外，性别样本对于C11呈现出显著性（P<0.05），意味着不同性别样本对于C11有着差异性。具体分析可知，性别对于C11呈现出0.05水平的显著性（F=6.372，P=0.012），具体对比差异可知，1.0的平均值（3.33），会明显低于2.0的平均值（3.63）。因此不同性别样本对于C12、C13未表现出显著性差异，另外性别样本对于C11呈现出显著性差异。编码C11代表了学习有关创业所学的知识，因此通过分析发现不同性别样本对于知识准备中对创业知识学习的程度上体现出差异性。

表5.24 性别对于知识准备的方差分析

编码	性别（平均值±标准差）		F	P
	1.0（n=221）	2.0（n=232）		
C11	3.33±1.32	3.63±1.20	6.372	0.012*
C12	3.52±1.14	3.61±1.14	0.665	0.415
C13	3.46±1.27	3.53±1.22	0.347	0.556

注：*P<0.05。

基于此，本书研究进一步分析出现差异性的增幅情况，通过使用效应量

（effect size）研究差异幅度情况，方差分析时使用偏 Eta 方表示效应量大小
（差异幅度大小），该值越大说明差异越大；方差分析使用偏 Eta 方表示效应
量大小时，效应量小、中、大的区分临界点分别是 0.01、0.06 和 0.14；偏
Eta 方值计算公式为 SSB/SST；方差分析也可以使用 Cohen's f 表示效应量，其
计算公式为 Sqrt（偏 Eta 方/（1 − 偏 Eta 方）），Cohen's f 表示效应量大小时，
效应量小、中、大的区分临界点分别是 0.10、0.25 和 0.40。分析结果如表
5.25 所示，根据分析数据显示，编码 C11 处于偏 Eta 方（Partial η^2）"小"
的临界值，也处于 Cohen's f 值"小"的临界值。说明在创业准备行为的知识
准备维度中，性别凸显出了差异性，但是差异性增幅较小。

表 5.25　　　　　　　　性别对于知识准备的效应量指标分析

编码	SSB（组间差）	SST（总离差）	偏 Eta 方（Partial η^2）	Cohen's f 值
C11	10.104	725.183	0.014	0.119
C12	0.865	587.329	0.001	0.038
C13	0.537	697.223	0.001	0.028

利用单因素方差分析去研究性别对于创业准备行为的差异性，创业准备
行为中团队准备的编码为 C21、C22、C23，从表 5.26 中可以看出，不同性别
样本对于 C21、C22、C23 均未表现出显著性（P>0.05），意味着不同性别样
本对于 C21、C22、C23 全部表现出一致性，并没有差异性。因此不同性别样
本对于创业准备行为中团队准备全部表现出一致性，并没有差异性。

表 5.26　　　　　　　　性别对于团队准备的方差分析

编码	性别（平均值±标准差）		F	P
	1.0（n=221）	2.0（n=232）		
C21	3.78±1.22	3.83±1.20	0.188	0.665
C22	3.79±1.17	3.84±1.11	0.246	0.620
C23	3.71±1.26	3.87±1.15	1.910	0.168

利用单因素方差分析去研究性别对于创业准备行为的差异性，创业准备
行为中信息准备的编码为 C31、C32、C33，从表 5.27 中可以看出，不同性别

样本对于 C31、C32、C33 均未表现出显著性（P > 0.05），意味着不同性别样本对于 C31、C32、C33 全部表现出一致性，并没有差异性。因此不同性别样本对于创业准备行为中信息准备全部表现出一致性，并没有差异性。

表 5.27　　　　　　　　　　性别对于信息准备的方差分析

编码	性别（平均值 ± 标准差）		F	P
	1.0（n = 221）	2.0（n = 232）		
C31	3.78 ± 1.22	3.83 ± 1.20	0.188	0.665
C32	3.79 ± 1.17	3.84 ± 1.11	0.246	0.620
C33	3.71 ± 1.26	3.87 ± 1.15	1.910	0.168

利用单因素方差分析去研究性别对于创业准备行为的差异性，创业准备行为中资金准备的编码为 C41、C42、C43，从表 5.28 中可以看出，不同性别样本对于 C41、C42、C43 全部未表现出显著性（P > 0.05），意味着不同性别样本对于 C41、C42、C43 全部表现出一致性，并没有差异性。因此不同性别样本对于创业认知中资金认知全部表现出一致性，并没有差异性。

表 5.28　　　　　　　　　　性别对于资金准备的方差分析

编码	性别（平均值 ± 标准差）		F	P
	1.0（n = 221）	2.0（n = 232）		
C41	3.64 ± 1.18	3.67 ± 1.22	0.071	0.791
C42	3.60 ± 1.23	3.63 ± 1.14	0.106	0.744
C43	3.63 ± 1.26	3.74 ± 1.21	0.935	0.334

利用单因素方差分析去研究性别对于可承受损失的差异性，可承受损失的编码为 M1、M2、M3，从表 5.29 中可以看出，不同性别样本对于 M1、M2、M3 全部未表现出显著性（P > 0.05），意味着不同性别样本对于 M1、M2、M3 全部表现出一致性，并没有差异性。因此不同性别样本对于可承受损失全部表现出一致性，并没有差异性。

表 5.29　　　　　　　　　　性别对于可承受损失的方差分析

编码	性别（平均值±标准差）		F	P
	1.0（n=221）	2.0（n=232）		
M1	3.81±1.01	3.82±1.05	0.034	0.854
M2	3.80±0.99	3.84±1.03	0.176	0.675
M3	3.79±1.10	3.75±1.11	0.198	0.657

第五节　结构方程模型构建

本书研究基于所收集的 453 份有效问卷数据，在提出研究假设的基础上，建立了先前经验（教育经历、行业经历、创业经历）正向影响创业认知（准备认知、能力认知）模型一，创业认知（准备认知、能力认知）正向影响创业准备行为（知识准备、团队准备、信息准备、资金准备）模型二，先前经验（教育经历、行业经历、创业经历）与创业认知（准备认知、能力认知）和创业准备行为（知识准备、团队准备、信息准备、资金准备）之间的链式正向影响的分析模型。

首先分析了先前经验（教育经历、行业经历、创业经历）正向影响创业认知（准备认知、能力认知）的影响关系。将教育经历维度的编码题项数据 A11、A12、A13 设置为 Factor1，行业经历维度的编码题项数据 A21、A22、A23 设置为 Factor2，创业经历维度的编码题项数据 A31、A32、A33 设置为 Factor3，准备认知维度的编码题项数据 B11、B12、B13、B14、B15、B16 设置为 Factor4，能力认知维度的编码题项数据 B21、B22、B23、B24、B25 设置为 Factor5，并建立各因素之间的影响关系模型（见图 5.2）。

教育经历、行业经历、创业经历、准备认知、能力认知等潜变量间的影响关系和测量关系情况如表 5.30 和图 5.3 所示。从影响关系来看，教育经历

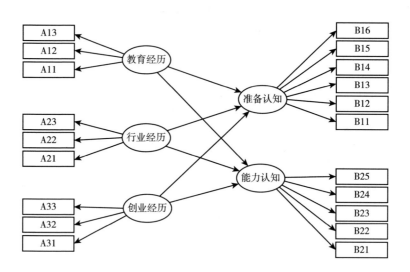

图 5.2　模型一关系图

对准备认知产生 0.05 水平的显著影响，标准化回归系数值为 0.440，说明教育经历对准备认知产生正向的影响；教育经历对能力认知产生 0.05 水平的显著影响，标准化回归系数值为 0.231，说明教育经历对能力认知产生正向的影响；行业经历对准备认知产生 0.05 水平的显著影响，标准化回归系数值为 0.052，说明行业经历对准备认知产生正向的影响；行业经历对能力认知产生 0.05 水平的显著影响，标准化回归系数值为 0.241，说明行业经历对能力认知产生正向的影响关系；创业经历对准备认知产生 0.05 水平的显著影响，标准化回归系数值为 0.470，说明创业经历对准备认知产生正向的影响；创业经历对能力认知产生 0.05 水平的显著影响，标准化回归系数值为 0.416，说明创业经历对能力认知产生正向的影响。从测量关系来看，一般情况下，标准化载荷系数值基本上均会大于 0.6，通过表 5.30 中数据显示，教育经历、行业经历、创业经历、准备认知、能力认知各维度的标准化回归系数大部分在 0.8 以上，说明了各维度的测量关系较好。

表 5.30　　　　　　　　　　模型一回归系数

X	→	Y	非标准化回归系数	SE	z（CR值）	P	标准化回归系数
教育经历	→	准备认知	0.564	0.056	10.023	0.000	0.440
教育经历	→	能力认知	0.268	0.052	5.179	0.000	0.231
行业经历	→	准备认知	0.063	0.050	1.272	0.203	0.052
行业经历	→	能力认知	0.265	0.050	5.258	0.000	0.241
创业经历	→	准备认知	0.580	0.056	10.273	0.000	0.470
创业经历	→	能力认知	0.463	0.054	8.510	0.000	0.416
教育经历	→	A13	0.933	0.052	17.826	0.000	0.788
教育经历	→	A12	1.092	0.055	19.697	0.000	0.894
教育经历	→	A11	1.000	—	—	—	0.802
行业经历	→	A23	1.027	0.049	20.833	0.000	0.849
行业经历	→	A22	1.136	0.051	22.094	0.000	0.913
行业经历	→	A21	1.000	—	—	—	0.820
创业经历	→	A33	0.948	0.049	19.424	0.000	0.809
创业经历	→	A32	0.991	0.049	20.285	0.000	0.840
创业经历	→	A31	1.000	—	—	—	0.848
准备认知	→	B16	0.940	0.037	25.484	0.000	0.866
准备认知	→	B15	1.046	0.039	26.630	0.000	0.885
准备认知	→	B14	0.904	0.042	21.427	0.000	0.788
准备认知	→	B13	0.945	0.041	22.863	0.000	0.818
准备认知	→	B12	0.978	0.038	25.595	0.000	0.867
准备认知	→	B11	1.000	—	—	—	0.875
能力认知	→	B25	1.003	0.040	24.897	0.000	0.870
能力认知	→	B24	1.024	0.043	23.579	0.000	0.845
能力认知	→	B23	1.054	0.044	23.777	0.000	0.849
能力认知	→	B22	0.922	0.041	22.693	0.000	0.827
能力认知	→	B21	1.000	—	—	—	0.868

注："→"表示回归影响关系或者测量关系；"—"表示该项为参照项。

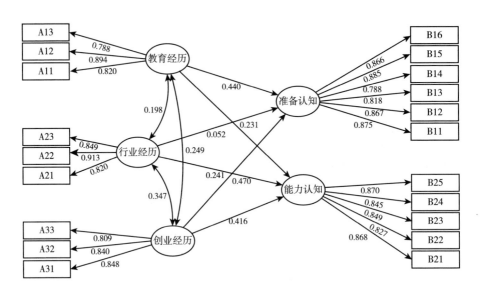

图 5.3 模型一影响关系和测量关系分析结果

其次分析了创业认知（准备认知、能力认知）对创业准备行为（知识准备、团队准备、信息准备、资金准备）的正向影响关系。将准备认知维度的编码题项数据 B11、B12、B13、B14、B15、B16 设置为 Factor1，能力认知维度的编码题项数据 B21、B22、B23、B24、B25 设置为 Factor2，知识准备维度的编码题项数据 C11、C12、C13 设置为 Factor3，团队准备维度的编码题项数据 C21、C22、C23 设置为 Factor4，信息准备维度的编码题项数据 C31、C32、C33 设置为 Factor5，资金准备维度的编码题项数据 C41、C42、C43 设置为 Factor6，并建立各因素之间的影响关系模型（见图5.4）。

准备认知、能力认知、知识准备、团队准备、信息准备、资金准备等潜变量间的影响关系和测量关系情况如表 5.31 和图 5.5 所示。从影响关系来看，准备认知对知识准备产生 0.05 水平的显著影响，标准化回归系数值为 0.449，说明准备认知对知识准备产生正向的影响关系；准备认知对团队准备产生 0.05 水平的显著影响，标准化回归系数值为 0.234，说明准备认知对团队准备产生正向的影响关系；准备认知对信息准备产生 0.05 水平的显著影

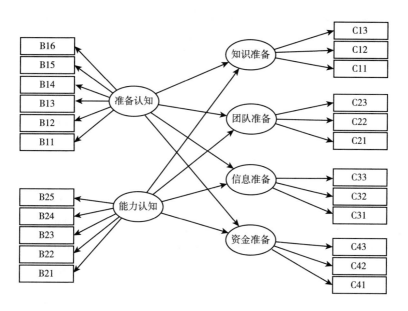

图5.4　模型二关系图

响，标准化回归系数值为 0.414，说明准备认知对信息准备产生正向的影响
关系；准备认知对资金准备产生 0.05 水平的显著影响，标准化回归系数值为
0.435，说明准备认知对资金准备产生正向的影响关系；能力认知对知识准备
产生 0.05 水平的显著影响，标准化回归系数值为 0.249，说明能力认知对知
识准备产生正向的影响关系；能力认知对团队准备产生 0.05 水平的显著影
响，标准化回归系数值为 0.442，说明能力认知对团队准备产生正向的影响
关系；能力认知对信息准备产生 0.05 水平的显著影响，标准化回归系数值为
0.330，说明能力认知对信息准备产生正向的影响关系；能力认知对资金准备
产生 0.05 水平的显著影响，标准化回归系数值为 0.306，说明能力认知对资
金准备产生正向的影响关系。从测量关系来看，数据显示准备认知、能力认
知、知识准备、团队准备、信息准备、资金准备各维度的标准化回归系数均
在 0.8 以上，说明各维度的测量关系较好。

表 5.31 模型二回归系数

X	→	Y	非标准化回归系数	SE	z（CR 值）	P	标准化回归系数
准备认知	→	知识准备	0.378	0.046	8.256	0.000	0.449
准备认知	→	团队准备	0.196	0.044	4.493	0.000	0.234
准备认知	→	信息准备	0.339	0.042	8.026	0.000	0.414
准备认知	→	资金准备	0.364	0.043	8.416	0.000	0.435
能力认知	→	知识准备	0.231	0.049	4.750	0.000	0.249
能力认知	→	团队准备	0.409	0.050	8.132	0.000	0.442
能力认知	→	信息准备	0.299	0.046	6.479	0.000	0.330
能力认知	→	资金准备	0.283	0.047	6.035	0.000	0.306
准备认知	→	B16	0.953	0.037	25.750	0.000	0.874
准备认知	→	B15	1.040	0.040	25.824	0.000	0.875
准备认知	→	B14	0.914	0.042	21.520	0.000	0.793
准备认知	→	B13	0.945	0.042	22.520	0.000	0.814
准备认知	→	B12	0.986	0.039	25.562	0.000	0.871
准备认知	→	B11	1.000	—	—	—	0.871
能力认知	→	B25	1.008	0.041	24.872	0.000	0.872
能力认知	→	B24	1.027	0.044	23.479	0.000	0.845
能力认知	→	B23	1.056	0.045	23.627	0.000	0.848
能力认知	→	B22	0.927	0.041	22.682	0.000	0.828
能力认知	→	B21	1.000	—	—	—	0.865
知识准备	→	C13	1.020	0.055	18.491	0.000	0.841
知识准备	→	C12	0.903	0.050	17.956	0.000	0.811
知识准备	→	C11	1.000	—	—	—	0.808
团队准备	→	C23	0.985	0.050	19.743	0.000	0.835
团队准备	→	C22	0.915	0.047	19.322	0.000	0.817
团队准备	→	C21	1.000	—	—	—	0.846

续表

X	→	Y	非标准化回归系数	SE	z（CR 值）	P	标准化回归系数
信息准备	→	C33	1.118	0.054	20.689	0.000	0.883
信息准备	→	C32	0.889	0.048	18.531	0.000	0.789
信息准备	→	C31	1.000	—	—	—	0.828
资金准备	→	C43	1.013	0.050	20.068	0.000	0.832
资金准备	→	C42	0.961	0.048	19.872	0.000	0.825
资金准备	→	C41	1.000	—	—	—	0.850

注："→"表示回归影响关系或者测量关系；"—"表示该项为参照项。

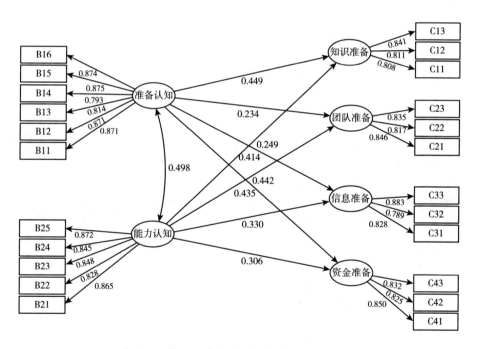

图5.5 模型二影响关系和测量关系分析结果

最后分析了先前经验（教育经历、行业经历、创业经历）与创业认知（准备认知、能力认知）和创业准备行为（知识准备、团队准备、信息准备、资金准备）之间的相关关系。将教育经历维度的编码题项数据 A11、

A12、A13 设置为 Factor1，行业经历维度的编码题项数据 A21、A22、A23 设置为 Factor2，创业经历维度的编码题项数据 A31、A32、A33 设置为 Factor3，准备认知维度的编码题项数据 B11、B12、B13、B14、B15、B16 设置为 Factor4，能力认知维度的编码题项数据 B21、B22、B23、B24、B25 设置为 Factor5，知识准备维度的编码题项数据 C11、C12、C13 设置为 Factor6，团队准备维度的编码题项数据 C21、C22、C23 设置为 Factor7，信息准备维度的编码题项数据 C31、C32、C33 设置为 Factor8，资金准备维度的编码题项数据 C41、C42、C43 设置为 Factor9，并建立各因素之间的影响关系模型（见图 5.6）。

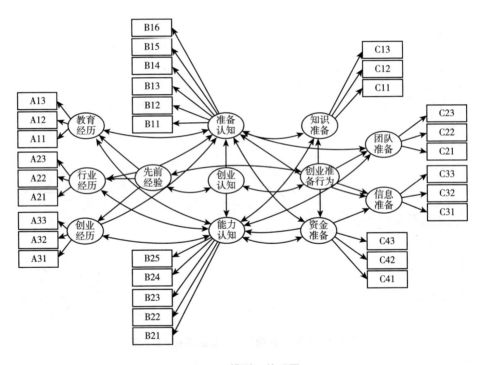

图 5.6　模型三关系图

先前经验（教育经历、行业经历、创业经历）与创业认知（准备认知、能力认知）和创业准备行为（知识准备、团队准备、信息准备、资金准备）

等潜变量的相关关系和测量关系情况如表5.32和图5.7所示。由于模型中建立了一组二阶量表，从相关关系和测量关系来看，数据显示先前经验（教育经历、行业经历、创业经历）与创业认知（准备认知、能力认知）和创业准备行为（知识准备、团队准备、信息准备、资金准备）各维度的相关性强，测量关系较好。

表5.32　　　　　　　　　　　　　模型三回归系数

X	→	Y	非标准化回归系数	SE	z（CR值）	P	标准化回归系数
先前经验	→	教育经历	1.000	—	—	—	0.546
先前经验	→	行业经历	0.912	0.102	8.910	0.000	0.517
先前经验	→	创业经历	0.970	0.102	9.533	0.000	0.579
创业认知	→	准备认知	1.000	—	—	—	0.639
创业认知	→	能力认知	0.804	0.037	21.658	0.000	0.691
创业准备行为	→	知识准备	1.000	—	—	—	0.719
创业准备行为	→	团队准备	0.688	0.075	9.226	0.000	0.544
创业准备行为	→	信息准备	0.937	0.081	11.602	0.000	0.735
创业准备行为	→	资金准备	1.014	0.083	12.175	0.000	0.777
教育经历	→	A13	0.852	0.040	21.339	0.000	0.819
教育经历	→	A12	1.003	0.041	24.407	0.000	0.907
教育经历	→	A11	1.000	—	—	—	0.860
行业经历	→	A23	0.996	0.043	22.999	0.000	0.863
行业经历	→	A22	1.092	0.044	24.948	0.000	0.925
行业经历	→	A21	1.000	—	—	—	0.846
创业经历	→	A33	0.929	0.044	21.161	0.000	0.823
创业经历	→	A32	0.973	0.044	22.294	0.000	0.855
创业经历	→	A31	1.000	—	—	—	0.869
准备认知	→	B16	0.896	0.028	32.374	0.000	0.906

X	→	Y	非标准化回归系数	SE	z（CR值）	P	标准化回归系数
准备认知	→	B15	0.975	0.029	33.150	0.000	0.913
准备认知	→	B14	0.852	0.032	26.623	0.000	0.839
准备认知	→	B13	0.888	0.031	28.298	0.000	0.861
准备认知	→	B12	0.919	0.029	31.989	0.000	0.902
准备认知	→	B11	1.000	—	—	—	0.917
能力认知	→	B25	0.990	0.039	25.147	0.000	0.875
能力认知	→	B24	1.007	0.042	23.859	0.000	0.850
能力认知	→	B23	1.035	0.043	24.066	0.000	0.854
能力认知	→	B22	0.906	0.040	22.916	0.000	0.831
能力认知	→	B21	1.000	—	—	—	0.865
知识准备	→	C13	0.977	0.045	21.628	0.000	0.860
知识准备	→	C12	0.863	0.041	20.802	0.000	0.833
知识准备	→	C11	1.000	—	—	—	0.849
团队准备	→	C23	0.978	0.046	21.094	0.000	0.846
团队准备	→	C22	0.904	0.044	20.494	0.000	0.825
团队准备	→	C21	1.000	—	—	—	0.859
信息准备	→	C33	1.109	0.048	23.087	0.000	0.893
信息准备	→	C32	0.894	0.043	20.585	0.000	0.816
信息准备	→	C31	1.000	—	—	—	0.848
资金准备	→	C43	1.031	0.045	22.724	0.000	0.857
资金准备	→	C42	0.980	0.043	22.552	0.000	0.852
资金准备	→	C41	1.000	—	—	—	0.864

注："→"表示回归影响关系或者测量关系；"—"表示该项为参照项。

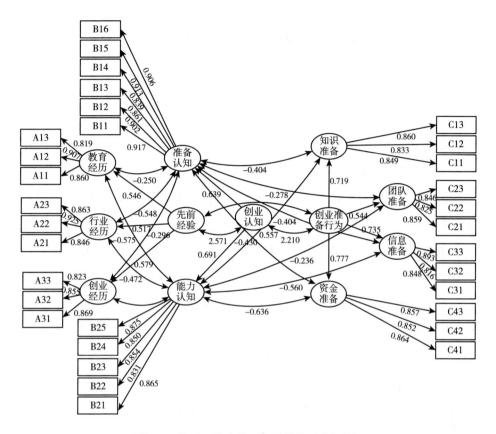

图 5.7 模型三影响关系和测量关系分析结果

第六节 回归分析

本书研究采用多元线性回归的方法对先前经验（教育经历、行业经历、创业经历）、创业认知（准备认知、能力认知）影响创业准备行为（知识准备、团队准备、信息准备、资金准备）的理论假设进行检验。并且检验可承受损失在创业认知（准备认知、能力认知）和创业准备行为（知识准备、团队准备、信息准备、资金准备）之间的调节作用，具体分析如下。

一、先前经验与创业准备行为关系检验

首先进行主效应分析，将性别和年龄作为控制变量，以创业准备行为作为因变量，构建 Model1，检验控制变量对创业准备行为的影响。在 Model1 基础之上，加入自变量先前经验（教育经历、行业经历、创业经历），构建 Model2；将性别和年龄作为控制变量，以创业准备行为第一个维度知识准备作为因变量，构建 Model3，检验控制变量对创业准备行为第一个维度知识准备的影响。在 Model3 基础之上，加入自变量先前经验（教育经历、行业经历、创业经历），构建 Model4；将性别和年龄作为控制变量，以创业准备行为第 2 个维度团队准备作为因变量，构建 Model5，检验控制变量对创业准备行为第 2 个维度团队准备的影响。在 Model5 基础之上，加入自变量先前经验（教育经历、行业经历、创业经历），构建 Model6；将性别和年龄作为控制变量，以创业准备行为第 3 个维度信息准备作为因变量，构建 Model7，检验控制变量对创业准备行为第 3 个维度信息准备的影响。在 Model7 基础之上，加入自变量先前经验（教育经历、行业经历、创业经历），构建 Model8；将性别和年龄作为控制变量，以创业准备行为第 4 个维度资金准备作为因变量，构建 Model9，检验控制变量对创业准备行为第 4 个维度资金准备的影响。在 Model9 基础之上，加入自变量先前经验（教育经历、行业经历、创业经历），构建 Model10。

数据分析结果显示（见表 5.33），（1）Model2 调研结果显示，由调整后 R^2 值为 0.537 可以看出，性别、年龄、先前经验（教育经历、行业经历、创业经历）对创业准备行为具有 53.7% 的解释力度。由 ANOVA 分析中 F 值以及显著性可看出，性别、年龄、先前经验（教育经历、行业经历、创业经历）对创业准备行为具有一定程度的预测性。由影响系数及显著性可以看出，性别、先前经验"教育经历、行业经历、创业经历"对创业准备行为均

产生显著的影响关系，影响系数分别为 -0.076、0.309、0.309 和 0.404。并且结合影响系数的正负可以看出，性别负向影响创业准备行为，先前经验（教育经历、行业经历、创业经历）对创业准备行为均产生显著的正向影响。（2）Model4 调研结果显示，由调整后 R^2 值为 0.249 可以看出，性别、年龄、先前经验（教育经历、行业经历、创业经历）对知识准备具有 24.9% 的解释力度。由 ANOVA 分析中 F 值及显著性可看出，性别、年龄、先前经验（教育经历、行业经历、创业经历）对知识准备具有一定程度的预测性。由影响系数及显著性可以看出，先前经验"教育经历、行业经历、创业经历"对知识准备均产生显著的影响关系，影响系数分别为 0.307、0.131 和 0.267。并且结合影响系数的正负可以看出，先前经验（教育经历、行业经历、创业经历）对知识准备均产生显著的正向影响关系。（3）Model6 调研结果显示，由调整后 R^2 值为 0.230 可以看出，性别、年龄、先前经验（教育经历、行业经历、创业经历）对团队准备具有 23.0% 的解释力度。由 ANOVA 分析中 F 值及显著性可看出，性别、年龄、先前经验（教育经历、行业经历、创业经历）对团队准备具有一定程度的预测性。由影响系数及显著性可以看出，年龄、先前经验"教育经历、行业经历、创业经历"对团队准备均产生显著的影响，影响系数分别为 0.105、0.114、0.288、0.252。并且结合影响系数的正负可以看出，年龄、先前经验（教育经历、行业经历、创业经历）对团队准备均产生显著的正向影响。（4）Model8 调研结果显示，由调整后 R^2 值为 0.336 可以看出，性别、年龄、先前经验（教育经历、行业经历、创业经历）对信息准备具有 33.6% 的解释力度。由 ANOVA 分析中 F 值及显著性可看出，性别、年龄、先前经验（教育经历、行业经历、创业经历）对信息准备具有一定程度的预测性。由影响系数及显著性可以看出，性别、先前经验"教育经历、行业经历、创业经历"对信息准备均产生显著的影响，影响系数分别为 -0.126、0.225、0.216 和 0.336。并且结合影响系数的正负可以看出，性别负向影响信息准备，先前经验（教育经历、行业经历、创业经历）对信息准备产生显著的正向影响。（5）Model10 调研结果显示，由调整后 R^2 值为 0.339 可以看出，性别、年龄、先前经验（教育经历、行业经历、创业经历）对资金准备具有 33.9% 的解释力度。由 ANOVA 分析中 F 值及显著性可看出，性别、年龄、先前经验（教育经历、行业经历、创业经历）对资金准备具有一定程度的预测性。由影响系数及显著性可以看出，先前经验"教育经历、行业经历、创业经历"对资金准备均产生显著的影响关系，影响系数分别为 0.245、0.261、0.314。并且结合影响系数的正负可以看出，先前经验（教育经历、行业经历、创业经历）对资金准备均产生显著的正向影响。

表 5.33　　　　　　　　　先前经验与创业准备行为关系检验

变量	创业准备行为		知识准备		团队准备	
	Model1	Model2	Model3	Model4	Model5	Model6
性别	− 0.173 ***	− 0.076 *	− 0.093 *	− 0.014	− 0.069	− 0.018
年龄	0.063	0.060	0.020	0.009	0.097 *	0.105 *
教育经历		0.309 ***		0.307 ***		0.114 **
行业经历		0.309 ***		0.131 **		0.288 ***
创业经历		0.404 ***		0.267 ***		0.252 ***
R^2	0.033	0.542	0.009	0.257	0.014	0.239
ΔR^2	0.029	0.537	0.005	0.249	0.010	0.230
F 值	7.799 ***	105.712 ***	2.050 ***	30.928 ***	3.181 *	28.058 ***
D−W 值	1.831	1.989	1.990	2.123	1.850	1.894

变量	信息准备		资金准备	
	Model7	Model8	Model9	Model10
性别	− 0.200 ***	− 0.126 **	− 0.138 **	− 0.061
年龄	0.063	0.058	0.004	0.002
教育经历		0.225 ***		0.245 ***
行业经历		0.216 ***		0.261 ***
创业经历		0.336 ***		0.314 ***

续表

变量	信息准备		资金准备	
	Model7	Model8	Model9	Model10
R^2	0.044	0.343	0.019	0.346
ΔR^2	0.039	0.336	0.015	0.339
F 值	10.271 ***	46.701 ***	4.377 *	47.295 ***
D－W 值	1.973	2.031	1.813	47.295

注：＊P＜0.05，＊＊P＜0.01，＊＊＊P＜0.001。

二、先前经验与创业认知关系检验

将性别和年龄作为控制变量，以创业认知作为因变量，构建 Model11，检验控制变量对创业认知的影响。在 Model11 基础之上，加入自变量先前经验（教育经历、行业经历、创业经历），构建 Model12；将性别和年龄作为控制变量，以创业认知第一个维度准备认知作为因变量，构建 Model13，检验控制变量对创业认知第一个维度准备认知的影响。在 Model13 基础之上，加入自变量先前经验（教育经历、行业经历、创业经历），构建 Model14；将性别和年龄作为控制变量，以创业认知第 2 个维度能力认知作为因变量，构建 Model15，检验控制变量对创业认知第 2 个维度能力认知的影响。在 Model15 基础之上，加入自变量先前经验（教育经历、行业经历、创业经历），构建 Model16。

数据分析结果显示（见表5.34），（1）Model12 调研结果显示，由调整后 R^2 值为 0.535 可以看出，性别、年龄、先前经验（教育经历、行业经历、创业经历）对创业认知具有 53.5% 的解释力度。由 ANOVA 分析中 F 值及显著性可看出，性别、年龄、先前经验（教育经历、行业经历、创业经历）对创业认知具有一定程度的预测性。由影响系数及显著性可以看出，先前经验"教育经历、行业经历、创业经历"对创业认知均产生显著的影响，影响系数分别为 0.359、0.184、0.465。并且结合影响系数的正负可以看出，先前经验（教育经历、行业经历、创业经历）对创业认知均产生显著的正向影响。（2）Model14 调研结果显示，由调整后 R^2 值为 0.456 可以看出，性别、年龄、先前经验（教育经历、行业经历、创业经历）对知识准备具有 45.6% 的解释力度。由 ANOVA 分析中 F 值及显著性可看出，性别、年龄、先前经验"教育经历、行业经历、创业经历"对知识准备具有一定程度的预测性。由影响系数以及显著性可以看出，先前经验"教育经历、行业经历、创业经历"对知识准备均产生显著的影响，影响系数分别为 0.399、0.078、0.422。并且结合影响系数的正负可以看出，先前经验（教育经历、行业经历、创业经历）对知识准备均产生显著的正向影响。（3）Model16 调研结果显示，由调整后 R^2 值为 0.349 可以看出，性别、年龄、先前经验（教育经历、行业经历、创业经历）对团队准备具有 34.9% 的解释力度。由 ANOVA 分析中 F 值及显著性可看出，性别、年龄、先前经验（教育经历、行业经历、创业经历）对团队准备具有一定程度的预测性。由影响系数及显著性可以看出，先前经验"教育经历、行业经历、创业经历"对团队准备均产生显著的影响，影响系数分别为 0.211、0.243、0.374。并且结合影响系数的正负可以看出，先前经验（教育经历、行业经历、创业经历）对团队准备均产生显著的正向影响。

表 5.34 先前经验与创业认知关系检验

变量	创业认知		准备认知		能力认知	
	Model11	Model12	Model13	Model14	Model15	Model16
性别	− 0.134 **	− 0.028	− 0.141 **	− 0.035	− 0.088	− 0.012
年龄	0.073	0.056	0.077	0.051	0.048	0.044
教育经历		0.359 ***		0.399 ***		0.211 ***
行业经历		0.184 ***		0.078 *		0.243 ***
创业经历		0.465 ***		0.422 ***		0.374 ***

续表

变量	创业认知		准备认知		能力认知	
	Model11	Model12	Model13	Model14	Model15	Model16
R^2	0.023	0.541	0.025	0.462	0.010	0.356
ΔR^2	0.019	0.535	0.021	0.456	0.006	0.349
F 值	5.328 **	105.203 ***	5.849 **	76.912 ***	2.255	49.392 ***
D－W 值	1.832	1.890	1.981	2.051	1.859	1.935

注：* $P<0.05$，** $P<0.01$，*** $P<0.001$。

三、创业认知与创业准备行为关系检验

将性别和年龄作为控制变量，以创业准备行为作为因变量，构建 Model1，检验控制变量对创业准备行为的影响。在 Model1 基础之上，加入自变量创业认知（准备认知、能力认知），构建 Model17；将性别和年龄作为控制变量，以创业准备行为第一个维度知识准备作为因变量，构建 Model3，检验控制变量对创业准备行为第一个维度知识准备的影响。在 Model3 基础之上，加入自变量创业认知（准备认知、能力认知），构建 Model18；将性别和年龄作为控制变量，以创业准备行为第2个维度团队准备作为因变量，构建 Model5，检验控制变量对创业准备行为第2个维度团队准备的影响。在 Model5 基础之上，加入自变量创业认知（准备认知、能力认知），构建 Model19；将性别和年龄作为控制变量，以创业准备行为第3个维度信息准备作为因变量，构建 Model7，检验控制变量对创业准备行为第3个维度信息准备的影响。在 Model7 基础之上，加入自变量创业认知（准备认知、能力认知），构建 Model20；将性别和年龄作为控制变量，以创业准备行为第4个维度资金准备作为因变量，构建 Model9，检验控制变量对创业准备行为第4个维度资金准备的影响。在 Model9 基础之上，加入自变量创业认知（准备认知、能力认

知），构建 Model21。

数据分析结果显示（见表5.35），（1）Model17 调研结果显示，由调整后 R^2 值为 0.608 可以看出，性别、年龄、创业认知（准备认知、能力认知）对创业准备行为具有 60.8% 的解释力度。由 ANOVA 分析中 F 值及显著性可看出，性别、年龄、创业认知（准备认知、能力认知）对创业准备行为具有一定程度的预测性。由影响系数及显著性可以看出，性别、创业认知"准备认知、能力认知"对创业准备行为均产生显著的影响，影响系数分别为 -0.068、0.484、0.414；并且结合影响系数的正负可以看出，性别负向影响创业准备行为，创业认知（准备认知、能力认知）对创业准备行为均产生显著的正向影响。（2）Model18 调研结果显示，由调整后 R^2 值为 0.298 可以看出，性别、年龄、创业认知（准备认知、能力认知）对知识准备具有 29.8% 的解释力度。由 ANOVA 分析中 F 值及显著性可看出，性别、年龄、创业认知（准备认知、能力认知）对知识准备具有一定程度的预测性。由影响系数及显著性可以看出，创业认知"准备认知、能力认知"对知识准备均产生显著的影响，影响系数分别为 0.401、0.233。并且结合影响系数的正负可以看出，创业认知（准备认知、能力认知）对知识准备均产生显著的正向影响。（3）Model19 调研结果显示，由调整后 R^2 值为 0.294 可以看出，性别、年龄、创业认知（准备认知、能力认知）对团队准备具有 29.4% 的解释力度。由 ANOVA 分析中 F 值及显著性可看出，性别、年龄、创业认知（准备认知、能力认知）对团队准备具有一定程度的预测性。由影响系数及显著性可以看出，创业认知（准备认知、能力认知）对团队准备均产生显著的影响，影响系数分别为 0.231、0.392。并且结合影响系数的正负可以看出，创业认知（准备认知、能力认知）对团队准备均产生显著的正向影响。（4）Model20 调研结果显示，由调整后 R^2 值为 0.357 可以看出，性别、年龄、创业认知（准备认知、能力认知）对信息准备具有 35.7% 的解释力度。由 ANOVA 分析中 F 值及显著性可看出，性别、年龄、创业认知（准备认知、能力认知）对信息准备具有一定程度的预测性。由影响系数及显著性可以看出，性别、创业认知"准备认知、能力认知"对信息准备均产生显著的影响，影响系数分别为 − 0.122、0.372、0.294。并且结合影响系数的正负可以看出，性别负向影响信息准备，创业认知（准备认知、能力认知）对信息准备均产生显著的正向影响。（5）Model21调研结果显示，由调整后 R^2 值为 0.343 可以看出，性别、年龄、创业认知（准备认知、能力认知）对资金准备具有 34.3% 的解释力度。由 ANOVA 分析中 F 值及显著性可看出，性别、年龄、创业认知（准备认知、能力认知）对资金准备具有一定程度的预测性。由影响系数及显著性可以看出，创业认知"准备认知、能力认知"对资金准备均产生显著的影响，影响系数分别为 0.394、0.281。并且结合影响系数的正负可以看出，创业认知（准备认知、能力认知）对资金准备均产生显著的正向影响。

表 5.35　　　　　　　　　　创业认知与创业准备行为关系检验

变量	创业准备行为		知识准备		团队准备	
	Model1	Model17	Model3	Model18	Model5	Model19
性别	− 0.173 ***	− 0.068 *	− 0.093 *	− 0.016	− 0.069	− 0.002
年龄	0.063	0.006	0.020	− 0.022	0.097 *	0.061
准备认知		0.484 ***		0.401 ***		0.231 ***
能力认知		0.414 ***		0.233 ***		0.392 ***
R^2	0.033	0.612	0.009	0.304	0.014	0.300
ΔR^2	0.029	0.608	0.005	0.298	0.010	0.294
F 值	7.799 ***	176.318 ***	2.050 ***	48.972 ***	3.181 *	47.949 ***
D − W 值	1.831	1.966	1.990	2.075	1.850	1.938

变量	信息准备		资金准备	
	Model7	Model20	Model9	Model21
性别	− 0.200 ***	− 0.122 **	− 0.138 **	− 0.058
年龄	0.063	0.021	0.004	− 0.040
准备认知		0.372 ***		0.394 ***

续表

变量	信息准备		资金准备	
	Model7	Model20	Model9	Model21
能力认知		0.294 ***		0.281 ***
R^2	0.044	0.363	0.019	0.349
ΔR^2	0.039	0.357	0.015	0.343
F 值	10.271 ***	63.860 ***	4.377 *	59.938 ***
D – W 值	1.973	1.905	1.813	1.985

注：* P < 0.05，** P < 0.01，*** P < 0.001。

四、创业认知的中介作用检验

关于中介作用的检验，主要包含三个步骤：首先，要检验自变量对因变量的显著影响；其次，检验自变量对中介变量的显著影响；最后，同时在模型中加入自变量和中介变量，根据自变量与中介变量系数是否显著进而判断中介作用的存在。此时，如果自变量对因变量的回归系数明显减小且仍然显著，就说明模型中存在部分中介；如果自变量对因变量的回归系数减小为零，就说明该中介变量在模型中充当完全中介（Baron & Kenny，1986）。依据上述方法，本书研究进行了创业认知中介作用的检验。

前面已对前三个步骤进行了检验，准备认知的中介检验结果显示（见表5.36）：在先前经验（教育经历、行业经历、创业经历）对创业准备行为影响的基础上，加入准备认知以后，准备认知对创业准备行为产生显著的正向影响作用（β = 0.401，P = 0.000），因此，准备认知在先前经验（教育经历、行业经历、创业经历）与创业准备行为之间具有一定的中介作用，且加入准备认知后，先前经验（教育经历、行业经历、创业经历）对创业准备行为的正向影响仍然显著，但是影响系数由 0.309、0.309、0.404 分别降低至0.160、0.273、0.240，因此，准备认知在先前经验（教育经历、行业经历、创业经历）与创业准备行为之间有部分中介作用。同理，在验证准备认知在先前经验（教育经历、行业经历、创业经历）与创业准备行为各个维度之间具是否具有中介作用的检验结果显示，准备认知在先前经验（教育经历、行业经历、创业经历）与创业准备行为各个维度之间均具有中介作用，其中，准备认知在教育经历与团队准备之间具有完全中介作用（$\beta = 0.014$，P > 0.05），准备认知在先前经验（教育经历、行业经历、创业经历）与创业准备行为其他各个维度之间均具有部分中介作用。

表 5.36 准备认知的中介效应检验

变量	创业准备行为	知识准备	团队准备	信息准备	资金准备
	Model22	Model23	Model24	Model25	Model26
教育经历	0.160 ***	0.180 ***	0.014	0.129 **	0.137 **
行业经历	0.273 ***	0.107 *	0.258 ***	0.188 ***	0.239 ***
创业经历	0.240 ***	0.133 **	0.147 **	0.222 ***	0.193 ***
准备认知	0.401 ***	0.317 ***	0.262 ***	0.291 ***	0.291 ***
R^2	0.620	0.311	0.265	0.371	0.388
ΔR^2	0.617	0.305	0.258	0.365	0.383
F 值	182.739 ***	50.607 ***	40.370 ***	65.930 ***	71.075 ***
D－W 值	1.988	2.099	1.942	1.928	1.936

注：* P<0.05，** P<0.01，*** P<0.001。

能力认知的中介检验结果显示（见表 5.37）：在先前经验（教育经历、行业经历、创业经历）对创业准备行为影响的基础上，加入能力认知以后，能力认知对创业准备行为产生显著的正向影响作用（$\beta = 0.331$，P = 0.000），因此，能力认知在先前经验（教育经历、行业经历、创业经历）与创业准备行为之间具有一定的中介作用，且加入能力认知后，先前经验（教育经历、行业经历、创业经历）对创业准备行为的正向影响仍然显著，但是影响系数由 0.309、0.309、0.404 分别降低至 0.252、0.223、0.287，因此，能力认知在先前经验（教育经历、行业经历、创业经历）与创业准备行为之间具有部分中介作用。同理，在验证能力认知在先前经验（教育经历、行业经历、创业经历）与创业准备行为各个维度之间是否具有中介作用的检验结果显示，能力认知在先前经验（教育经历、行业经历、创业经历）与创业准备行为各个维度之间均具有中介作用，其中，能力认知在行业经历和知识准备之间具有完全中介作用（$\beta = 0.081$，$P > 0.05$）；能力认知在教育经历与团队准备之间具有完全中介作用（$\beta = 0.046$，$P > 0.05$），能力认知在先前经验（教育经历、行业经历、创业经历）与创业准备行为其他各个维度之间均具有部分中介作用。

表 5.37 能力认知的中介效应检验

变量	创业准备行为	知识准备	团队准备	信息准备	资金准备
	Model27	Model28	Model29	Model30	Model31
教育经历	0.252 ***	0.266 ***	0.046	0.200 ***	0.214 ***
行业经历	0.223 ***	0.081	0.194 ***	0.156 ***	0.214 ***
创业经历	0.287 ***	0.192 ***	0.128 **	0.264 ***	0.246 ***
能力认知	0.331 ***	0.204 ***	0.347 ***	0.219 ***	0.189 ***
R^2	0.604	0.284	0.306	0.356	0.366
ΔR^2	0.600	0.277	0.300	0.350	0.360
F 值	170.552 ***	44.347 ***	49.333 ***	61.850 ***	64.522 ***
D – W 值	2.076	2.140	1.945	2.013	1.916

注：＊$P < 0.05$，＊＊$P < 0.01$，＊＊＊$P < 0.001$。

本书研究参考温忠麟和叶宝娟（2014）、普里彻和海耶斯（Preacher & Hayes，2008）等的中介效应验证方法，进一步说明创业认知的中介作用。研究采用 Bootstrap 方法扩大样本量为 5000 个，置信区间 95%，重复抽样，应用 PROCESS3.2 宏指令利用模型 4，分析结果如表 5.38 所示。在中介作用路径检验中，Bootstrap95% CI 区间内均不包含 0，因此，中介作用均成立。

表 5.38　　　　　　　　　　中介效用的 Bootstrap 分析

模型	间接效应值	BootSE	Bootstrap95% CI	
			LLCI	ULCI
Ind1：教育经历→准备认知→知识准备	0.225	0.034	0.160	0.295
Ind2：教育经历→准备认知→团队准备	0.216	0.038	0.148	0.295
Ind3：教育经历→准备认知→信息准备	0.247	0.039	0.175	0.327
Ind4：教育经历→准备认知→资金准备	0.248	0.040	0.177	0.333
Ind5：教育经历→能力认知→知识准备	0.115	0.027	0.069	0.178
Ind6：教育经历→能力认知→团队准备	0.167	0.033	0.106	0.236
Ind7：教育经历→能力认知→信息准备	0.142	0.030	0.087	0.206
Ind8：教育经历→能力认知→资金准备	0.137	0.030	0.084	0.202
Ind9：行业经历→准备认知→知识准备	0.124	0.027	0.073	0.181
Ind10：行业经历→准备认知→团队准备	0.088	0.023	0.048	0.138
Ind11：行业经历→准备认知→信息准备	0.121	0.028	0.070	0.179
Ind12：行业经历→准备认知→资金准备	0.119	0.026	0.071	0.174
Ind13：行业经历→能力认知→知识准备	0.141	0.027	0.091	0.199
Ind14：行业经历→能力认知→团队准备	0.155	0.029	0.103	0.217
Ind15：行业经历→能力认知→信息准备	0.149	0.029	0.098	0.212
Ind16：行业经历→能力认知→资金准备	0.138	0.028	0.089	0.197
Indl17：创业经历→准备认知→知识准备	0.242	0.037	0.171	0.318
Indl18：创业经历→准备认知→团队准备	0.169	0.037	0.101	0.246
Indl19：创业经历→准备认知→信息准备	0.216	0.036	0.150	0.292
Indl20：创业经历→准备认知→资金准备	0.225	0.037	0.158	0.303
Indl21：创业经历→能力认知→知识准备	0.160	0.032	0.101	0.228
Indl22：创业经历→能力认知→团队准备	0.214	0.036	0.144	0.289
Indl23：创业经历→能力认知→信息准备	0.168	0.036	0.103	0.241
Indl24：创业经历→能力认知→资金准备	0.166	0.032	0.107	0.235

注：结果基于 5000 次重复抽样样本。

五、可承受损失的调节作用检验

首先，得到可承受损失在准备认知与创业准备行为之间的调节作用检验结果，如表5.39所示。（1）可承受损失在准备认知与创业准备行为之间的调节作用检验结果显示，准备认知与可承受损失交互项对创业准备行为的正向影响显著，因此，可承受损失在准备认知与创业准备行为之间起到正向调节作用。（2）可承受损失在准备认知与知识准备之间的调节作用检验结果显示，准备认知与可承受损失交互项对知识准备的正向影响显著，因此，可承受损失在准备认知与知识准备之间起到正向调节作用。（3）可承受损失在准备认知与团队准备之间的调节作用检验结果显示，准备认知与可承受损失交互项对团队准备的正向影响显著，因此，可承受损失在准备认知与团队准备之间起到正向调节作用。（4）可承受损失在准备认知与信息准备之间的调节作用检验结果显示，准备认知与可承受损失交互项对信息准备的正向影响显著，因此，可承受损失在准备认知与信息准备之间起到正向调节作用。（5）可承受损失在准备认知与资金准备之间的调节作用检验结果显示，准备认知与可承受损失交互项对资金准备的正向影响显著，因此，可承受损失在准备认知与资金准备之间起到正向调节作用。

表 5.39　可承受损失在准备认知与创业准备行为之间的调节作用检验

变量	创业准备行为			知识准备		
	Model32	Model33	Model34	Model 35	Model36	Model37
性别	-0.078*	-0.077*	-0.063*	-0.021	-0.021	-0.012
年龄	0.012	0.038	0.051	-0.019	-0.002	0.007
准备认知	0.675***	0.588***	0.598***	0.509***	0.454***	0.460***
可承受损失		0.286***	0.341***		0.181***	0.216***
交互项			0.209***			0.135**
R^2	0.478	0.552	0.592	0.262	0.291	0.308

续表

变量	创业准备行为			知识准备		
	Model32	Model33	Model34	Model 35	Model36	Model37
ΔR^2	0.475	0.548	0.587	0.257	0.285	0.300
F 值	137.075***	137.974***	129.640***	53.078***	46.048***	39.795***
D-W 值	1.946	1.931	1.934	2.049	2.044	2.046

变量	团队准备			信息准备		
	Model38	Model39	Model40	Model 41	Model42	Model43
性别	-0.010	-0.010	0.006	-0.129**	-0.128**	-0.118**
年龄	0.066	0.087*	0.101*	0.024	0.047	0.056
准备认知	0.413***	0.344***	0.354***	0.509***	0.433***	0.440***
可承受损失		0.227***	0.287***		0.247***	0.285***
交互项			0.229***			0.143***
R^2	0.180	0.227	0.275	0.296	0.351	0.370
ΔR^2	0.175	0.220	0.267	0.291	0.345	0.363
F 值	32.870***	32.817***	33.861***	62.837***	60.563***	52.422***
D-W 值	1.939	1.925	1.964	1.910	1.910	1.915

变量	资金准备		
	Model44	Model45	Model46
性别	-0.064	-0.064	-0.057
年龄	-0.036	-0.020	-0.014
准备认知	0.524***	0.471***	0.476***
可承受损失		0.174***	0.200***
交互项			0.099*
R^2	0.287	0.314	0.323
ΔR^2	0.282	0.308	0.316
F 值	60.244***	51.357***	42.733
D-W 值	1.983	1.986	1.969

注：*$P<0.05$，**$P<0.01$，***$P<0.001$。

其次，得到可承受损失在能力认知与创业准备行为之间的调节作用检验结果，如表5.40所示。（1）可承受损失在能力认知与创业准备行为之间的调节作用检验结果显示，能力认知与可承受损失交互项对创业准备行为的正向影响显著，因此，可承受损失在能力认知与创业准备行为之间起到正向调节作用。（2）可承受损失在能力认知与知识准备之间的调节作用检验结果显示，能力认知与可承受损失交互项对知识准备的正向影响显著，因此，可承受损失在能力认知与知识准备之间起到正向调节作用。（3）可承受损失在能力认知与团队准备之间的调节作用检验结果显示，能力认知与可承受损失交互项对团队准备的正向影响显著，因此，可承受损失在能力认知与团队准备之间起到正向调节作用。（4）可承受损失在能力认知与信息准备之间的调节作用检验结果显示，能力认知与可承受损失交互项对信息准备的正向影响显著，因此，可承受损失在能力认知与信息准备之间起到正向调节作用。（5）可承受损失在能力认知与资金准备之间的调节作用检验结果显示，能力认知与可承受损失交互项对资金准备的正向影响显著，因此，可承受损失在能力认知与资金准备之间起到正向调节作用。

表5.40　　可承受损失在能力认知与创业准备行为之间的调节作用检验

变量	创业准备行为			知识准备		
	Model47	Model48	Model49	Model 50	Model51	Model52
性别	-0.117 **	-0.113 **	-0.111 **	-0.057	-0.054	-0.052
年龄	0.033	0.057	0.070 *	0.000	0.017	0.030
能力认知	0.634 ***	0.539 ***	0.561 ***	0.416 ***	0.348 ***	0.369 ***
可承受损失		0.275 ***	0.320 ***		0.196 ***	0.238 ***
交互项			0.191 ***			0.180 ***
R^2	0.432	0.498	0.531	0.181	0.214	0.244
ΔR^2	0.428	0.493	0.526	0.175	0.207	0.235
F值	113.742 ***	111.045 ***	101.177 ***	32.978 ***	30.503 ***	28.780 ***
D-W值	1.995	2.010	2.038	2.097	2.094	2.098

续表

变量	团队准备			信息准备		
	Model53	Model54	Model55	Model 56	Model57	Model58
性别	-0.025	-0.022	-0.021	-0.159***	-0.156***	-0.154***
年龄	0.073	0.089*	0.095*	0.041	0.062	0.075
能力认知	0.497***	0.435***	0.446***	0.464***	0.378***	0.399***
可承受损失		0.179***	0.201***		0.246***	0.288***
交互项			0.092*			0.177***
R^2	0.259	0.287	0.294	0.257	0.309	0.338
ΔR^2	0.254	0.280	0.286	0.252	0.303	0.330
F 值	52.222***	44.996***	37.278***	51.672***	50.156***	45.619***
D-W 值	1.925	1.927	1.950	2.009	2.017	2.012

变量	资金准备		
	Model59	Model60	Model61
性别	-0.098*	-0.095*	-0.094*
年龄	-0.018	-0.003	0.004
能力认知	0.461***	0.399***	0.411***
可承受损失		0.176***	0.201***
交互项			0.103*
R^2	0.229	0.256	0.266
ΔR^2	0.224	0.250	0.258
F 值	44.525***	38.631***	32.403***
D-W 值	1.918	1.932	1.937

注：* $P < 0.05$，** $P < 0.01$，*** $P < 0.001$。

根据研究数据分析，可承受损失的调节作用如图 5.8～图 5.17 所示。

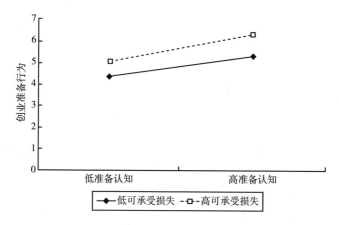

图 5.8　可承受损失在准备认知与创业准备行为之间的调节作用

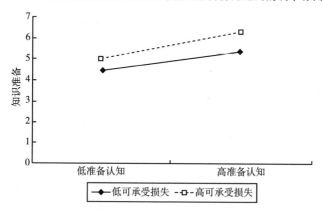

图 5.9　可承受损失在准备认知与知识准备之间的调节作用

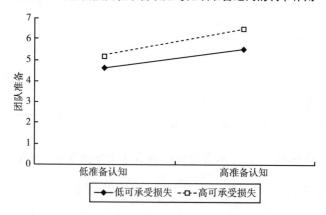

图 5.10　可承受损失在准备认知与团队准备之间的调节作用

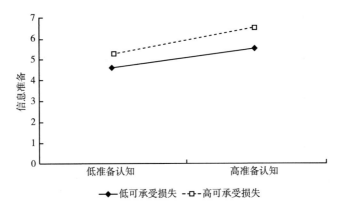

图 5.11 可承受损失在准备认知与信息准备之间的调节作用

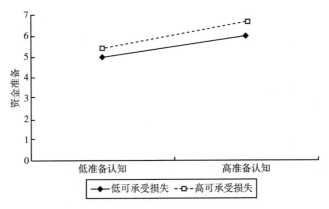

图 5.12 可承受损失在准备认知与资金准备之间的调节作用

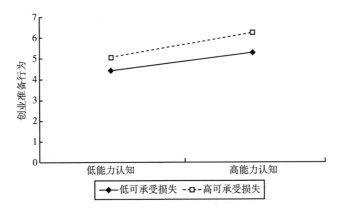

图 5.13 可承受损失在能力认知与创业准备行为之间的调节作用

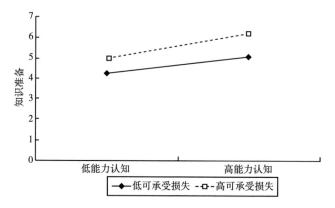

图 5.14　可承受损失在能力认知与知识准备之间的调节作用

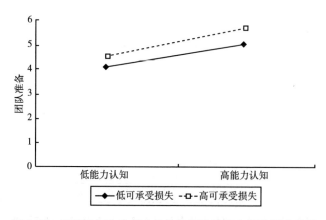

图 5.15　可承受损失在能力认知与团队准备之间的调节作用

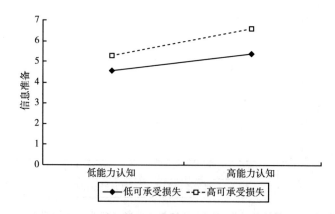

图 5.16　可承受损失在能力认知与信息准备之间的调节作用

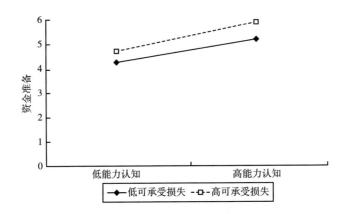

图 5.17　可承受损失在能力认知与资金准备之间的调节作用

六、假设检验结果汇总

　　根据多元线性回归方法对先前经验（教育经历、行业经历、创业经历）、创业认知（准备认知、能力认知）影响创业准备行为（知识准备、团队准备、信息准备、资金准备）的理论假设进行检验，同时检验可承受损失在创业认知（准备认知、能力认知）和创业准备行为（知识准备、团队准备、信息准备、资金准备）之间的调节作用。最终，将所有假设结果进行汇总如表5.41 所示，本书研究中的 5 条主假设以及 58 条子假设均得到验证。

表 5.41　　　　　　　　研究假设检验结果汇总

假设	假设内容	验证结果
假设 1	先前经验正向影响创业准备行为	支持
假设 1 - 1	教育经历正向影响知识准备	支持
假设 1 - 2	教育经历正向影响团队准备	支持
假设 1 - 3	教育经历正向影响信息准备	支持
假设 1 - 4	教育经历正向影响资金准备	支持
假设 1 - 5	行业经历正向影响知识准备	支持
假设 1 - 6	行业经历正向影响团队准备	支持

续表

假设	假设内容	验证结果
假设 1 – 7	行业经历正向影响信息准备	支持
假设 1 – 8	行业经历正向影响资金准备	支持
假设 1 – 9	创业经历正向影响知识准备	支持
假设 1 – 10	创业经历正向影响团队准备	支持
假设 1 – 11	创业经历正向影响信息准备	支持
假设 1 – 12	创业经历正向影响资金准备	支持
假设 2	先前经验正向影响创业认知	支持
假设 2 – 1	教育经历正向影响准备认知	支持
假设 2 – 2	教育经历正向影响能力认知	支持
假设 2 – 3	行业经历正向影响准备认知	支持
假设 2 – 4	行业经历正向影响能力认知	支持
假设 2 – 5	创业经历正向影响准备认知	支持
假设 2 – 6	创业经历正向影响能力认知	支持
假设 3	创业认知正向影响创业准备行为	支持
假设 3 – 1	准备认知正向影响知识准备	支持
假设 3 – 2	准备认知正向影响团队准备	支持
假设 3 – 3	准备认知正向影响信息准备	支持
假设 3 – 4	准备认知正向影响资金准备	支持
假设 3 – 5	能力认知正向影响知识准备	支持
假设 3 – 6	能力认知正向影响团队准备	支持
假设 3 – 7	能力认知正向影响信息准备	支持
假设 3 – 8	能力认知正向影响资金准备	支持
假设 4	创业认知在先前经验与创业准备行为之间具有中介作用	部分支持
假设 4 – 1	准备认知在教育经历与知识准备之间具有部分中介作用	部分支持
假设 4 – 2	准备认知在教育经历与团队准备之间具有完全中介作用	支持
假设 4 – 3	准备认知在教育经历与信息准备之间具有部分中介作用	部分支持

假设	假设内容	验证结果
假设 4 - 4	准备认知在教育经历与资金准备之间具有部分中介作用	部分支持
假设 4 - 5	准备认知在行业经历与知识准备之间具有部分中介作用	部分支持
假设 4 - 6	准备认知在行业经历与团队准备之间具有部分中介作用	部分支持
假设 4 - 7	准备认知在行业经历与信息准备之间具有部分中介作用	部分支持
假设 4 - 8	准备认知在行业经历与资金准备之间具有部分中介作用	部分支持
假设 4 - 9	准备认知在创业经历与知识准备之间具有部分中介作用	部分支持
假设 4 - 10	准备认知在创业经历与团队准备之间具有部分中介作用	部分支持
假设 4 - 11	准备认知在创业经历与信息准备之间具有部分中介作用	部分支持
假设 4 - 12	准备认知在创业经历与资金准备之间具有部分中介作用	部分支持
假设 4 - 13	能力认知在教育经历与知识准备之间具有部分中介作用	部分支持
假设 4 - 14	能力认知在教育经历与团队准备之间具有完全中介作用	支持
假设 4 - 15	能力认知在教育经历与信息准备之间具有部分中介作用	部分支持
假设 4 - 16	能力认知在教育经历与资金准备之间具有部分中介作用	部分支持
假设 4 - 17	能力认知在行业经历与知识准备之间具有完全中介作用	支持
假设 4 - 18	能力认知在行业经历与团队准备之间具有部分中介作用	部分支持
假设 4 - 19	能力认知在行业经历与信息准备之间具有部分中介作用	部分支持
假设 4 - 20	能力认知在行业经历与资金准备之间具有部分中介作用	部分支持
假设 4 - 21	能力认知在创业经历与知识准备之间具有部分中介作用	部分支持
假设 4 - 22	能力认知在创业经历与团队准备之间具有完全中介作用	支持
假设 4 - 23	能力认知在创业经历与信息准备之间具有部分中介作用	部分支持
假设 4 - 24	能力认知在创业经历与资金准备之间具有部分中介作用	部分支持
假设 5	可承受损失在创业认知与创业准备行为之间具有正向调节作用	支持
假设 5 - 1	可承受损失在准备认知和知识准备具有正向调节作用	支持
假设 5 - 2	可承受损失在准备认知和团队准备间具有正向调节作用	支持
假设 5 - 3	可承受损失在准备认知和信息准备间具有正向调节作用	支持
假设 5 - 4	可承受损失在准备认知和资金准备间具有正向调节作用	支持

假设	假设内容	验证结果
假设 5 – 5	可承受损失在能力认知和知识准备间具有正向调节作用	支持
假设 5 – 6	可承受损失在能力认知和团队准备间具有正向调节作用	支持
假设 5 – 7	可承受损失在能力认知和信息准备间具有正向调节作用	支持
假设 5 – 8	可承受损失在能力认知和资金准备间具有正向调节作用	支持

第七节　实证分析结果讨论

本书研究基于计划行为理论、事件系统理论、社会认知理论和效果推理理论，运用实证研究的方法，经过大胆假设和小心求证的规范研究范式，提出了 5 个主假设，按照维度细分共提出 58 个子假设，通过对大学生进行问卷信息收集，再对收集数据进行实证分析和假设检验，本书研究提出的假设均得到了有效的验证。根据本书研究的理论基础，并结合本书研究对象的实际情况，现就本书研究的假设检验结果进行讨论。

一、先前经验与创业准备行为的关系及影响分析

在对先前经验与创业准备行为的关系分析中，将先前经验作为自变量，创业准备行为作为因变量，通过将性别与年龄作为控制变量，构建分析模型 Model1 ~ Model10，分别检验两个变量各维度之间的关系，通过分析结果显示，假设 1、假设 1 – 1、假设 1 – 2、假设 1 – 3、假设 1 – 4、假设 1 – 5、假设 1 – 6、假设 1 – 7、假设 1 – 8、假设 1 – 9、假设 1 – 10、假设 1 – 11、假设 1 – 12 均获得支持。主假设 1 先前经验对创业准备行为具有显著的正向影响，这表明大学生关于创业的先前经验越丰富，越能促进其产生创业准备行为；

其中假设 1-1、假设 1-2、假设 1-3、假设 1-4 中教育经历分别正向影响知识准备、团队准备、信息准备、资金准备，这表明个体受到的创业教育经历越丰富，获得的创业知识储备越多，在创业团队准备方面的帮助也较大，同时个体能够获取更多的创业信息，也能更好地筹措创业资金。假设 1-5、假设 1-6、假设 1-7、假设 1-8 中行业经历正向影响知识准备、团队准备、信息准备、资金准备，这表明个体参加更多的关于创业的比赛及相关行业的经历越丰富，对其创业知识储备具有促进作用，同时在组建团队、收集有关创业信息以及筹措创业资金方面也有很好的促进作用。假设 1-9、假设 1-10、假设 1-11、假设 1-12 中创业经历分别正向影响知识准备、团队准备、信息准备和资金准备，这表明，个体有关创业实践的经历越丰富，越能积累更多的创业实战的相关知识，同时也能在实践中结识更多的志同道合的伙伴，对于组建团队具有很大的帮助，同时创业过程中也能通过各种渠道收集到有关创业实践的信息，筹措资金的渠道也更加宽广。

结合调查问卷收集到的信息及当前大学生创业教育现状来看，先前经验之所以能够对创业准备行为产生正向影响，主要有三个重要的影响因素。首先，从教育方面来看，高等学校关于创新创业教育的改革不仅打破了传统教育的教学模式，也从新的视角带来了教学启示，从知识传授、思维训练、实践引导等方面都对大学生参与创新创业活动产生较大的影响。创新创业教学体系从课程设置到教学模式的变化不仅能够启发大学生更多地进行教学实践，也能从思维上发生转变，逐渐实现"做中学"，更加积极地参与到各项实践中，尤其是将创业教育真正融入创业实践的过程。创新创业教育作为国家实施创新驱动发展战略的重要手段，也是深入贯彻落实《国务院办公厅关于深化高等学校创新创业教育改革的实施意见》精神和要求，这对于培养创新精神和创业意识具有重要的意义。创业教育被联合国教科文组织称为教育的"第三本护照"，这也是将创业教育放在了与学术教育和职业教育同等重要的地位。当创业教育的地位被重视之后，学校对于创业教育的改革和实践是对大学生从人才培养到人才输送链条上的重要基础，面对全校学生的通识课程体系，以及面向全校学生的选修课程体系、专创融合体系等都为学生从认识创业、学习创业到实践创业提供了更多的理论可能性和实践可能性。因此我们可以从教育实践的角度重新发现创业的价值和所赋予的新的意义。不得不说的是，创业教育不仅仅是对课程体系的改革和一定时期内教学成果的转化，从长远的角度来看，创业教育更是关乎成长的教育，无论个体处于成长的何种阶段，处于何种行业之中，处于发展的顺境还是逆境，创业思维能够赋予个体的价值都是巨大的。从本书研究的数据分析结果可以看出，个体通过创业教育所积累的对创业的认知能够促进个体真正的创业实践行为，尽管从短期来看潜在创业群体在经济学领域创造的创业价值不高，到那时我们不能忽视的是，从社会学角度重新定义和考量创业价值的时候，结果是喜人的。因此创业教育改革对于激发大学生更多地参与到创业实践中具有重要的意义。

其次，从行业经历来看，除了创业教育课程体系改革之外，大学教育一直以来都有丰富的校园文化活动，自"第二课堂"正式以学分制提出以来，各类创新创业类赛事及活动成为大学生们走出第一课堂后广泛接触并积极参与的课外实践，例如"挑战杯""创青春""中国国际大学生创新大赛"等大学生创新创业赛事近年来的影响力越来越大，学生参与度也越来越高，通过比赛促进学生成长，通过鼓励大学生积极参与相关的比赛真正实现以赛代练、以赛促教、以赛促学，大学生在参与丰富的课外活动的同时，真正将所学知识运用到赛事训练中，例如参加意向创业比赛可以从创意提出到创业原产品构想再到真正的创业实战，每个环节的参与既需要相关的理论知识，也需要在实操中检验学习效果，从撰写商业计划书到注册成立一家公司的过程中，从知识获得、团队组建、信息获取到资金来源都能让参与者持续不断地成长蜕变。尤其以中国国际大学生创新大赛为例，其发展和变革不断体现出国家对于青年创新能力培育的重要性。作为头号赛事，其举办的宗旨主要在于通过赛事发展以赛促学和以赛促教，可以从教师成长和学生成长两个角度同时体现。从参与范围来看，比赛从不同的学生层次和发展水平设置了不同赛道，参赛项目能够紧密结合经济社会各领域的现实需求，也充分体现全国高校在新工科、新医科、新农科、新文科等学科建设方面的建设现状和成果。通过深入推进学科成果转化，不断以赛促教，探索人才培养新路径，全面提高人才培养质量，不断在实践中深化和强化课程思政和专创融合。通过比赛促进和深化高校创新创业教育改革，引领人才培养体系的深刻变革，不断形成符合新时代新阶段的人才培养需求观、质量观。因此以赛促教从学校层面和教师层面提出了更高的能力要求和素质要求。从以赛促学的角度来看，通过比赛各阶段的实践，切实提升学生的创新精神、创新意识和创新能力，不断培养符合新时代发展的创新创业生力军。从不同层面提升人才培养质量，为拔尖的创新人才提供科技创新的可能性，为广大的青年提供扎根中国大地了解国情民情的实践探索机会和成长的舞台，通过不断创新创造创业增长智慧和才干，真正成为厚植家国情怀、脚踏实地的新时代好青年。因此从对创新创业领域的专业实践和成长发展角度来说，以赛促教和以赛促学从真正意义上为师生成长实现了共创和教学相长。除此之外，学生在参与创新创业赛事实践的过程中，从发现社会问题转化成挖掘社会真需求解决真问题，通过产教融合融入社会经济发展，通过实践过程推动成果转化，也促进产学研用融合。实现了以创新引领创业，以创业带动就业，持续推动形成了大学生更高质量的创业就业新局面。

最后，越来越多的青年大学生从大学期间就开始进行创业实践，创业热情高涨及创业激情最高的青年中，大学生所占比重也越来越大。从问卷调查数据来看，近年来在国家大力提倡创新创业的大背景下，从政策支持到浓郁的创新创业社会氛围下，大学生创业的人数在持续增长，越来越多的发明专利、新产品开发都来自青年的创意和实践，层出不穷的创意产品也来自青年群体。本书研究中将大学生的创业行为定位为创业准备行为，既是从大学生群体自身成长需求的客观实际出发，也是从对创业的广义定义出发。从经济学的角度来看，创业需要更多的经济价值产出，也就是更多地将创业与创建企业和公司相联系，创建多少企业，每年多少营业额和现金流能够从一定程度上判断所谓的创业产出和创业经济价值，但是从长远的角度来看，创业也不仅仅是短暂地让公司活下来，更多的是让个体具备持续创造和持续创新的能力，也就是企业和组织的自我造血功能要激活。因此从广义的角度定义创业，我们就需要从社会学的角度去理解创业行为的价值。从本书研究的数据分析结果来看，个体在受到以创业实战中所获得的经验的影响下，能够形成面对不确定性和处理复杂问题的能力，他们更容易准备好去面对未知，他们也更容易时刻准备着迎接新的挑战，比如学习更多的知识，拓宽视野，以减少信息茧房所带来的封闭感，他们也会尝试和不同的人相处和学习，以便更好地在此过程中创建自己的人脉资源网络，学会借助他们的优势补足自己所不擅长的短板，他们也会更好地关注到关键信息，并且学会信息搜索的能力，降低未知所带来的不确定性，他们还会在此过程中给自己增加筹码，既需要从精神层面，也需要从物质层面提供保障，因此开展过创业实践的个体更容易也有更多的可能性去做好面临不确定性的创业行为。因此，个体所累积的创业先前经历越丰富，越能促进其创业行为的产生。无论是从教育经历、行业经历还是实践经历的角度来看，个体行为产生的过程都符合计划行为理论所提出的观点，也进一步验证了本书研究开篇提出来的猜想。

二、先前经验与创业认知的关系及影响分析

在对先前经验与创业认知的关系分析中，将先前经验作为自变量，创业认知作为因变量，将年龄及性别作为控制变量，构建分析模型 Model11 ~ Model16，分别检验两个变量各维度之间的关系，通过分析结果显示，假设 2、假设 2-1、假设 2-2、假设 2-3、假设 2-4、假设 2-5、假设 2-6 均获得支持。主假设 2 先前经验正向影响创业认知，这表明个体所获得的创业

经历越丰富，越能促进其创业认知的形成，这符合美国心理学家班杜拉提出的社会认知理论，个体会受到外界环境刺激而不断塑造认知，而学习行为是在认知、行为和环境三者相互影响、彼此交互下形成的。假设 2 - 1、假设 2 - 2 教育经历分别正向影响准备认知和能力认知，这表明，个体受到的创业相关教育经历越丰富，其在积累创业资源、熟悉创业政策、开发新产品等准备认知方面越好，同时，个体也能不断提升自己有关创业的知识储备，提升有关创业机会识别及创业规划的能力。假设 2 - 3、假设 2 - 4 行业经历正向影响准备认知和能力认知，这表明个体所参与的有关创业相关的比赛及行业活动越多，越能在创业资源、创业政策等方面积累更多，同时也能不断提升个体的创业敏锐度。假设 2 - 5、假设 2 - 6 创业经历正向影响准备认知和能力认知，这表明个体参与的创业经历越丰富，其在创业资源积累、创业政策的掌握等方面越有优势，同时，创业的次数越多，其有关创业实战的能力越强。

结合调查问卷的数据分析及大学生当前的实际来看，创业相关的先前经验对创业认知的形成具有显著的促进作用。主要有三个方面的原因。首先，从高校创业教育来看，高校推进创业教育改革的起点大多从创业基础教育开始，而创新创业基础教育课程体系中并不是一开始就教会大学生如何创建一家公司或者成立一家企业，也不是到课程结束后教会大家成立一家公司或者创立一家企业，因为从本质上来讲，创业课程教育的根本目的就不是去教会大家创建企业，事实上，创建企业是否能够成功很难通过课程教学就能完成，其中的不确定性因素太多，且大多无普适性规律可循。因此，课堂教育更多的是创业思维的训练及养成，是提供给个体面对不确定性和风险时的思维方式与行动逻辑，因此我们更强调的是思维训练的过程，至少在基础课程阶段我们需要达到的目标是重新认识创业，并对创业思维有一定的认知，因此创业思维更多地提倡做中学，思维训练是创业教育的第一步也是重要的一步，它不仅能够让大学生正确认识创业，也能引导大学生积极参与创业，从成长的阶段来看，只有对基础概念达成共识之后才有可能在后续的学习中保持行动一致，这也是我们经常会提到的统一思想才能统一行动，而创业教育的首要目的就是去帮助这些青年达成共识，只有当他们真正理解创业的内涵，懂得创业教育的意义，他们才不会怀疑教授创业的结果是否可靠，也会更加相信课程教学的意义，并从更高的维度重新定义创业课程，重新赋予创业课程和专业课程的价值。从创业教育的角度来讲，从了解创业、理解创业、熟悉创业、掌握创业的本质和内涵，一步一步实现对创业的认知，只有这样才能真正走出创业教育改革的第一步。因此，创业教育对于创业认知的形成具有重要的影响作用。

其次，从行业经历来看，大学生在参与更多的创新创业类比赛过程中，除了积累相关的赛事经验之外，也会从实践的视角不断形成对创业的认识，真正的创业不仅是学习到基础知识、掌握相关政策、按照既定的商业计划书执行，更是在真正实操中不断迭代，这些入门级的创业实践也会不断影响大学生对于创业的认知。社会认知理论给我们呈现了个体如何受到环境影响不断形成认知的内在逻辑，个体认知塑造既受到自我认知的影响，也受到其行为过程的影响，当然不能忽视的是个体所处的具体情境。行业经历能够帮助个体从认识阶段很好地过渡到实践阶段，如果创业教育的目的是让我们相信，那么在通过创业竞赛等实践的过程就是具体说明，我们很难去清晰地罗列出来个体遇到的哪些具体情境需要作为重点分析的实际案例，因为这个过程极大程度会受到个体不同的经历和社会背景的影响，因此，一开始我们也很难提供一个准确的模型或者框架告诉每一个人这件事情该怎么做，需要什么资源，可能会遇到什么难点，因为每个人所拥有的资源不一样，每个人的具体需求也不同。但是，创业竞赛像是每个人的一道考题，这道考题的主要内容就是创业，作为青年学生而言，他们需要将所学内容放到这个考题中去应用，尽管在解题过程中也会受到个体差异因素的影响，但是这道考题给大家提供了相对公平和统一的框架，我们可以运用所学理论和知识点，我们还可以整合自身所拥有的资源，尽管他们不尽相同甚至有失公平，但是这个过程带给大家的就是我们需要面对的那些不确定性和风险情况。在此过程中，我们加深了对创业的理解，使之不再只停留于课本上，停留于课堂里，停留于想象中，更加跃于纸上，跳出思考空间，真正在实践中检验。当个体真正开始创业练习时，会不断将那些注入的想法刻画深刻的印记，也就是从对创业的认识转化成对创业的认知的过程，并且在环境的作用下，行为、认知和环境三者之间是相互促进的良性循环。因此，行业经历对创业认知的形成是具有促进作用的。

最后，从创业经历来看，当大学生自己真正地参与到申请注册一家新公司并运营的过程中，他们会更加深刻地体会到创业充满了各种不确定性，除了具备一定的知识储备，还需要有应对各种不确定性的能力，包括敏锐的商机洞察力、果断的决策，以及应对各种不确定性的能力，这些都会不断刷新大学生对于创业的认知，更加客观地看待创业以及参与到创业的各环节。创业不是一件容易的事情，也正是其高度的不确定性让它拥有了危机和挑战的双重属性，这是经济学家们在研究和分析经济活动中较为关注的话题，也是长期以来大家对创业的关注点始终放在其所创造的经济价值的层面的原因。经济价值因为其可量化的特征让我们更容易分析输入和产出，更为直观地呈现出一项活动的价值，这也是为什么大家更容易理解和接受狭义的创业。因此，当个体真正去开始一项创业活动时，其所面临的不确定性风险所带来的压力也会迫使他不断学习和进步，包括它需要有对市场更加敏锐的洞察力，需要有判断市场趋势的能力，而这个过程中需要的不仅是抗压能力还是认知提升，是否能够准确且迅速地抓住创业机会是决定是否取得成功的关键要素，那么个体需要提升对市场的观察能力、分析能力和制定战略规划的能力，同时，个体还需要十分清楚自身的优势和劣势，只有对自我进行准确评估，才能清楚地知道需要组建什么样的团队以及寻找什么样的合伙人，这个过程中需要更好地做好自我管理和团队管理。而面对竞争激烈的商业环境，个体需要不断学习和适应变化，主动求变要比被动接受情况好得多，在不断提升的主动学习能力中能够塑造和强化对创业的认知，因为需要对不断变化的外部市场趋势和发展动态进行调整。基于此，当经历了创业实战之后，个体会更加清晰地认识到自己是否适合创业，一旦认清自己的定位，他会更加胸有成竹，也更有信心开启下一阶段的成长。这也充分体现了社会认知以及心理成长的背后逻辑。因此，个体所累积的先前经验越丰富，对其创业认知的形成影响越大。

三、创业认知与创业准备行为的关系及影响分析

在对创业认知与创业准备行为的关系分析中，将创业认知作为自变量，创业准备行为作为因变量，通过将性别与年龄作为控制变量，构建分析模型Model17～Model21，分别检验两个变量各维度之间的关系，通过分析结果显示，假设3、假设3－1、假设3－2、假设3－3、假设3－4、假设3－5、假设3－6、假设3－7、假设3－8均获得支持。主假设3创业认知正向影响创业准备行为，表明个体对创业的认识越丰富越深刻，其产生创业准备行为的概率越大。假设3－1、假设3－2、假设3－3、假设3－4中准备认知分别正向影响知识准备、团队准备、信息准备、资金准备。这表明个体对创业的认识越深刻，对创业政策越了解，越能促使其丰富创业知识，在此过程中能够更好地组建创业团队，获取更多的有关创业的有用信息，也能通过正确有效的途径获得创业投资。假设3－5、假设3－6、假设3－7、假设3－8中能力认知分别正向影响知识准备、团队准备、信息准备、资金准备，这表明个体在创业机会识别、创业风险评估、创业过程掌控等方面的能力越强，其有关创业的相关知识越丰富，在创业团队组建方面更有经验，对于创业信息获取以及创业资金筹措方面更有经验。

综合调查问卷信息收集的情况以及对当前大学生对于创业的认识来看，

创业认知能够正向影响创业准备行为。首先，大学生有关创业的认识主要从学校教育和社会宣传两个方面，学校创业教育对于大学生初步认识创业具有重要的意义，这些对于在校生来说形成创业认知具有较大的影响，也是大学生关于创业认识的主要渠道之一，同时，在国家政策环境下，有关机构关于创业政策的宣传也是大学生获取创业信息的重要渠道。本书研究中将创业认知分为准备认知和能力认知两个维度，将创业准备行为分为知识准备、团队准备、信息准备、资金准备四个维度。数据结果显示创业认知与创业准备行为之间是正向影响关系，且与预期假设相符，因此从认知角度分析，大学生如果拥有更多的准备认知，从观念和态度的层面对于创业有充分的认识情况下，他们对于未来的准备意识也会更强，包括进行长远的规划，为了更大的目标做一些学习准备等。所以通过研究我们也可以分析得出，当个体对创业的认识更加充分的情况下，他会更加清楚未来所面临的挑战，当机会变得更难识别的时候，他们也更清楚做好一些自身的知识储备和学习准备，就更有可能在未来实现更大的成长或者抓住发展中的机会。从能力认知的角度来看，当个体从思维层面更加清晰对创业的认识时，他们也会更加清楚自己应该朝哪个方向努力，因此去做一些能力提升就变得很有必要。包括在这个过程中掌握更多的知识和技能，让自己视野开阔，认知更广，结识更多的朋友，他们可能会带来新的观点，不同的思维方式也会开阔对未来思考的思路，他们还可能会带来新的资源，也许是性格互补，也许是技能互补，总之，与不同的优秀的人相处中对自身成长是有益无害的，与此同时，他们也更容易通过基于创业认知的思维方式寻找到更多志同道合的创业伙伴或者通过学习技能更容易找到"合伙人"，在此过程中也不断提升了资源整合能力和团队组建能力，还包括信息检索和筛选的能力。因此，从个人的认知角度看待行为问题，更容易找出其中的规律和逻辑，无论是学校教育还是政策为导向的信息流动，个体在此过程中所形成的创业认知会促进创业行为的产生，而行为实施也会反过来促进认知的强化。

其次，众创空间在初创企业孵化中能够为大学生创业者更好地提供实践平台，降低试错成本。自 2015 年以来，创客大规模业余化为广大的草根创业者提供了更多的机会和平台、新的技术、支持性政策、开放式的氛围，给大量的青年提供了追逐梦想的空间和实践的勇气。众创空间的兴起不仅吸纳了越来越多的创业者，也成为大学生创业起步的摇篮，众创空间所能提供的创业场所及创业支持成为很多初创企业的福音，大学生创业起点较低，大量缺乏政策支持及资金支持，而众创空间的平台式管理恰好解决了这些问题，不仅能够提供信息交流的平台，也能为初创企业提供场地支持、天使投资、创意转化等，对于初创企业孵化起到很大的促进作用。比起过去创业靠自己的艰难时刻，当下的整体大环境下，个体只要愿意行动，完全可以通过信息渠道找到这样的平台支持，众创空间的平台价值为大部分敢想敢闯、能创会创的个体提供了更多的可能性，他们的专业化服务也为初创团队节省了更多的时间和空间，他们在为初创团队创造价值的同时也为社会创造了更多的价值，这个产业链条中，将个体、企业、政府、社会等多方集聚在一起，畅通了信息沟通交流机制，打破了资源壁垒，也在一定程度上创造了更多的可能性。因此，平台功能的发挥让个体有更多的机会实践，试错成本更低，认知也更广，也因此让能力提升变得更广，成长速度更快。从对创业知识的储备到创业实战两方面来看，学校教育、政策宣传、平台演练都对创业认知形成具有重要的意义，而这些经历的丰富和积累不断塑造个体成熟的创业认知，在促进创业行为中具有重要的意义，个体在熟悉了解创业所需的机会来源、团队组建、资金获取之后，更能客观地看待创业，也清楚地知道该从何处着手，而不至于一开始就对创业产生茫然和担忧的情绪。因此，个体不断塑造的创业认知越成熟，其开始创业准备行为的可能性越大。

四、创业认知在先前经验与创业准备行为中的关系及影响分析

在对创业认知在先前经验与创业准备行为中的关系分析中，首先检验自

变量先前经验对因变量创业准备行为的显著影响，其次检验自变量先前经验对中介变量创业认知的显著影响，最后同时在模型中加入自变量先前经验和中介变量创业认知，根据自变量先前经验与中介变量创业认知系数是否显著进而判断中介作用的存在，构建分析模型 Model22 ~ Model31，分别检验各变量各维度之间的关系，通过分析结果显示，假设4、假设4-1、假设4-2、假设4-3、假设4-4、假设4-5、假设4-6、假设4-7、假设4-8、假设4-9、假设4-10、假设4-11、假设4-12、假设4-13、假设4-14、假设4-15、假设4-16、假设4-17、假设4-18、假设4-19、假设4-20、假设4-21、假设4-22、假设4-23、假设4-24均获得支持。主假设4创业认知在先前经验与创业准备行为之间具有中介作用，这表明先前经验对创业准备行为影响的内在因素包括个体的创业认知，先前经验促进创业认知的形成，进一步影响个体创业准备行为的产生。假设4-1、假设4-2、假设4-3、假设4-4中准备认知分别在教育经历与知识准备、信息准备、资金准备中起中介作用，其中准备认知在教育经历与团队准备间起到完全中介作用，这表明个体受到的创业教育程度越高，越能促进个体对创业具有深刻的认识，同时个体会主动熟悉有关创业的相关政策，进一步影响创业准备行为的产生；假设4-5、假设4-6、假设4-7、假设4-8、假设4-9中，准备认知分别在行业经历与知识准备、团队准备、信息准备、资金准备中起到部分中介作用，这表明个体参与创新创业类竞赛的次数越多，参与创新创业相关行业的机会越多，越能提升其对创业的认识，拓宽其对创业相关政策及资源的渠道，进一步影响创业准备行为的产生；子假设4-9、假设4-10、假设4-11、假设4-12中准备认知分别在创业经历与知识准备、团队准备、信息准备、资金准备中起到部分中介作用，这表明，个体参与创业实践的经历越丰富，对其创业准备认知的塑造越好，个体越能从知识层面、资源层面不断积累，进而促进创业准备行为的产生；假设4-13、假设4-14、假设4-15、假设4-16中，能力认知分别在教育经历与团队准备、知识准备、信息准备、资金准备中起到部分中介作用，这表明个体受到的创业教育程度越高，对其在创业机会识别、创业风险评估等方面的能力提升越明显，进而对创业准备行为的产生具有促进作用；假设4-17、假设4-18、假设4-19、假设4-20中能力认知分别在行业经历与团队准备、信息准备、资金准备间起到部分中介作用，其中在行业经历与知识准备中起到完全中介作用，这表明个体参与创新创业类比赛的次数越多，对其创业机会识别、创业团队组建、创业市场评估等方面的能力提升越明显，尤其在创业团队组建方面，对于创业准备行为的影响尤为显著；假设4-21、假设4-22、假设4-23、假设4-24中，能力认知分别在创业经历与知识准备、信息准备、资金准备中起到部分中介作用，其中在创业经历与团队准备间起到完全中介作用，这表明，个体参与创业实践的经历越丰富，越能提升其有关创业实践的能力，比如创业市场的发掘、创业规划能力的提升等，这些都能促进个体在创业准备行为中提升行动力。结合数据验证显示，个体先前经验对创业认知具有正向的显著影响，创业认知对于创业准备行为具有显著的正向影响，其中创业认知在先前经验与创业准备行为间起到中介作用，从各变量分维度的分析结果来看，其中创业认知在先前经验各维度与创业准备行为的团队准备间起到完全中介作用，这表明个体先前经验对创业准备行为影响中关于创业团队组建的影响关系最大，这对于创业教育、行业经历以及创业实践而言都具有重要的指导意义。

综合调查问卷的数据分析以及当前大学生创业实际来看，创业认知在先前经验与创业准备行为之间的中介作用主要有以下影响因素。首先，高校创新创业教育作为大学生认识创业、接触创业的一个重要渠道，创业知识的传递以及创业思维的培养对个体在创业准备认知上起到至关重要的作用，通过系统的学习培训，不仅能够形成个体对于创业的系统认知，也能正确地引导个体客观地看待创业并参与到创业活动中去。创业不仅是实践，更关乎个人成长，创业教育的目的也不仅仅是鼓励创新和实践，更是培育具有未来企业家精神的优秀青年，他们需要具备全局性思维、系统性思维、成长型思维，更要具备很强的对不确定性外部环境的适应能力。教育是一种行为导向，也是一种思维引导，创业教师通过课程教学开展一系列的教学活动，给学生从理论层面和实践体验等层面输入对创业的认识，不断促进其认知形成和行为训练。例如，成功创业者的创业经历和方法，以及他们在追逐梦想和实现梦想的过程，既包括他们创造的经济价值结果，也包括他们在此过程中创造的社会价值，还包括他们自身成长过程中的荣誉感和自我效能感。这些通过案例为导向的学习体验会极大地激发潜在创业者的创业认知和创业想法，由外在的影响不断激发个体的自我动机，让他们渴望成功，大胆尝试，敢想敢闯，这就是以创业绩效所带来的成就驱动。与此同时，个体在不断形成创业思维过程中，通过激发学习兴趣进而拥有一定的冒险精神，在不断被鼓励、被肯定、被支持的小步快跑中，个体的创业认知不断被塑造、被强化，进而更加有信心尝试新的可能。因此，创业教育从本质上、价值观的角度塑造个体的创业认知，进而鼓励开展创业相关的行为。

其次，就当前大学生丰富的校园文化活动来看，越来越多的有关创业比赛及相关活动在一定程度上提供了更多创业实践的机会，而这些创业实践的起点较低，成本较低，个体参与程度高，不仅能够从实践的角度加深个体对创业的认识，还能通过实践提升个体参与创业实践的能力。对于大学生群体而言，人才培养的目标已经不再是围绕基础教育和知识传授，更多的是能力提升训练维度，如何将知识学习与实践运用相结合是一个十分重要的话题，也是当前高校教育中不断思考和创新方法的课题，青年大学生在价值观形成的关键时期，会更多地受影响、被影响，也正是这个特殊的心理成长阶段，他们也更容易被改变、被塑造。第一课堂更多地提供给他们从理论框架的角度获取知识的方法和对理论的基础掌握，第二课堂则在第一课堂的基础上提供了更多实践的可能性，既然创业关乎成长，那么成长的方式有很多，成长的渠道也有很多，每个人在此过程中所拥有资源和条件不一样，他们对理论和价值的理解也不一样，因此，第二课堂提供了实践的舞台和发现可能性的机会。无论是社团活动、志愿服务活动还是创新创业活动，它们最终的目标都是一致的，只是过程不一样，结果或许也不尽相同，但是一致的是对个体潜能的发掘，在不断实践中形成个体对事物的认知，促进个体对知识的转化，激发个体的创新意识和创新精神。大学生作为潜在创业群体，他们在未来在不同角色中如何才能更好地发挥价值也取决于他们今天所积累的经验收获，所以从育人的角度来看，价值观在未来会不断得到完善和发展，但是其底层逻辑将会是影响和指导具体行为的核心要素。在不断提升的综合能力中，创业认知进一步强化，行为结果也不断涌现。

最后，创业实践平台提供的实践机会给大多数的青年群体提供了有关创业实践的试错机会，在参与创业实践的过程中，个体不断迭代的创业实践无论是对创业知识的储备还是对于创业整体的评估都具有很大的帮助，这些都正向促进个体积极地产生创业行为。从实践的角度来看，它有别于课堂教学和理论学习，或许我们会容易被一个成功的案例所鼓舞，被一句触动内心的句子所感动，也会被一个真实的创业成功者所吸引，但是，最终我们还是会在自我的实践中去检验这些理论，去探索那条无可复制的道路，课堂中我们能学会条款和规则，我们知道了"做什么""怎么做"的科学方法，但是当个体真的投身实践之后，一切都会变得不一样，这是一个真实又特别的体验，对于大部分人来讲，他们都很难从一开始就能体会到那些课堂上书本里教会的道理，换句话说，那是被教授的。而自己所实践的部分是自动消化吸收的，这也是为什么个体存在差异的关键所在，虽然学会了方法和理论，也知道怎么实践，但是路径却不尽相同。尽管如此我们也不能完全否认理论的价值，我们只是强调了个人对于知识转化的能力，因为知识不会因为你知道它就代表你了解它，你了解它也并不代表你能运用好。对于不同的创业者而言，他们转化知识的时间也是不同的，有些人或许在很快的实践中恍然大悟，有些人可能终其一生也很难真正理解知识的内涵。所以我们会强调实践对于认知塑造和强化的程度和重要性，但我们也要客观接受个体差异所带来的区别，所以创业教育的最后一环是实践体验，也就是帮助大家将理论真正转化为实践，将理论更好更快地消化吸收，内化于心外化于行。因此，通过参加创业实践，个体所积累的经验会不断强化认知，将思维层面的东西从实践角度验证并固化，进一步在创业行为中体现出来。

五、可承受损失在创业认知与创业准备行为中的关系及影响分析

在对可承受损失在创业认知与创业准备行为关系分析中，将创业认知作为自变量，创业准备行为作为因变量，性别与年龄作为控制变量，构建分析模型 Model32 ~ Model37，分别检验变量间各维度之间的关系，通过分析结果显示，假设 5、假设 5 - 1、假设 5 - 2、假设 5 - 3、假设 5 - 4、假设 5 - 5、假设 5 - 6、假设 5 - 7、假设 5 - 8 均获得支持。主假设 5 可承受损失在创业认知与创业准备行为之间具有正向的调节作用，这表明个体在产生创业认知后虽然能够积极地进行创业准备行为，但是由于创业环境的不确定性和创业过程的高风险，个体会根据自身所拥有的资源评估是否产生创业行为，或者继续当前的创业行为，这个分析结果与效果推理理论所得出的观点相吻合。其中假设 5 - 1、假设 5 - 2、假设 5 - 3、假设 5 - 4 中，可承受损失在准备认知与团队准备、知识准备、信息准备、资金准备间具有正向调节作用，这表明个体在充分认识创业之后，会基于手中所拥有的资源考量自身是否适合创业，也会进一步评估开始创业后自己所能够承受的损失。损失越小，开始创业的概率越大，损失越大，开始创业的概率越小。在假设 5 - 5、假设 5 - 6、假设 5 - 7、假设 5 - 8 中，可承受损失在能力认知与知识准备、团队准备、信息准备和资金准备间具有正向调节作用，这表明不论个体积累的创业能力的高低，在其开始创业准备行为时都不是盲目开展行动，个体会根据自身所拥有的资源评估开始创业实践的成本，能够承担高风险的个体开始创业行为的概率越高，风险承担能力较弱的个体开始创业行为的概率越低。

综合问卷调查的数据来看，可承受损失对于创业认知和创业准备行为的正向调节作用主要有以下影响因素。首先，个体创业认知的形成主要包括准备认知和能力认知两方面，准备认知更多的是关于创业知识的储备，对于创业开始之前所了解的一系列信息准备等，这些对于大学生而言主要来源于高校的创业教育以及国家推行的一系列创业相关的政策信息，包括在相关促进创新创业的政策中所发掘的创业机会等。对于能力认知而言，大学生的主要塑造途径来源于参与相关创新创业比赛、行业实践以及在参与创客实践中所提升的相关能力。因此，开展创新创业教育的高校、相关的培训课程体系等，以及促进创业就业相关的政策制定部门这些都是帮助个体创业认知形成的重要因素，个体所了解的信息越多，能够参与实践的能力越强，在面对不确定性情境时解决问题的能力越强，所能够承担风险的能力就越强，开始创业的动机也越强，反之，个体创业认知的能力越弱，在面临不确定性情境下解决问题的能力越弱，开始创业的动机也就越弱。因此，可承受损失既是个体能力的体现，也是个体认知的体现。从能力的维度来看，拥有什么才能损失什么，每个人所拥有的资源是不同的，在风险中损失掉的只能是你所拥有的那些实际的或者能够透支的部分，不会超出这些范畴。但是这些知识从固定资源的角度，假设认知维度相同，不同的个体在同一认知维度下所拥有的资源有所差异，而这种差异也是建立在同一标准之下。从另一个维度来看，如果认知能力提升，看事情的高度更高，深度更深，广度更广，即使是同一个体，其所拥有的资源的维度也可能会发生改变，因为在更广的认知维度下，尽管固定资源不变，但是所能挖掘的潜在资源会更广，也就决定了一个人能够承担的损失越大。因此，创业认知越强，可承受损失的能力越强，可承受损失的调节作用就能在认知与行为之间产生影响作用。其次，个体承担风险的能力与家庭因素、社会环境都有很大的关系，个人所拥有的资源包括家庭支持、社会资源的积累等方面，当个体所拥有的资源越多，其能够承担损失的能力越强，开展创业实践的可能性就越高。我们在评估个体资源的同时，不可避免地要讨论其背后复杂的社交网络，我们也不得不重视这个问题，由于个体的差异性和复杂性，可承受损失也要从关系网络中进行评估。个体在平等的前提下又存在诸多不平等的差异因素，比如家庭背景所带来的差异，社会背景所带来的差异，人际网络所带来的差异等。根据数据分析的结果来看，可承受损失在教育经历和创业准备行为之间所体现出的中介作用只是部分支撑，这可能与群体特征的一致性相关，说明在受教育程度类似的情况下，个体差异在这个维度上表现不明显，如果当我们扩大覆盖面去思考这个问题时，结果可能会变得不一样。因此，面对复杂多变的外部环境，个体需要直面风险和不确定性所带来的危机和挑战的双重可能，只有不断提升自身的能力，既包括内在的认知层面，也包括外在所体现出来的能力层面，只有能力越大的情况下，风险承受能力才越强，反之，个体风险承受能力越弱，其采取行动的效率和效能都会同时受到影响。

第八节　本章小结

本章主要就所收集的数据进行整理和实证分析，同时进一步验证本书研究所提出的假设并进行讨论。第一，对 453 份有效调查问卷进行基本特征分析并进行描述性统计分析，本书研究所收集数据的性别覆盖较为符合当前大学生性别占比情况，在一定程度上保证了数据的有效性，从年龄来看，96.2% 的被调研者符合目前大学生的年龄分布，问卷数据具有很强的代表性，这为后续的数据分析奠定了基础。第二，本章结合所收集的数据进行量表的信效度检验，主要利用 SPSS 26.0 软件和 AMOS 24.0 软件进行量表的信度和效度检验，通过内部一致性的方式检验先前经验（教育经历、行业经历、创业经历）、创业认知（准备认知、能力认知）、创业准备行为（知识准备、团队准备、信息准备、资金准备）、可承受损失四个变量，通过检验四个变量的

Cronbach's Alpha 系数均大于 0.6 的最低标准，折半信度均大于 0.6，均在学术界可以接受的较好范围内，说明变量量表的信度稳定可靠；利用 SPSS 26.0 软件对数据进行 KMO 值和 Bartlett 球形检验，分别对先前经验（教育经历、行业经历、创业经历）、创业认知（认知准备、能力认知）、创业准备行为（知识准备、团队准备、信息准备、资金准备）、可承受损失进行探索性因子分析，经过检验，量表具有很好的效度。同时运用 AMOS 24.0 进行变量验证性因子分析，对先前经验（教育经历、行业经历、创业经历）、创业认知（认知准备、能力认知）、创业准备行为（知识准备、团队准备、信息准备、资金准备）、可承受损失做多因子模型区分效度对比分析，通过分析得出本书研究的四个变量具有较好的区分效度。第三，本章通过共同方法偏差对调查问卷的数据进行检验，结论显示本书研究所收集的数据不存在共同方法偏差问题。第四，本章对所有测量变量进行描述性统计分析，通过变量的均值和标准差以及计算的皮尔森系数检验所有变量的两两相关性，通过分析结果显示，先前经验（教育经历、行业经历、创业经历）、创业认知（认知准备、能力认知）、创业准备行为（知识准备、团队准备、信息准备、资金准备）、可承受损失等变量的均值与标准差都在合理范围之内，说明变量间不是过度相关，对本书研究的假设检验不会产生严重影响。同时通过单因素分析方法分析了性别对于不同研究变量维度所体现出来的差异性特征。通过研究发现，性别对于准备认知维度体现出差异性，具体表现在不同性别对于渴望成功的愿望不同，同时，不同性别对于识别机会的程度上也表现出差异性，这可能与价值观念和生理因素等有所关联。性别在创业知识学习中表现出差异性。这可能在参与创业的动机和创业激情上体现出不同，个体有关创业的认知越强，参与创业的意愿越强烈，其通过认知驱动和行为驱动的知识学习动力就会越强。通过分析结果我们可以发现，性别在大部分维度上没有表现出差异性，而在渴望成功和对创业知识学习的维度上体现出差异性，这也为后续假设分析和结果讨论提供了新的思路。第五，本书研究通过结构方程模型对模型中简化的假设关系进行了检验，建立了先前经验（教育经历、行业经历、创业经历）正向影响创业认知（准备认知、能力认知）模型一，创业认知（准备认知、能力认知）正向影响创业准备行为（知识准备、团队准备、信息准备、资金准备）模型二，先前经验（教育经历、行业经历、创业经历）与创业认知（准备认知、能力认知）以及创业准备行为（知识准备、团队准备、信息准备、资金准备）之间的链式相关影响的分析模型。通过数据分析结果发现，先前经验、创业认知和创业准备行为之间的测量关系较好，能够为研究假设分析提供科学的分析基础，同时，通过研究发现，先前经验（教育经历、行业经历、创业经历）正向影响创业认知（准备认知、能力认知），创业认知（准备认知、能力认知）正向影响创业准备行为（知识准备、团队准备、信息准备、资金准备），先前经验（教育经历、行业经历、创业经历）、创业认知（准备认知、能力认知）以及创业准备行为（知识准备、团队准备、信息准备、资金准备）之间具有相关关系。第六，本章通过多元线性回归的方法对先前经验（教育经历、行业经历、创业经历）、创业认知（认知准备、能力认知）影响创业准备行为（知识准备、团队准备、信息准备、资金准备）的理论假设进行检验。并且检验可承受损失在创业认知（认知准备、能力认知）和创业准备行为（知识准备、团队准备、信息准备、资金准备）之间的调节作用。经过模型构建及数据分析结果显示，本书研究所提出的 5 个主假设和按照维度细分的 58 个子假设均得到验证。基于所收集的数据进行实证分析，本章最后对假设检验的结果进行了讨论，这为后续进一步总结本书研究结论及研究启示奠定了基础。

| 第六章 |

结论与展望

本章主要对研究进行系统总结，通过对研究过程的回顾和分析，进一步提炼研究结论，分析研究结果与研究预设的吻合程度，以及在此过程中是否有新的发现，基于此，对于本书研究开篇提出的研究理论意义和实践意义进一步回应，验证本书研究的假设，并通过研究证实本书研究的意义和价值。对理论的适用情况进行总结，对本书研究主体所涉及的相关对象进行实践经验总结和下一步实践建议提案。同时本章还将结合研究中的创新点和不足进一步总结，提出对未来的研究展望，既是对本书研究未来的期望，也可以为感兴趣的相关研究学者们未来开展研究提供思考方向。具体总结思路如下：首先，系统梳理研究过程以及对研究结论进行分析，提炼及总结本书研究的创新点和理论贡献；其次，基于本书研究结论分别从创业者个体的角度、企业实践的角度、创业教育的角度、创业政策制定的角度提出对实践的启示；最后，结合本书研究的整体情况，总结研究过程中出现的不足以及对未来的展望。

第一节　结论分析

创业作为当前社会各界关注的热门话题越来越受到大家的关注，创业不仅作为一种社会活动长期存在，也逐渐变成人们的一种思维方式和生活方式，从创业专业化到创客业余化的转变中，"创业效应"改变了个体认知，也改变了社会交流方式。从国家宏观层面来看，大力鼓励和促进创业就业，持续深化创新驱动发展战略，不断发展新质生产力，其关键在于培育创新型新质人才，从本质上来说，人才是核心，也是推动国家经济社会发展过程中的核心资源和战略性资源，对于新时期新的人才需求来讲，新质人才已经同传统人才有所区别，新型人才需要有持续的创造性思维和创新精神，需要有开拓进取的能力以及跨界学习能力，能够具有创新的能力与智慧，创新、创业、创造是培育新型人才需要的关键要素，也是顺应国家发展需要的关键因素。从社会层面来看，越来越多的人参与到创业实践中来，有具体从事创业实践的个体，也有扎根创业研究的学者们，众创氛围为我们提供了敢想敢闯的机会和平台，也营造了健康有序的创新创业生态环境，产业集群、人才集群在政策扶持与多元的支撑体系下，创新创业生态蓬勃发展，尤其在青年人口聚集的区域，青年人才为创新创业构筑了坚实的人才基础，不断构建的优越的营商环境，也为广大的青年创业者提供了更为广阔的舞台和无限的可能。从个体层面来看，创业已经成为一种思维方式，成为人们的一种价值观和行动指南，尤其对于青年群体而言，近年来的创新创业教育改革和创新创业实践等已经在青年成长的重要阶段中为他们注入新的力量，在持续推动和发展中的创新创业教育改革，以及逐渐构建的创新创业生态中，培养应用型、复合型、创新型人才目标不断显现出成效，创新的基因在高校得以传承，成为一种共识，也不断形成了一种文化，青年在步入社会后可以将这种思维方式、学习方式更好地融入生活和工作中，形成新的内生动力和持续作用的价值导向。

本书研究从关注创业出发，将研究视角聚焦于个体，在系统梳理学者们研究成果的基础上，探究个体是如何思考及产生创业行为的。通过大量阅读学者们关于创业活动研究的文献发现，近年来国内关于创业研究的文献数量呈现指数级的增长，创业研究的主题也不断丰富，相比国外的创业研究而言，中国情境下的创业研究有其独特性，尤其在 2015 年以来国家大力提倡"大众创业、万众创新"之后，国内创业环境也发生了巨大的改变，无论是从国家层面、社会层面还是个体层面，创业活动都呈现出复杂性，当前研究主要有以下特点。从研究对象来看，主要是研究个体及组织两个方面较多，其中个体层面主要关注人格特质及认知等范畴；组织层面的研究中主要关注绩效产出，对于过程机制的研究较少。从研究理论来看，当前研究多聚焦于资源基础观、创业拼凑、社会网络等方面，近年来关于创业失败的研究也逐渐进入大众视野，在理论使用方面呈现多元视角，并无特别的规律可循。从研究方法来看，质性研究和定量研究各有千秋，对于定量研究而言，学者们主要运用回归分析、数理分析、结构方程模型等实证分析方法，当前运用案例研究进行理论探索的样本也越来越多。通过对学者们的研究现状进行梳理发现，首先，有关创业的理论在当前研究中亟待进一步探索，尤其在复杂的中国情境下的研究，无论是从研究群体还是研究地域来看都需要更多的实证推广；其次，当前研究关注创业行为过程机制的研究较少，已有研究成果大多聚焦于个体特质和组织绩效产出较多，对于影响过程的"黑箱"探索较少，但是过程机制无论对于个体特质发现还是提升组织绩效产出都具有重要意义；最后，由于研究群体的复杂性、创业活动覆盖面的增大以及适用群体的变化，对于研究群体的多样化选择具有重要的实践意义。

本书研究基于计划行为理论、事件系统理论、社会认知理论和效果推理理论，提出了关于先前经验通过创业认知的中介作用影响创业准备行为，将先前经验分为教育经历、行业经历、创业经历三个维度，创业认知分为准备认知和能力认知两个维度，创业准备行为分为知识准备、团队准备、信息准备、资金准备四个维度，引入可承受损失作为调节变量，可承受损失变量不分维度。参照学者们对于变量的测量得出本书研究所需要的研究量表，制定出测量问项，并在此基础上提出5个主假设和58个子假设，运用问卷调查法和定量分析方法，经过数据收集及对有效数据进行详细的实证分析，本书研究所提出的假设均得到验证，既进一步有效验证了学者们之前提出的观点，也在假设模型的基础上得出新的结论。

一、先前经验正向影响创业准备行为

已有研究表明，先前经验对组织绩效和个体认知能够产生显著的正向影响，创业者个体所拥有的教育经历、行业经历、创业经历等不仅会塑造个体的创业价值观，还会储备一定的创业知识，积累相关的社会经验等。本书研究通过问卷数据收集，分析结果显示个体有关创业的先前经验对创业准备行为能够产生显著的正向影响。相比教育经历和行业经历而言，创业经历对创业准备行为的影响最为显著，从先前经验对创业准备行为分维度的影响数据来看，先前经验"教育经历、行业经历、创业经历"对于知识准备的影响系数为0.307、0131、0.267，对团队准备的影响系数为0.114、0.288、0.252，对信息准备的影响系数为0.225、0.216、0.336，对资金准备的影响系数为0.245、0.261、0.314。这表明，个体参与创业实践的经历越丰富，对其后续开展创业行为的帮助越大，其再次开始新的创业行为的概率也越高，先前经验中教育培训和相关赛事的经历的主要重担落在高校教育中，高校的创业教育对于培养大学生创业认知具有很大的促进作用，而大学生在参与创新创业类比赛中又能积累一定的实践经验，将所学知识转化为实践，能够通过校园文化活动的平台实现低成本的试错。对于开展真正的创业实践而言，大学生最好的平台是众创空间，众创空间的平台化管理不仅能够提供性价比更高的创业起点，而且能够帮助大学生在创业过程中解决资金短缺、资源匮乏等问题，众创空间的资源整合能力能够帮助大学生小微企业更好地度过企业生存期，并能扶持初创企业快速对接资源并成长起来。因此，高校创新创业教育应持续加强课程体系建设和教学改革，同时可以积极探索创业教育与专业教育的有机融合，在不断强化创业教育阵地建设的同时，引导学生运用好创新思维和能力促进专业学习的实践转化。同时不断加强大学生的创业认知，帮助其正确地理解创业的内涵，以及创业教育的深层次成长意义，为自己未来的职业选择和传统实践合理规划。从第二课堂实践的角度来说，需要不断丰富育人体系和创新实践模式，真正为青年学生提供更多具有创新实践的平台和机会，要从数量上和质量上同步提升，通过营造浓厚的创新创业文化，真正为青年学生成长成才提供实践成长的舞台。对于社会而言，从 0 到 1 的创新固然重要，但在很多时候，我们也需要从 1 到 N 的创新成果，企业也应该在青年成长和创新创业社会氛围中承担责任，尤其是以市场为主导的众创空间等平台型企业，在遵循市场发展规律中需要持续提升内生活力，不断增强资源整合的能力，为更多的青年企业成长发展提供平台和帮助。

二、创业认知在先前经验与创业准备行为间存在中介效应

根据研究数据显示，先前经验对创业认知有 53.5% 的解释力度，从影响系数和显著性来看，先前经验（教育经历、行业经历、创业经历）对创业认知（准备认知、能力认知）均产生显著的正向影响作用，其中先前经验"教

育经历、行业经历、创业经历"对准备认知的影响系数为0.399、0.078、0.422，对能力认知的影响系数为0.211、0.243、0.374，其中创业经历对创业认知（准备认知、能力认知）影响的显著性最高，这表明，先前经验（教育经历、行业经历、创业经历）能够更好地促进个体有关创业知识储备、创业政策等外在创业资源的提升，而个体的创业实践经历是最直接也最有效提升个体内在创业能力的因素。同时在进一步分析创业认知对于创业准备行为的影响中发现，创业认知"准备认知、能力认知"对创业准备行为的影响系数为0.484、0.414，创业认知"准备认知、能力认知"对知识准备的影响系数为0.401、0.233，对团队准备的影响系数为0.231、0.392，对信息准备的影响系数为0.372、0.357，对资金准备的影响系数为0.394、0.281，这表明，创业认知对于个体在有关创业信息、创业资金等方面的影响较高，个体创业认知程度越高，越能更好地收集和整合有关创业的信息资源。基于以上两种关系的检验，创业认知（准备认知、能力认知）引入先前经验和创业准备行为进行关系检验，其中，准备认知在先前经验与知识准备间的解释力度为30.5%，在先前经验与团队准备间的解释力度为25.8%，在先前经验与信息准备间的解释力度为36.5%，在先前经验与资金准备间的解释力度为38.3%；能力认知在先前经验与知识准备间的解释力度为27.7%，在先前经验与团队准备间的解释力度为30%，在先前经验与信息准备间的解释力度为35%，在先前经验与资金准备间的解释力度为36%。其中准备认知在学习经历与团队准备之间具有完全中介作用，在其他各维度之间具有部分中介作用；能力认知在行业经历与知识准备间具有完全中介作用，在其他维度间具有部分中介作用。根据分析结果显示，个体创业认知主要体现在外在资源表现的准备认知和内在资源表现的能力认知，对于准备认知而言主要源于知识储备、信息交流等，这些主要源于外界关于创业知识、创业信息的来源与吸收，高校创业教育是一个主阵地，同时有关创业政策的制定及发布也是信息来源的重要途径；对于能力认知而言，主要是个体长期实践中提升的创业能力，主要表现为创业机会评估、创业活动规划、创业风险评估等方面。创业认知是促进创业者行为产生的重要因素，对于创业者而言它既是一种核心能力，也是创业者行为产生的驱动因素，创业认知不仅能够帮助个体更好地处理复杂的信息和变化的市场需求，也能帮助自身进行资源整合以及作出高效率的决策。因此，作为影响创业行为的重要因素，那些能够塑造的先前经验显得至关重要，对于个体而言，本书研究的教育经历、行业经历和创业经历能够很好地被证明其有用性，高校作为提供创业实践的主阵地，其所提供的课程体系和第二课堂实践平台能够更好地帮助个体提升创业认知，众创空间等孵化器所提供的创业实践平台也是提升创业认知的重要渠道。

三、可承受损失在创业认知与创业准备行为间存在调节效应

通过对可承受损失在创业认知与创业准备行为各维度之间的关系验证，准备认知与可承受损失交互项对创业准备行为产生显著的正向影响，影响系数为 0.209，并且可承受损失在准备认知与创业准备行为（知识准备、团队准备、信息准备、资金准备）各维度间均具有正向调节作用。其中，可承受损失在准备认知和知识准备间的影响系数为 0.135，在准备认知和团队准备间的影响系数为 0.229，在准备认知和信息准备间的影响系数为 0.143，在准备认知和资金准备间的影响系数为 0.099。这说明个体在拥有一定的创业认知的基础上，并不会盲目地开展创业行动，而是会根据实际评估创业风险可能带来的损失，如果损失超出了自己能够承受的范围，将会影响创业行动的决策。可承受损失在能力认知与知识准备间的影响系数为 0.18，在能力认知和团队准备间的影响系数为 0.092，在能力认知和信息准备间的影响系数为 0.177，在能力认知和资金准备间的影响系数为 0.103。这说明个体在具备一定创业能力的基础上，虽然能够促进其创业行为的产生，但是由于创业环境的不确定性和创业风险的不可预测，个体在开展创业行动之前，仍然会评估

创业中所能承受的损失，如果损失超出自己能够承受的范围，会影响个体开始创业行动的决策。根据分析结果来看，无论个体是否具备更多外在的创业资源，或是拥有多强的创业能力，对于风险评估的意识总是存在的，同时个体所能承受的损失与自己所拥有的资源呈正相关关系，还受到个体所能够承受损失的能力和心态的影响。分析数据还显示了性别对于创业准备行为呈现负向影响，说明男性在创业中的主动性和积极性高于女性，风险承担意识也更强，同时通过单因素差异性分析，性别也在一定程度上体现出差异性，分别是个体对于渴望成功的野心方面体现出差异性，性别还对个体学习创业知识方面体现出差异性。由此说明，男性在对未知的风险挑战中体现出更强的动机，也正是因为强烈的挑战未知的内驱动力，让他们更愿意也更主动学习有关的知识，让自己更能够在不确定的环境中承担风险。因此，在促进创新创业中要重视创业者关于创业机会识别、创业资源获取等方面的问题，降低试错成本才能更多地吸引青年创业。这对提供创业平台的机构来说是一项挑战，对于政策制度部门来说也需要足够的关注，同时，高校在开展创新创业教育中要不断提升个体的创业认知，引导个体正确看待创业中的风险问题。

第二节　实践启示

　　本书研究基于当前复杂多变的创业大环境，选择潜在创业群体作为研究对象，从个体产生创业行为的过程视角出发，研究分析了个体在产生创业行为过程中的影响因素和作用机制，通过对研究结论的分析讨论，结合当前中国情境下的创业环境，本书研究将从创业者个体、企业组织、创业教育及创业政策制定部门四个角度提供一定的实践启示。

一、对创业者个体的实践启示

人是产生行为的主体，无论是创业行为的起点，还是创业行为的结果，都始终围绕个体发生，对于创业者而言，积极主动地学习能够不断提升创业认知，多渠道地参与创业实践能够积累丰富的经验，不断提升创业能力。当前创业群体中青年的数量与日俱增，尤其是大学生群体，相比其他创业群体而言，他们具备较全面的综合素质，无论是理论知识还是实践锻炼都具备独特的优势，加之高校提供的各类学习培训机会和实践锻炼平台，大学生群体作为潜在的创业群体更有机会参与到真正的创业实践，也将会成为创业的主体人群，而大学生群体充满了对未来的憧憬，怀揣理想和抱负，充满青春活力且富有创意，这些都为创业实践提供了很好的先决条件。对于大学生而言，创业不仅解决了就业问题，还在一定程度上提升了个人价值，即使创业失败，创业的经历也会帮助其在其他领域获得成长。因此，对于创业者以及潜在创业者个体而言，积极学习理论知识，不断通过创业教育积累储备一定的创业知识，把握可能的机会积极参与低成本的创新创业实践，甚至积极参与到创建企业的实践活动中去，这些都能够帮助个体塑造更为成熟的创业认知，当具备创业思维的时候，无论是否真正地参与到创业实战中，都能帮助个体在其他行业领域应对不确定性和接受挑战，抗风险能力也会进一步得到提升。基于本研究的结果来看，性别在创业风险意识和知识学习方面体现出差异性，这也为个体在实践中提供了新的成长思考。由于个体在环境、事件中的影响效应，女性需要转变传统观念，以及对创业的刻板印象，敢于冒险和追求成功，同时要从思维层面树立正确的价值观，积极参与到创新创业实践中去。面对新的人才需求和未来发展，个体将会面临越来越多的挑战，包括新技术、新业态、新模式的挑战。数字经济时代的到来，数据作为重要的生产要素以及在新的数字技术挑战下，传统的产业形式和商业模式将会受到巨大的冲击，也将迎来新的变革，对于未来创新创业的新生力量，个体首先需要转变思维方式，抓住和用好学习的机会，从理论学习、实践体验、总结反思等方面不断提升自我，重视知识积累和能力提升，大胆拥抱不确定性，不断提高抗风险能力，与多主体和市场保持学习互动，避免信息茧房，提升对外部环境洞察的警觉性，在不断拓展的社交网络中开拓资源，勇于打破知识结构，结合环境的不断变化进行创业学习，在学习和行动中反思，不断拓展思维层次，从信息获取、知识储备等方面提升能力认知。同时，需要不断学习新的数字技术，利用人工智能、云计算等新的数字技术不断提升信息获取能力，提升知识转化能力，多参与到新的技术使用和学习方法改革中，提高辨别创业机会的能力和利用数字技术的能力，不断提升能力认知。

二、对企业的实践启示

相关的行业经历及创业经历能够促进个体产生创业准备行为，创业活动本身能够带来更大的可能性，对于企业而言，既需要实现利润增值，同时也希望能为社会创造更大价值，成熟的企业更注重管理，但是企业的发展往往离不开新的变革，无论是初创企业还是成熟企业，为了获得更大的成长空间和更多的发展机会，激活内生动力必不可少，其中内部创业能够更好地激活个人和团队，促进组织革新与发展。根据本书研究结论可以发现，个体能够产生创业行为受到其先前经验的重要影响，对于企业而言，内部创业将是其产生内生动力的重要抓手和核心要素。在数字经济时代的背景下，数据作为驱动要素，网络联动下的企业合作变得可能，未来的企业发展绝不再是单打独斗，而是具有平台型思维和网络化思维，作为企业来讲，积极培育具有网络化平台化的管理风格显得尤为重要。对于企业管理与发展而言，长期稳定的工作状态会让部分老员工逐渐失去斗志和挑战新鲜事物的兴趣，长此以往不仅不利于工作的开展，更不利于公司长足的发展，因此，不断提升员工创业认知，用创业思维看待工作内容，不断接受新的挑战能够营造积极向上的工作氛围，还能在变革中产生新的发展需求。此外，员工能够积极创新和参与公司内部变革的一个重要因素是强有力的公司后盾，正如本书研究所提到的可承受损失，企业如果能够承担更大的风险，员工就能在变革中更加从容地面对挑战和困难，公司能够为员工提供的强有力保障，包括政策支持、资金扶持等，不仅能够对员工起到鼓励作用，也能从根本上不断释放和挖掘企业内部的创新潜能。因此，创业不仅是企业未来发展的战略问题，还是企业内部员工开展内部创业的重要内容，是企业在平台化、网络化发展的今天逐步通过企业平台化、员工自我革新以实现全员创客的有效载体和实现路径。企业如何将自己置身于网络中，又如何激发员工的内部创业行为将会是新的实践难题，而这个过程也将是挑战与机遇并存的企业状态。除了企业管理风格需要随着时代发展逐渐转变之外，从企业内部管理的角度来说，人力资源管理的变革也将是企业思考的另外一个重点内容，新的技术引进、新的员工关系管理、新的工作内容设计都是需要企业重新思考和重塑的问题。企业的内部创业应该是岗位创业、业务创业和个人创业相结合的新模式，给予知识型员工更多的自主权，设计更多具有挑战性的工作目标，鼓励员工通过共创实现个人价值，以此来实现企业的组织目标。再者，企业需要从文化角度进行重塑，营造一个有利于创新创业的文化氛围至关重要，新时代下的员工已经不仅仅满足于经济层面的需求，精神层面的需求多样性是企业需要与时俱进关注的重点，尊重员工个性化需求，建立更加开放包容的企业制度，将员工看成是"合伙人"，而不是"打工人"，建立个人需求与企业目标相结合的岗位创业和项目创业机制，打破组织边界，促进跨界合作和交流。通过创业文化氛围和内部创业生态的构建，激发员工更好地开展内部创业，并在企业管理风格的加持下实现个人机会开发和企业价值创造。

三、对创业教育的实践启示

研究显示，教育经历对创业准备行为具有正向影响，而大学生群体是未来真正参与创业实践的主要人群，尽管在学校期间，大学生能够真正参与创业实践的数量不多，主要原因是缺乏资金支持、资源渠道、合适的团队伙伴等，但是当有创业意愿的个体不断累积所拥有的资源并且时机成熟之后，他们投身创业的可能性就更高，同时大学生群体在综合素质方面有一定的基础，无论是学习能力、实践能力等都能更好地应对创业中遇到的问题，并且大学生群体在人力资本投资方面比起更高学历层次的人群而言，他们不会因为学习成本越高而越不容易从头开始，反而更容易投身于创业的浪潮中。除了参与真正的创业实践之外，青年群体的创业意识和创新精神能够帮助其在未来就业的任何岗位中更好地实现个人价值和创造社会价值。因此，通过创业教育实现个体的差异化成长至关重要，正如教育的目标和宗旨一样，我们需要引导、鼓励、激发个体的差异性，帮助个体在学习中探索自我、发现自我、成就自我，每个人都能成为不一样的自己和更好的自己，才能在未来适合的岗位中成就自我和成就社会。因此，新时代下的创业教育将赋予新的内涵，也同样会提出新的要求。不同专业、不同背景下学生个体也会体现出差异性，创业教育不是培养千篇一律的个体，而是百花齐放的个性。创业教育不能仅仅停留于通识教育层面，还应该结合人才培养目标，将创业思维为层面的初阶教育提升到引导学生将专业学习转化为实践行动的高阶教育。对学生的教育引导既要从专业的角度出发，也要从个性的角度引导，将学生的创新创业思维与专业能力实践、个体自我认知等有机结合，将知识传授具象化。创业教育既要做课程创新，也要做育人模式创新，从顶层设计出发，落脚于个体成长和发展。对于提升大学生群体的自我认知能力、专业实践能力和创新创业能力，高校创业教育将会发生重要作用，首先，建设好创业教育课程体系，更好地实现创新创业教育与专业教育的深度有机融合。从基础性教育逐渐提升进阶到能力培养，在优化课程体系设置中能够更好地分类分层培养大学生创业认知，进一步提升创业能力，基础性创业教育要着重创业思维的培养，让大学生普及对创业的认识，同时学会用创业思维看待不断变化的大环境，学会用创业思维应对学习生活中所遇到的困难和挑战；进阶性的创业实践教育要提供更多的平台，让有兴趣参与的潜在大学生创业群体接受更多的实践教育，不仅从知识储备，还要从能力提升上不断培养更多的潜在创业者，最重要的是帮助学生学习如何将专业与创业相结合，鼓励全要素、全过程的培养模式。其次，要优化师资队伍建设，创业教育不仅在于理论知识的传递，还应在于实践经验的分享，师资队伍应该呈现多元化，从校园走进企业，也要从企业走进校园，理论与实践相结合，增强校企合作与沟通交流才能更好地提供实践锻炼的平台，创造更多的实践机会。创业教育可以从两个维度考虑：一是将创业作为一个课程和一个学科；二是谁来教，如果教不好，那么课程效果将收效甚微。因此，创业师资的培育也是创业教育中的重要一环并且是关键一环，创业教师既是教授者，也是共创者，既是专业人，也是实践人，创业教师首先必须是具备成长型思维的持续学习者和变革者，才有可能在教育过程中更好地引导学生并且实现教学相长。最后，要不断完善以"第二课堂"为主的实践锻炼平台，提供更多可以参与创业实践的机会，从创意风暴到创客实践再到注册企业，在每个环节上降低大学生试错成本，为他们提供强有力的保障，让更多的大学生能在可承受损失的范围内参与创业实践。创业教育通过理论将思维和规律传递给学生，而实践过程是知识转化成现实成效的重要环节，青年学生需要通过这些小步迭代不断试错，从参与和效果等方面不断激发其积极性和自主性，将理论内化于心外化于行，实现知识积累的实践转化，并在此过程中找到自己的创业特质，深化自我认知，独立思考，主动创新。

四、对创业政策制定的实践启示

结合本书研究的结论来看，个体可承受损失的能力能够影响其是否开展创业行为，然而每个人的资源是不同的，资源获取既受到家庭因素的影响，也受到社会因素的影响，国家大力提倡创新创业，既希望通过创新创业激发市场活力，在变革中产出新产品和新技术，实现更持久的创新发展，同时也希望能够通过创业带动就业，这是一项社会大工程。无论是创业教育还是企业创业实践，都离不开政府的支持，并且政策在一定程度上给社会实践指明了正确的方向和提供解决问题的办法。因此国家政策的扶持能够更好地鼓励青年参与到创新创业中来，对于政策制定部门而言，因地制宜、因时制宜、因人制宜地制定适合不同人群政策显得尤为重要。从研究结论来看，当创业者能够了解到更多的政策信息时，他对于风险承担中的安全感会更加强烈，开展创业行为的动机和意愿也会更加强烈，同时完备的政策以及良好的社会氛围也会提供给创客们更多的机会和环境。对于企业来说，生存和发展的问题总是不能完全分离，两者也总是相辅相成，在生存期的企业而言，政府能够提供的政策支持和相应的税收减免可以为他们解决资金投入的问题，并在此过程中增强企业的信心，激发他们持续发展企业的意愿；而当企业处于发展时期，政策的支持会为他们提供业务拓展和市场开拓的机会，当企业感知到创业环境良好的情况下，比如对于人才的支持、融资的担保等，发展型企业会突破瓶颈问题，蓄势待发。因此政策的加持是创业实践中的一剂强心针，无论是对个体还是组织都具有重要的意义。通过本书研究得出的结论，先前经验对创业认知具有促进作用，个体的创业认知又在先前经验与创业行为之间产生中介作用，且在创业认知的中介作用下，个体经验转化为行为的程度更强。在此过程中，如何从先前经验角度引导、塑造和强化个体的认知是关键。对于政策制定部门而言，在不同领域和行业的针对性政策指导是增强行业信心和个体信心的关键。首先，对于创业教育而言，出台相应的政策针对高校创业教育进行支持不仅能够更好地开展创新创业教育课程体系建设，也能从根本上推动创新创业教育改革，让创业教师看到职业发展路径，让受教育个体提振未来发展的信心；其次，出台相应的政策推进众创空间等小微企业孵化平台的发展，能够为更多的初创企业提供成长的摇篮，既能增强资源整合能力，也能更好地疏通信息沟通渠道；最后，出台相应的政策鼓励和支持个体创业，能够帮助创业者解决资金筹措、公司创建、场地注册等方面的问题，让创业者能够降低实践成本，更容易地投入到创业实践中来。对于创业政策制定部门而言，从实际需求出发，从组织、个人等角度出台鼓励型政策和支持型政策，将创业法制化是推动教育改革和营造创业社会氛围的有力驱动力。除此之外，对于政策的宣传也十分有必要，提升不同领域创业政策的宣传覆盖以及受众群体对政策的掌握程度，是确保政策有效落实的重要一环，因此充分运用好新的数字技术，保障政策宣传的广度和深度，是保障政策有效落实的重要内容。

第三节　研究不足

本书研究从选题立意、文献整理、数据收集、实证分析等环节遵守了定量分析的写作模式，但是在回顾分析过程及文本撰写中仍然发现一些不足之处，主要有以下三个方面：第一，本书研究的样本量有一定的局限性。本书研究的分析数据主要来源于"先前经验对创业准备行为的影响研究调查问卷"，问卷收集主要面向大学生群体进行，最终收集的样本量虽然符合实证分析的数据量，但是从大学生群体的角度而言，样本量的覆盖面可能还不够。第二，群体差异没有考虑进去。在对大学生群体进行问卷填写时，一些影响个体差异的因素没有考虑进去，比如地域差异、家庭因素等，这些都有可能会影响到个体在先前经验积累方面的差异，也可能会影响到个体可承受损失能力的差异。第三，调查者动态变化的跟踪不足，研究中所考量的先前经验大多是正向的，对于一些可能带来负向影响的方面仍显不足。本书研究所调研的数据是被调查者一个时点的状态，随着时间的推移，被调查者的创业认知、创业意愿都可能发生改变，这些变化也会对本书研究的结论产生一定的影响。

第四节　未来展望

　　基于本书研究的不足以及对实证分析结果的讨论来看，未来可以从以下三个方面进一步改进并进行深入的探讨。第一，丰富调研的样本量。由于不同地域的经济发展水平、教育发达程度、政策支持程度等不同，可能会对结果产生不同的影响，可以分地域进行数据调研并进一步进行对比分析，进一步增强研究的普适性。第二，在数据调研中可以进一步增加群体的差异特征，进一步分析不同性别、年龄层次、家庭因素等对个体创业行为的影响。第三，可以分时点进行动态跟踪调查，拉长研究周期，采取相对固定的地域对大学生群体进行样本的跟踪，考察其在不同时点对于创业认知的表现及对创业行为产生的影响。

附录 1

先前经验对创业准备行为影响的调查问卷

第一部分：受访者基本信息

第 1 题　您来自＿＿＿＿＿省（自治区、直辖市）。［填空题］

第 2 题　您的性别：＿＿＿。［单选题］

□ 男

□ 女

第 3 题　您的年龄段：＿＿＿。［单选题］

□ 18 岁以下

□ 18～25 岁

□ 26～30 岁

□ 31～40 岁

□ 41 岁以上

第 4 题　您所在或者毕业的高校名称：＿＿＿。［填空题］

第二部分：受访者有关创业的相关经历

第 5 题　您是否参加过创业类课程或者相关培训？［单选题］

□ 是

□ 否

第 6 题　您参加的创业类课程或培训的门类有＿＿。［单选题］

□ 1 ~ 3 门

□ 4 ~ 6 门

□ 6 门以上

第 7 题　您参与创业课程或培训的时长（按照每学时 45 分钟）。［单选题］

□ 0 ~ 16 学时

□ 17 ~ 32 学时

□ 33 ~ 68 学时

□ 68 学时以上

第 8 题　您认为参与创业课程或培训对您的创业思维提升的程度。［单选题］

□ 无影响

□ 一般

□ 还行

□ 较大

□ 影响很大

第 9 题　您认为参与创业课程或培训对您后续的创业行为影响的程度。

［单选题］

□ 无影响

□ 一般

□ 还行

□ 较大

□ 影响很大

第 10 题　您认为开设创业类课程或相关培训对创业有帮助吗？［单选题］

□ 无帮助

□ 一般

□ 还行

□ 较大

□ 很大帮助

第 11 题　您是否参加过创新创业类比赛？[单选题]

□ 是

□ 否

第 12 题　您参加创新创业类比赛的次数。[单选题]

□ 1～3 次

□ 4～5 次

□ 6～7 次

□ 7 次以上

第 13 题　您参加创新创业类比赛的时长（备赛时长）。[单选题]

□ 0～5 小时

□ 6～10 小时

□ 11～20 小时

□ 20 小时以上

第 14 题　您在参与创新创业类比赛中的角色分工。[单选题]

□ 主要负责人

□ 第一参与者

□ 第二参与者

□ 其他

第 15 题　您认为参加创新创业类比赛对您的创业思维提升的影响。[单选题]

□ 无影响

□ 一般

□ 还行

□ 较大

□ 影响很大

第 16 题　您认为参与创新创业类比赛对您后续的创业行为影响的程度。

[单选题]

□ 无影响

□ 一般

□ 还行

□ 较大

□ 影响很大

第 17 题　您认为参加创业比赛对准备创业有帮助吗？[单选题]

□ 无帮助

□ 一般

□ 还行

□ 较好

□ 很大帮助

第 18 题　您是否有创业相关经历？[单选题]

□ 是

□ 否

第 19 题　您的创业经历时长。[单选题]

□ 0～3 个月

□ 4～6 个月

□ 7～12 个月

□ 1 年以上

第 20 题　您在参与创业经历中的角色分工。[单选题]

□ 创业发起人

□ 创业合伙人

□ 创业参与者

第 21 题　您认为创业经历对您的创业思维提升的影响。［单选题］

□ 无影响

□ 一般

□ 还行

□ 较高

□ 影响程度高

第 22 题　您认为创业经历对您后续的创业行为影响的程度。［单选题］

□ 无影响

□ 一般

□ 还行

□ 较高

□ 影响程度高

第 23 题　您未来是否有创业的计划？［单选题］

□ 无

□ 不好说

□ 有可能

□ 非常有可能

□ 有计划

第 24 题　您认为在什么情况下会开始准备创业？［多选题］

□ 有一定的资金积累

□ 有一定的人脉资源

□ 有合适的创业机会

□ 了解相关的创业政策

□ 有合适的产品或服务

第三部分：受访者有关创业认知的现状

第 25 题　您当前具有的创业资源。［单选题］

☐ 无

☐ 一般

☐ 还行

☐ 较多

☐ 很多

第 26 题　您具备创业相关的人际和财富网络。[单选题]

☐ 无

☐ 一般

☐ 还行

☐ 较多

☐ 很多

第 27 题　是否具有相应的专利技术保护?[单选题]

☐ 无

☐ 一般

☐ 还行

☐ 较多

☐ 很多

第 28 题　您熟悉相关的创业政策的程度。[单选题]

☐ 不熟悉

☐ 一般

☐ 还行

☐ 较熟悉

☐ 非常熟悉

第 29 题　您具有在创业中独特卖点的产品或服务吗?[单选题]

☐ 是

☐ 否

第 30 题　您认为自己已经做好了开始创业的准备吗?［单选题］

□ 没有准备好

□ 一般

□ 还行

□ 基本准备好

□ 完全准备好

第 31 题　您认为自己具有较好的创业知识储备吗?［单选题］

□ 无

□ 一般

□ 还行

□ 较好

□ 很好

第 32 题　您是否具有渴望成功的野心?［单选题］

□ 无

□ 一般

□ 还行

□ 较渴望

□ 非常渴望

第 33 题　您能够准确识别潜在的创业机会。［单选题］

□ 不准确

□ 一般

□ 还行

□ 较准确

□ 非常准确

第 34 题　您能够迅速判断有关创业的问题所在。［单选题］

□ 不能

☐ 一般

☐ 还行

☐ 较好

☐ 非常好

第 35 题　您能对创业的特定情境进行准确判断。［单选题］

☐ 不能

☐ 一般

☐ 还行

☐ 较好

☐ 非常好

第四部分：受访者有关可承受损失的现状

第 36 题　开始创业前，您会非常谨慎地进行资源承诺，以确保承诺不超越创业所能承受的范围。［单选题］

☐ 非常谨慎

☐ 一般

☐ 还行

☐ 较大胆

☐ 十分大胆

第 37 题　开始创业前，您会谨慎地投资开发创业机会，以免承担不必要的损失。［单选题］

☐ 非常谨慎

☐ 一般

☐ 还行

☐ 较大胆

☐ 十分大胆

第 38 题　一旦开始准备创业，您会在发展过程中严格控制资金使用，以免陷入无法承受的风险。[单选题]

☐ 非常谨慎

☐ 一般

☐ 还行

☐ 较大胆

☐ 十分大胆

第五部分：受访者有关创业准备行为的现状

第 39 题　您正在学习有关创业所需要的知识。[单选题]

☐ 非常谨慎

☐ 一般

☐ 还行

☐ 较大胆

☐ 十分大胆

第 40 题　您积极参加有关创业知识或技能的培训班（讲座）。[单选题]

☐ 不参加

☐ 一般

☐ 还行

☐ 较积极

☐ 很积极

第 41 题　您是否经常和有关人士讨论如何创业的问题。[单选题]

☐ 从不

☐ 一般

☐ 还行

☐ 较多

☐ 经常

第 42 题　您积极结交有创业意愿的同学和朋友。［单选题］

☐ 从不

☐ 一般

☐ 还行

☐ 较积极

☐ 很积极

第 43 题　您积极组队参加一些创业比赛。［单选题］

☐ 从不

☐ 一般

☐ 还行

☐ 较积极

☐ 很积极

第 44 题　您积极寻找创业合伙人。［单选题］

☐ 从不

☐ 一般

☐ 还行

☐ 较积极

☐ 很积极

第 45 题　您积极做创业项目的信息收集。［单选题］

☐ 从不

☐ 一般

☐ 还行

☐ 较积极

☐ 很积极

第 46 题　您积极为创业项目进行规划。［单选题］

☐ 从不

☐ 一般

☐ 还行

☐ 较积极

☐ 很积极

第47题　您积极了解有关大学生的创业政策。[单选题]

☐ 从不

☐ 一般

☐ 还行

☐ 较积极

☐ 很积极

第48题　您准备向银行申请创业贷款。[单选题]

☐ 无

☐ 一般

☐ 还行

☐ 正在准备

☐ 已经准备好

第49题　您准备寻找创业合伙人募集创业启动资金。[单选题]

☐ 无

☐ 一般

☐ 还行

☐ 正在准备

☐ 已经准备好

第50题　您准备寻找投资人筹措创业资金。[单选题]

☐ 无

☐ 一般

□ 还行

□ 正在准备

□ 已经准备好

非常感谢您能抽出宝贵时间填写此问卷，祝您学习进步、工作顺利、生活愉快！

附录 2

变量编码数据统计表

序号	A1	A2	A3	B1	B2	C1	C2	C3	C4	M
1	4.00	4.00	4.00	4.00	4.20	4.00	4.00	4.00	4.00	3.67
2	5.00	4.33	4.00	4.50	4.40	4.33	4.33	4.00	4.33	4.33
3	5.00	1.00	5.00	5.00	5.00	5.00	1.33	5.00	5.00	4.00
4	5.00	1.00	5.00	5.00	5.00	5.00	2.67	5.00	5.00	4.67
5	1.67	3.00	2.33	1.33	2.00	2.33	3.00	1.00	3.00	3.00
6	5.00	1.00	1.00	1.00	1.00	1.00	1.00	1.00	1.00	5.00
7	4.33	2.33	2.00	3.00	2.00	2.00	2.00	3.33	3.00	2.00
8	1.33	2.00	2.67	1.33	1.60	1.67	2.00	1.00	2.67	3.67
9	5.00	4.33	3.67	4.83	4.40	4.33	4.67	3.67	4.33	4.33
10	3.33	3.67	3.33	2.33	1.40	2.67	4.00	2.00	3.33	2.33
11	3.00	3.00	3.00	2.50	2.60	3.00	3.00	3.00	1.00	2.00
12	3.00	3.00	3.00	3.00	2.80	3.00	3.00	3.00	3.00	2.33
13	3.67	4.67	4.33	5.00	4.60	3.67	4.33	4.33	4.67	4.33
14	2.00	1.33	2.00	1.50	1.80	3.33	3.33	4.67	2.00	2.67
15	4.33	5.00	3.67	4.67	4.80	4.33	4.33	4.67	4.00	4.67
16	5.00	4.00	4.00	3.83	4.60	4.67	2.67	5.00	4.00	4.00
17	4.00	4.00	3.67	3.67	3.40	3.33	4.00	4.00	4.00	3.33
18	1.33	1.67	2.00	1.17	1.40	2.00	2.00	2.33	1.67	4.00
19	2.00	2.67	2.33	1.50	1.60	2.33	2.33	3.00	2.00	5.00
20	4.33	4.33	4.33	3.83	4.20	2.67	4.33	4.67	4.33	3.67

续表

序号	A1	A2	A3	B1	B2	C1	C2	C3	C4	M
21	4.33	4.00	4.67	4.50	3.60	2.67	4.33	4.67	4.33	3.67
22	4.00	3.00	3.67	3.83	4.60	4.33	3.00	5.00	4.33	4.00
23	4.00	4.67	4.67	4.33	4.80	4.33	4.67	4.00	4.33	4.67
24	4.00	4.67	4.00	4.67	4.00	3.00	5.00	3.67	4.67	4.00
25	4.67	4.00	4.33	4.50	4.00	3.67	4.67	4.33	3.67	4.00
26	3.33	3.67	4.00	4.00	4.60	4.00	3.67	4.67	4.00	4.00
27	4.33	3.67	4.67	4.67	4.20	2.33	4.67	4.67	4.67	4.00
28	5.00	1.33	1.33	1.00	1.00	2.00	1.67	2.00	2.00	4.00
29	4.00	4.00	4.00	3.83	4.60	4.00	4.33	5.00	4.00	4.67
30	2.33	2.00	2.33	1.67	1.60	1.67	2.67	1.33	2.00	4.00
31	4.00	4.67	4.00	3.83	4.60	2.67	4.33	4.33	4.67	3.67
32	2.67	1.67	2.00	1.67	1.60	2.00	1.33	2.00	2.00	4.33
33	4.00	4.00	4.00	4.17	4.00	4.00	4.33	4.67	4.67	4.67
34	4.00	4.00	4.00	4.00	4.40	4.00	4.00	4.33	4.00	4.00
35	4.33	4.67	4.33	4.67	4.60	4.67	3.67	4.33	4.67	4.67
36	1.33	1.33	1.33	1.00	1.20	2.00	1.67	2.00	2.00	3.33
37	4.33	3.67	4.67	4.00	4.60	3.67	4.33	4.33	4.00	4.00
38	4.33	4.33	4.33	3.50	4.00	4.33	4.00	4.00	4.00	4.00
39	4.67	3.67	4.33	4.33	3.80	4.67	4.00	4.00	4.67	4.67
40	2.33	2.00	3.00	2.00	1.80	1.67	2.67	2.00	2.33	3.33
41	4.00	4.00	4.00	4.33	4.40	4.00	4.00	4.00	4.00	3.67
42	4.33	3.67	3.67	4.50	4.00	3.67	4.33	4.00	3.67	3.67
43	2.00	2.67	1.33	1.17	1.40	1.67	2.00	2.67	2.00	4.67
44	4.67	1.00	4.33	4.83	4.00	5.00	4.00	4.00	3.67	4.00
45	4.33	4.00	4.33	3.83	3.60	4.00	4.33	4.33	4.00	4.00
46	4.00	4.33	4.33	3.33	4.60	4.33	4.33	4.00	4.00	4.00
47	3.67	4.00	4.00	4.50	4.20	4.00	4.00	4.00	4.00	3.67
48	1.33	1.33	1.33	1.00	1.20	2.00	2.00	2.00	1.67	4.00
49	3.33	4.00	4.00	3.50	3.40	4.00	4.00	3.33	4.00	3.67
50	2.00	2.67	2.00	1.33	1.40	2.00	2.33	1.33	2.00	3.33

序号	A1	A2	A3	B1	B2	C1	C2	C3	C4	M
51	4.00	4.33	4.33	3.50	3.40	4.33	4.33	3.33	3.67	3.67
52	3.00	1.00	2.33	2.00	1.60	2.67	2.00	2.67	2.33	5.00
53	4.00	4.00	4.00	4.17	3.80	4.00	4.00	4.00	4.00	3.67
54	2.33	2.00	3.00	2.00	2.00	1.67	2.67	2.00	2.00	4.00
55	4.00	4.67	4.67	4.50	4.80	4.67	4.00	4.00	4.67	4.67
56	3.33	4.67	4.00	4.50	4.40	4.67	4.33	4.00	4.00	4.33
57	3.33	4.00	4.00	4.50	4.00	4.00	4.00	4.00	3.33	3.33
58	3.67	3.33	4.00	4.50	3.80	3.67	4.00	4.33	4.00	3.67
59	2.00	2.67	1.33	1.00	1.40	1.67	2.00	1.67	2.00	4.00
60	4.33	4.33	3.67	4.00	4.80	2.33	4.67	4.67	4.33	3.67
61	1.00	4.67	5.00	1.50	4.80	2.33	5.00	4.67	4.67	4.33
62	4.33	4.00	4.67	4.33	3.80	2.33	4.67	4.33	4.67	3.67
63	3.33	4.33	4.00	3.33	4.40	4.67	4.33	4.33	4.00	4.67
64	4.33	4.33	5.00	3.83	1.40	2.33	5.00	4.33	4.33	3.67
65	4.00	4.67	4.67	4.17	4.80	3.00	5.00	4.33	4.67	4.67
66	4.33	1.67	4.00	4.83	4.00	4.33	5.00	4.67	2.00	3.67
67	1.33	4.67	4.00	1.83	4.60	4.00	4.33	4.67	2.67	3.67
68	4.67	4.00	4.67	4.67	4.80	4.67	4.33	4.00	4.67	4.67
69	3.00	3.00	3.00	3.00	2.40	2.67	2.67	2.00	4.33	2.00
70	1.33	5.00	5.00	4.33	5.00	4.33	4.67	4.33	3.00	4.00
71	4.67	4.67	4.67	4.83	4.60	4.67	4.67	4.33	4.67	4.67
72	4.33	4.67	4.67	4.67	4.60	3.33	5.00	4.33	5.00	4.67
73	4.67	1.00	5.00	4.67	5.00	5.00	5.00	5.00	5.00	1.00
74	4.00	4.67	2.67	2.00	2.60	2.33	1.00	2.00	1.00	4.67
75	4.67	4.67	4.67	4.33	4.60	4.00	4.33	4.67	4.67	4.67
76	4.33	4.00	4.33	4.50	4.80	2.67	4.67	4.67	4.67	4.33
77	4.33	1.33	4.33	4.33	4.60	4.67	4.67	1.33	4.00	3.00
78	2.33	4.00	4.67	5.00	4.40	3.00	5.00	4.33	4.67	4.33
79	4.67	4.33	4.00	4.67	4.60	4.33	4.67	3.67	4.33	4.33
80	4.33	4.67	4.33	4.67	4.60	3.67	4.33	4.33	5.00	4.67

续表

序号	A1	A2	A3	B1	B2	C1	C2	C3	C4	M
81	4.67	3.67	4.33	4.50	4.80	2.67	4.33	5.00	4.67	4.00
82	4.33	2.00	4.00	4.83	4.80	5.00	4.33	3.67	5.00	4.67
83	3.33	4.67	4.67	1.00	4.60	1.33	4.33	2.00	1.33	4.33
84	4.33	4.33	4.33	1.17	4.40	4.33	1.67	4.67	4.00	3.00
85	4.33	4.00	5.00	4.67	4.20	4.33	4.00	4.67	4.00	4.33
86	4.33	3.33	4.33	4.33	4.00	4.00	1.67	4.00	2.67	2.33
87	4.00	4.67	2.33	4.17	2.40	1.67	4.33	4.00	5.00	3.00
88	4.00	4.67	4.67	4.67	4.60	4.67	4.67	4.00	4.00	4.67
89	1.00	3.33	4.33	1.17	5.00	1.00	1.33	1.67	4.00	4.67
90	4.33	4.00	4.33	4.17	4.40	4.33	3.33	4.67	4.00	4.00
91	4.67	5.00	4.67	4.83	5.00	4.67	4.67	5.00	5.00	5.00
92	4.67	4.67	4.33	4.67	4.60	4.00	4.33	4.67	4.67	4.67
93	4.67	2.33	3.33	1.83	4.20	2.33	5.00	1.67	5.00	3.00
94	4.67	4.00	4.00	4.17	4.00	3.00	3.67	4.33	4.00	3.00
95	4.67	4.00	3.67	4.67	4.20	4.33	4.67	4.00	3.33	4.00
96	3.67	4.67	4.33	4.50	4.60	4.00	4.33	4.33	4.00	4.00
97	4.33	4.67	1.00	1.83	4.20	4.33	2.33	1.00	4.33	2.33
98	4.33	4.00	4.33	4.17	3.80	3.00	1.67	4.00	4.67	2.67
99	5.00	2.00	4.33	4.67	4.60	2.00	4.33	4.67	4.67	3.67
100	4.33	4.67	4.00	4.67	4.80	4.33	5.00	4.00	4.00	4.67
101	4.67	4.67	4.67	4.67	4.60	1.00	4.67	4.67	2.00	5.00
102	4.67	4.33	2.33	1.67	4.00	4.33	1.67	5.00	3.67	3.00
103	3.67	3.67	1.33	1.83	3.60	4.00	4.33	4.33	2.67	3.33
104	5.00	2.00	3.67	4.67	3.80	3.67	4.67	4.67	3.67	4.33
105	4.33	4.33	4.33	4.83	4.80	4.67	4.67	4.00	4.00	4.67
106	3.00	3.00	3.00	4.33	2.60	4.33	1.67	5.00	3.00	2.67
107	1.67	4.67	4.33	2.33	4.60	1.00	4.33	4.33	5.00	3.00
108	4.67	2.00	2.67	3.67	3.00	2.33	2.00	2.00	1.33	5.00
109	2.00	1.33	3.67	2.33	1.80	2.33	2.67	2.00	2.67	5.00
110	3.00	1.00	3.00	4.83	3.00	4.33	1.00	4.33	2.67	2.33

续表

序号	A1	A2	A3	B1	B2	C1	C2	C3	C4	M
111	4.33	3.67	1.67	2.50	3.00	1.67	4.33	4.67	1.67	2.67
112	4.33	1.33	1.00	2.00	1.60	2.67	2.33	2.33	2.00	3.00
113	4.33	4.33	5.00	5.00	3.80	4.67	4.33	4.33	4.00	4.67
114	4.33	4.33	4.67	4.33	4.20	4.33	4.00	4.67	3.67	4.33
115	4.67	3.67	1.67	1.83	2.60	2.33	2.33	2.00	1.00	4.00
116	4.00	1.33	4.67	2.17	2.40	1.67	2.67	2.33	2.67	4.00
117	2.33	2.33	2.33	1.67	2.00	3.00	2.33	2.67	2.33	2.00
118	1.67	4.33	3.67	1.83	3.80	1.67	5.00	4.00	1.67	2.67
119	4.33	4.67	4.33	4.67	4.60	4.00	4.33	5.00	4.00	4.67
120	2.67	3.33	2.67	2.17	2.40	1.00	4.67	2.00	2.00	5.00
121	4.33	1.00	3.67	4.83	1.60	2.67	2.00	4.67	4.67	3.00
122	4.33	5.00	4.33	1.17	4.80	4.67	1.33	4.67	4.00	3.00
123	4.33	4.67	4.00	4.33	4.20	2.67	4.33	4.67	4.67	4.00
124	4.00	2.00	5.00	3.83	4.60	4.00	4.00	4.33	2.67	3.33
125	1.67	4.67	4.67	4.50	4.60	4.33	4.33	4.67	2.67	3.67
126	4.67	4.00	1.33	2.50	4.60	2.67	5.00	1.67	4.67	3.00
127	4.00	4.33	3.67	4.67	4.80	4.33	4.67	4.67	2.67	4.00
128	4.67	5.00	4.67	3.50	5.00	4.33	4.00	4.67	4.67	4.67
129	3.00	3.00	3.00	4.83	3.00	3.67	4.33	4.67	4.67	4.67
130	4.67	1.67	4.33	2.83	3.00	2.67	2.33	2.67	2.33	2.00
131	3.00	3.00	3.00	2.17	3.00	4.33	4.67	4.00	3.33	4.00
132	3.67	4.00	4.67	1.67	4.00	4.33	4.33	4.67	4.33	4.67
133	3.00	3.00	3.00	4.50	3.00	4.33	4.33	4.67	3.00	4.00
134	2.00	4.33	4.67	4.67	5.00	4.33	4.33	3.67	3.00	3.33
135	4.33	3.67	1.67	2.50	2.40	2.33	1.33	2.00	1.67	4.00
136	5.00	4.67	4.00	4.83	3.80	3.67	5.00	4.00	4.33	4.33
137	4.67	4.67	4.33	4.33	4.20	4.33	3.67	4.67	4.33	4.67
138	1.67	1.67	4.33	3.00	2.00	1.33	4.00	4.33	1.67	2.00
139	1.67	3.67	4.00	2.17	3.40	2.67	4.33	4.00	4.67	3.67
140	5.00	4.00	4.67	4.83	4.20	4.33	4.67	4.67	3.67	4.67

续表

序号	A1	A2	A3	B1	B2	C1	C2	C3	C4	M
141	5.00	4.00	4.67	5.00	4.80	4.67	4.67	4.33	4.67	4.67
142	4.67	1.67	4.67	4.33	4.20	1.00	4.67	4.67	2.00	5.00
143	1.67	4.67	3.67	2.00	4.40	4.67	4.33	3.67	4.67	4.67
144	3.33	2.00	4.67	3.83	2.60	4.33	1.00	3.00	3.67	2.33
145	3.00	3.00	3.00	4.00	2.00	4.00	1.00	4.33	4.33	2.67
146	3.33	1.67	4.00	5.00	3.60	4.67	4.00	4.00	4.67	4.67
147	3.00	3.00	3.00	4.67	3.00	1.67	4.67	4.33	1.67	2.33
148	3.00	3.00	3.00	2.00	3.00	4.67	4.33	4.00	4.67	4.67
149	4.33	4.67	4.67	4.83	4.60	4.33	4.67	4.67	4.33	4.67
150	4.67	4.67	4.67	5.00	4.60	4.00	4.67	5.00	4.67	4.67
151	4.67	4.67	4.33	4.00	4.60	4.33	4.67	4.33	3.67	4.67
152	3.67	3.67	2.00	2.17	2.60	3.00	2.33	2.67	2.33	2.00
153	5.00	4.67	5.00	4.67	4.80	4.67	4.67	4.67	5.00	5.00
154	4.67	4.00	4.67	4.33	1.40	4.67	3.67	2.00	3.00	2.67
155	4.33	1.33	4.00	4.33	4.80	4.33	4.67	4.67	4.00	4.67
156	2.00	2.00	2.00	1.33	1.60	2.33	2.67	2.00	2.67	5.00
157	2.67	2.33	2.33	1.83	2.00	2.67	2.33	2.33	2.67	2.00
158	3.00	3.00	3.00	4.00	3.00	3.67	5.00	4.00	4.33	4.67
159	4.00	4.67	4.67	4.83	4.60	4.67	4.33	4.00	4.67	4.67
160	4.67	3.67	2.33	4.33	3.80	3.33	4.00	2.00	4.67	2.67
161	4.33	4.67	4.33	4.50	1.00	4.33	1.33	4.67	3.67	2.67
162	4.00	3.67	4.33	4.83	4.40	4.33	4.67	4.33	3.00	4.00
163	3.67	4.67	5.00	4.67	4.80	4.33	4.67	4.67	4.00	4.67
164	4.33	3.33	4.67	4.50	4.60	4.33	4.67	4.67	2.67	4.00
165	4.33	4.67	4.00	4.00	4.60	4.33	3.33	4.67	4.33	4.00
166	4.00	1.67	4.67	4.33	4.40	4.67	4.33	4.33	4.00	4.67
167	3.00	3.00	3.00	3.83	3.00	4.00	4.33	3.67	2.67	3.00
168	1.00	4.33	3.67	1.67	2.20	1.00	4.33	2.00	2.00	4.67
169	4.33	4.00	5.00	1.50	4.40	4.33	1.67	4.67	4.33	3.33
170	4.33	1.67	4.33	4.33	4.40	2.67	4.67	4.00	2.67	3.00

序号	A1	A2	A3	B1	B2	C1	C2	C3	C4	M
171	3.00	3.00	3.00	4.00	3.00	4.33	4.67	3.67	4.33	4.67
172	3.67	1.67	2.00	2.33	2.40	3.00	2.67	2.33	2.00	2.00
173	1.33	3.67	4.33	2.17	4.20	1.00	3.67	1.33	4.33	2.00
174	4.67	3.33	2.33	4.67	4.40	2.00	3.67	4.67	5.00	3.67
175	4.00	4.33	5.00	4.17	1.60	2.00	4.00	4.67	5.00	3.67
176	3.00	3.00	3.00	2.00	2.80	2.67	3.67	2.00	1.00	4.00
177	4.67	4.33	4.67	4.67	4.60	3.67	4.67	4.67	4.67	4.67
178	4.67	4.67	4.33	4.67	4.40	4.33	4.33	4.67	4.33	4.67
179	3.00	3.00	3.00	4.50	3.00	4.67	5.00	4.67	4.33	5.00
180	4.67	4.67	4.67	4.83	4.60	4.00	5.00	5.00	4.33	4.67
181	4.67	3.67	2.00	4.50	4.40	3.67	4.67	3.67	4.00	4.00
182	3.33	4.00	3.67	4.50	4.40	4.33	1.67	4.33	4.00	3.00
183	4.33	3.67	4.67	4.67	4.40	4.00	4.33	4.33	4.00	4.00
184	5.00	3.67	4.33	1.67	3.80	3.67	3.67	4.33	4.33	4.00
185	5.00	1.33	4.33	4.00	3.00	4.00	1.00	3.00	4.67	2.67
186	3.00	3.00	3.00	2.50	3.00	2.33	4.67	4.33	4.67	4.00
187	4.67	1.67	4.33	4.50	4.40	4.67	4.67	2.33	2.67	3.00
188	1.67	4.33	1.67	1.17	1.60	2.33	2.00	2.67	2.33	3.67
189	3.67	4.67	4.67	4.67	4.60	3.67	4.67	4.00	4.67	4.67
190	4.67	2.00	4.33	4.50	4.60	2.33	4.67	1.67	5.00	2.67
191	4.33	1.00	3.00	4.67	3.00	5.00	5.00	3.67	2.67	4.00
192	1.33	4.33	4.33	2.00	4.40	2.67	4.33	4.33	4.67	4.00
193	4.33	4.33	4.00	4.50	1.60	2.67	4.33	4.33	4.33	3.67
194	4.33	2.00	4.33	1.00	4.40	1.67	4.00	4.33	1.33	5.00
195	3.00	3.00	3.00	4.00	3.00	2.33	4.67	4.67	4.33	3.67
196	4.33	4.67	4.00	4.50	4.60	4.67	4.33	4.00	4.00	4.33
197	4.67	1.67	4.33	4.50	4.60	4.33	1.33	4.33	4.00	2.67
198	2.33	3.00	2.00	1.50	2.00	2.33	2.67	2.67	2.33	2.00
199	3.67	3.33	4.33	3.83	4.40	4.00	2.33	5.00	4.33	3.67
200	4.00	4.67	5.00	4.83	4.80	4.33	4.00	5.00	5.00	4.67

序号	A1	A2	A3	B1	B2	C1	C2	C3	C4	M
201	4.67	4.33	4.67	4.83	3.80	3.67	4.67	5.00	3.67	4.67
202	4.33	1.00	4.67	4.83	4.60	5.00	4.00	4.67	4.00	4.67
203	4.33	3.67	4.33	4.50	4.40	4.33	4.67	4.33	3.00	4.00
204	3.67	5.00	4.33	4.50	4.80	3.67	5.00	4.00	4.33	4.33
205	4.00	4.33	4.00	4.33	1.80	2.33	5.00	4.67	4.67	4.33
206	4.33	4.67	4.33	4.83	4.40	4.00	5.00	4.33	4.00	4.67
207	4.33	4.33	4.00	4.67	4.60	4.00	4.00	4.00	4.67	4.00
208	4.67	4.67	1.67	4.00	4.20	2.33	4.67	4.67	4.67	4.00
209	4.67	4.67	1.67	4.17	4.40	4.00	4.33	5.00	4.00	4.67
210	4.67	4.00	4.00	4.50	4.80	2.67	4.67	4.67	4.67	4.33
211	4.33	4.00	2.00	4.00	4.20	4.33	4.33	4.00	4.33	4.33
212	4.33	1.33	4.67	1.33	4.40	3.67	4.67	5.00	2.67	4.00
213	1.67	4.67	4.33	2.33	4.20	4.00	4.33	4.33	4.00	4.00
214	4.33	5.00	4.33	4.67	4.80	4.33	4.67	5.00	4.00	4.67
215	4.33	4.00	4.00	3.83	4.40	2.00	4.33	4.00	2.00	2.33
216	4.33	4.67	4.33	4.50	4.60	4.67	4.67	3.67	4.33	4.67
217	4.67	4.33	4.67	4.00	5.00	4.67	4.00	4.00	4.67	4.67
218	4.00	1.67	4.00	4.67	4.40	4.00	5.00	4.33	4.00	4.67
219	2.00	3.33	4.33	4.17	4.20	4.33	4.67	3.67	4.33	4.67
220	4.00	4.67	1.33	1.83	4.40	4.00	4.33	2.00	4.33	3.00
221	4.67	3.67	4.00	4.50	4.40	4.00	4.00	4.33	4.00	4.00
222	3.00	3.00	3.00	2.17	2.60	2.67	2.67	2.00	4.00	2.00
223	4.33	4.67	3.33	4.33	4.20	4.33	3.67	4.00	4.67	4.33
224	4.67	4.00	4.67	4.33	4.20	4.00	3.67	4.33	4.67	4.33
225	4.67	4.00	4.67	4.83	4.40	4.00	4.33	5.00	4.00	4.67
226	4.00	4.33	4.33	4.33	4.60	4.33	4.00	4.00	4.33	4.00
227	4.67	4.67	4.00	4.67	1.60	4.33	4.67	5.00	4.00	4.67
228	4.33	4.33	4.00	4.67	1.80	4.67	4.00	5.00	4.67	4.67
229	4.33	4.67	4.67	4.00	4.60	4.00	4.33	4.67	4.00	4.67
230	4.00	4.00	5.00	1.67	1.60	2.67	3.67	4.00	4.67	3.33

续表

序号	A1	A2	A3	B1	B2	C1	C2	C3	C4	M
231	5.00	5.00	1.67	4.33	4.80	4.67	4.00	5.00	4.67	5.00
232	4.33	3.67	4.00	1.33	4.40	3.00	4.67	1.00	4.33	2.67
233	4.33	4.00	4.00	5.00	4.80	4.33	4.33	3.67	4.67	4.33
234	4.67	4.67	4.67	4.83	4.60	4.00	4.33	5.00	5.00	4.67
235	4.00	4.67	3.33	3.83	4.20	3.00	4.33	4.33	4.33	3.67
236	4.00	4.33	4.67	1.00	4.00	1.67	4.67	1.67	1.33	3.67
237	4.33	4.67	4.67	4.50	4.60	4.67	4.00	4.33	4.67	4.67
238	4.67	4.33	4.67	4.17	4.00	4.67	4.00	4.00	4.00	4.33
239	2.33	2.00	2.33	1.67	2.00	3.00	2.67	2.67	2.33	2.00
240	4.33	4.33	4.33	4.50	4.60	4.67	4.33	3.67	4.33	4.33
241	1.67	3.33	4.67	2.17	2.00	2.67	1.67	2.67	2.67	5.00
242	4.00	4.33	3.67	4.33	3.80	3.33	4.00	4.33	4.67	4.00
243	4.33	4.67	4.33	4.33	3.60	4.00	4.33	4.00	4.00	4.00
244	4.33	4.67	4.67	4.83	4.60	4.33	4.33	4.67	4.67	4.67
245	4.67	4.33	4.33	4.17	4.00	3.67	4.33	4.67	3.67	4.00
246	5.00	4.33	4.33	4.67	4.40	3.67	4.33	4.67	4.67	4.67
247	4.33	4.33	4.67	4.50	5.00	4.33	4.67	4.67	4.00	4.67
248	3.67	4.00	4.33	4.33	4.40	4.33	4.00	5.00	4.67	4.67
249	4.67	4.33	2.67	1.00	3.80	2.67	4.00	2.00	1.33	2.00
250	4.00	4.00	4.67	4.50	1.40	4.00	4.67	4.67	2.67	4.00
251	3.67	4.67	4.33	1.83	4.00	4.33	3.33	4.67	4.33	4.00
252	4.67	2.00	4.33	4.00	4.60	4.00	4.33	4.33	4.33	4.33
253	1.67	4.67	4.33	2.33	4.40	4.67	4.33	4.67	3.00	4.33
254	3.67	4.67	3.67	1.33	3.80	3.67	1.00	3.00	4.00	2.00
255	4.33	4.33	2.67	4.67	4.60	2.00	4.33	1.33	2.00	2.00
256	4.33	4.67	2.00	4.67	4.60	4.00	4.33	4.67	3.67	4.00
257	4.67	4.67	4.00	4.83	5.00	4.33	4.33	5.00	4.33	4.67
258	4.67	4.67	4.67	4.50	4.60	4.33	4.00	5.00	4.67	4.67
259	4.67	4.00	2.00	4.50	4.40	4.33	4.00	4.00	4.33	4.00
260	4.67	4.33	1.00	2.17	4.40	4.33	4.00	4.33	4.33	4.33

序号	A1	A2	A3	B1	B2	C1	C2	C3	C4	M
261	4.67	1.00	4.00	4.33	4.20	4.33	4.00	4.67	4.00	4.33
262	1.67	4.33	3.67	2.00	4.40	4.33	4.33	4.00	4.00	4.00
263	4.33	4.67	4.67	4.83	4.60	4.67	4.33	4.00	5.00	4.67
264	4.33	4.00	2.00	2.00	2.20	2.33	2.00	2.00	1.00	3.67
265	4.67	4.67	4.33	4.17	4.40	4.33	4.00	4.67	4.00	4.67
266	4.67	4.67	1.67	4.50	4.40	4.00	4.33	4.67	4.00	4.33
267	4.33	4.67	3.67	4.33	4.00	4.33	2.33	1.67	3.67	2.33
268	4.00	4.00	4.33	4.33	4.60	4.00	3.67	4.67	4.00	4.00
269	4.00	4.00	4.33	4.50	4.40	4.33	4.00	4.00	4.00	4.00
270	5.00	1.67	5.00	4.50	4.60	2.00	4.67	4.67	2.00	2.67
271	4.33	4.33	3.67	4.00	4.60	2.67	4.33	5.00	4.67	4.33
272	3.00	3.00	3.00	3.83	3.00	4.00	3.67	4.33	4.67	4.33
273	1.33	4.00	4.67	2.33	4.60	1.00	4.00	3.67	5.00	2.67
274	4.67	4.33	4.00	4.67	4.40	4.67	3.33	4.33	4.67	4.33
275	4.33	4.67	3.67	1.00	1.60	1.67	4.67	4.33	1.33	2.33
276	3.67	1.33	2.67	2.00	1.60	1.67	2.00	4.67	1.00	4.67
277	2.00	2.67	2.33	1.50	2.00	2.67	2.33	2.00	2.67	5.00
278	4.00	4.00	5.00	4.50	1.60	4.33	3.67	4.67	4.33	4.33
279	4.33	4.00	4.67	4.83	4.60	4.67	4.33	4.33	4.00	4.67
280	4.33	4.67	4.00	4.83	4.20	4.00	4.33	4.33	4.33	4.33
281	4.67	3.67	4.67	4.67	4.00	4.33	3.00	5.00	4.33	4.00
282	3.67	4.67	4.67	4.33	4.60	3.67	4.67	4.67	3.67	4.33
283	4.33	4.00	4.67	4.50	1.80	4.00	4.00	1.67	4.33	2.67
284	4.67	4.67	4.33	5.00	4.40	4.67	4.33	4.67	4.33	4.67
285	4.00	4.33	4.33	4.33	2.00	2.33	4.67	1.67	5.00	2.67
286	4.67	4.00	2.00	2.00	3.80	4.33	4.67	4.67	4.33	4.67
287	4.33	4.67	4.33	4.33	4.20	4.33	4.67	4.67	3.00	4.33
288	4.67	4.00	4.00	3.83	4.80	3.67	5.00	4.00	3.67	4.00
289	3.00	3.00	3.00	2.83	2.60	3.00	2.67	2.33	2.33	2.00
290	1.00	2.00	4.33	2.00	2.00	2.67	2.67	2.33	2.67	2.00

序号	A1	A2	A3	B1	B2	C1	C2	C3	C4	M
291	3.00	3.00	3.00	1.67	3.00	3.67	4.00	4.00	3.67	3.67
292	4.67	4.67	4.33	3.67	4.60	4.00	4.00	4.00	4.67	4.33
293	4.67	2.00	4.33	4.83	4.80	5.00	4.67	4.67	4.33	5.00
294	5.00	4.33	4.67	4.33	4.00	3.00	5.00	4.33	4.67	4.67
295	4.00	2.00	3.67	4.33	4.60	4.67	4.33	1.33	4.67	3.00
296	1.67	4.33	4.67	4.83	4.60	4.33	4.67	3.67	4.00	4.00
297	4.33	4.67	4.00	4.00	4.20	4.33	4.33	4.67	3.00	4.00
298	4.67	4.33	3.67	4.17	5.00	5.00	4.00	4.00	3.67	4.33
299	4.67	4.67	4.67	3.83	4.60	4.67	4.33	3.67	4.67	4.67
300	3.00	3.00	3.00	3.83	3.00	3.00	3.33	3.33	3.67	2.67
301	1.33	4.00	4.67	2.50	4.00	4.33	4.33	4.00	4.33	4.33
302	4.33	4.33	4.67	4.67	4.00	2.33	5.00	4.67	4.67	4.00
303	4.67	3.67	4.33	4.50	4.40	4.33	4.33	4.00	4.00	4.00
304	5.00	4.67	4.67	3.83	4.60	5.00	4.67	4.00	4.00	4.67
305	2.67	2.33	2.00	1.67	1.80	2.00	2.67	2.67	2.67	2.00
306	4.67	4.33	4.00	3.67	3.40	3.67	4.00	4.00	4.67	4.00
307	4.00	4.00	3.67	4.17	3.80	3.33	4.00	4.00	3.67	3.00
308	5.00	3.00	4.33	3.50	3.40	4.00	4.00	4.00	4.00	4.00
309	3.00	1.00	2.33	2.00	1.40	2.67	2.00	2.00	1.67	4.33
310	2.33	2.00	2.33	1.67	1.40	2.33	2.00	2.00	1.00	3.67
311	4.33	4.00	4.67	3.83	3.60	4.00	4.33	4.33	3.00	3.67
312	4.67	4.00	4.00	3.83	4.20	4.00	3.67	3.00	4.33	3.33
313	4.00	4.33	4.33	4.33	3.40	4.33	4.33	4.00	3.67	4.00
314	4.33	4.33	4.33	4.17	3.80	4.00	3.67	4.00	4.00	3.67
315	2.00	2.67	2.00	1.33	1.60	2.33	2.67	2.00	2.33	3.67
316	2.33	2.00	3.00	2.00	2.20	1.67	2.67	2.00	1.33	3.00
317	3.67	4.00	4.00	3.83	3.60	4.00	4.33	3.67	4.00	4.00
318	3.33	4.00	3.00	4.00	4.40	4.00	3.67	4.67	4.33	4.33
319	4.33	4.33	4.33	3.83	3.60	3.33	4.00	4.00	4.00	3.33
320	2.00	2.00	1.67	1.33	1.40	2.00	2.00	1.67	1.33	4.00

续表

序号	A1	A2	A3	B1	B2	C1	C2	C3	C4	M
321	3.00	1.67	1.00	1.33	1.40	2.00	2.00	2.00	2.33	4.00
322	2.00	2.00	1.00	1.00	1.40	2.00	2.33	1.33	1.33	4.00
323	4.00	4.00	4.00	3.83	4.20	4.00	4.00	4.00	3.67	3.67
324	4.33	3.67	4.33	3.83	3.80	4.00	4.00	3.00	4.00	3.33
325	4.00	4.67	4.67	4.33	4.60	4.00	4.00	5.00	4.00	4.33
326	4.00	4.67	4.33	4.50	4.60	4.33	3.67	4.67	4.33	4.33
327	4.33	4.67	5.00	4.17	4.80	5.00	4.33	4.67	4.00	4.67
328	2.00	2.33	2.33	1.50	2.40	2.33	2.67	2.00	2.33	2.67
329	4.33	1.33	4.67	3.83	4.40	1.67	3.67	4.33	1.67	2.00
330	4.33	4.33	4.33	4.33	4.00	3.33	4.67	4.00	4.33	4.00
331	4.33	4.00	5.00	4.00	4.80	4.33	4.33	4.33	4.00	4.33
332	4.33	4.67	2.33	4.17	4.60	3.67	1.67	4.00	4.67	3.00
333	4.67	4.33	4.00	4.00	1.60	4.33	4.33	3.67	4.67	4.67
334	4.00	4.00	4.00	1.33	4.40	4.00	2.00	4.67	3.67	3.00
335	3.67	4.33	4.67	4.33	5.00	4.33	4.00	4.33	4.33	4.33
336	1.33	2.67	2.67	1.33	1.00	2.00	4.67	1.67	1.67	2.00
337	4.33	4.33	4.67	4.00	2.60	2.67	4.00	4.67	4.33	3.67
338	2.33	2.00	2.33	1.67	2.80	2.33	2.67	2.67	2.67	2.00
339	1.67	4.67	4.67	4.50	4.60	4.00	4.00	2.00	4.00	2.67
340	4.00	4.33	1.67	2.17	1.40	2.00	4.33	4.00	1.67	2.33
341	4.33	4.33	4.67	4.33	4.40	5.00	4.00	4.00	4.00	4.33
342	1.33	2.33	1.67	1.00	1.40	1.33	2.00	2.67	2.67	4.00
343	3.67	3.33	4.33	4.33	4.80	2.67	4.00	4.67	4.67	4.00
344	2.33	4.67	4.67	2.17	4.60	4.33	4.33	4.33	4.00	4.33
345	4.33	4.33	4.67	4.33	1.60	5.00	3.67	4.33	4.33	4.67
346	3.00	3.00	3.00	3.00	4.40	2.33	4.67	4.33	2.00	2.67
347	1.67	4.33	4.67	4.83	1.40	3.33	2.00	4.33	4.67	3.00
348	4.33	4.00	2.00	4.33	1.00	2.00	2.00	4.33	4.67	2.67
349	5.00	4.67	4.00	4.50	4.00	4.33	4.33	4.00	4.33	4.33
350	4.33	4.33	4.33	4.17	4.60	4.00	4.33	4.33	4.00	4.00

序号	A1	A2	A3	B1	B2	C1	C2	C3	C4	M
351	3.00	3.00	3.00	3.00	4.00	2.00	1.67	2.00	2.33	5.00
352	2.00	4.67	4.33	3.83	4.40	4.33	4.00	1.67	2.67	2.67
353	3.67	4.33	4.33	4.33	4.20	4.67	4.67	4.00	4.00	4.67
354	4.67	4.00	4.67	4.00	4.40	4.00	3.67	4.67	4.33	4.33
355	4.00	4.33	1.67	2.17	4.40	5.00	1.00	1.33	4.33	2.00
356	4.00	4.33	4.67	4.00	4.60	4.33	4.00	4.00	4.33	4.00
357	4.33	4.67	4.67	1.33	4.60	4.33	4.67	4.67	4.00	4.67
358	4.67	4.00	4.33	4.33	4.40	4.00	4.33	4.33	4.00	4.00
359	1.00	4.33	4.67	1.67	4.40	1.00	1.00	1.67	2.00	5.00
360	5.00	4.33	4.33	4.00	1.20	4.67	1.33	4.00	4.67	3.00
361	4.33	4.67	1.00	1.83	2.00	2.33	4.67	4.00	2.00	2.67
362	4.33	4.00	4.33	4.50	4.80	3.67	4.67	4.33	4.00	4.00
363	4.33	1.67	5.00	4.17	4.00	4.33	4.00	2.00	3.00	2.67
364	1.67	4.33	4.67	4.33	1.80	4.67	1.67	2.00	2.67	2.00
365	2.67	2.33	2.67	2.17	2.60	2.00	2.67	2.67	2.33	5.00
366	3.00	3.00	3.00	3.00	3.60	3.33	4.00	3.00	3.33	2.67
367	4.33	5.00	4.67	2.17	4.80	4.67	3.67	4.33	4.67	4.67
368	4.00	4.67	4.33	4.33	1.80	4.67	3.67	1.33	4.67	3.00
369	3.67	4.00	4.67	4.50	4.40	4.00	4.00	4.33	4.00	4.00
370	5.00	4.33	4.00	4.83	4.40	4.33	4.00	4.67	4.33	4.67
371	4.33	1.00	4.33	4.33	4.40	3.67	4.67	4.33	3.67	4.00
372	2.00	4.33	4.67	4.17	1.60	1.00	3.67	3.67	1.67	2.00
373	4.00	4.67	4.00	4.33	1.40	4.00	4.33	4.33	4.00	4.00
374	2.33	2.67	2.33	1.50	2.60	2.33	2.67	2.67	2.67	2.00
375	2.00	4.67	4.33	4.83	4.40	1.33	4.67	4.33	1.67	2.33
376	4.33	4.33	3.67	4.33	4.60	4.00	4.00	4.33	4.00	4.00
377	4.33	5.00	5.00	4.33	5.00	4.67	4.00	5.00	4.67	5.00
378	4.33	4.00	4.67	4.17	4.20	2.67	4.00	4.67	5.00	4.00
379	3.33	4.00	4.00	4.67	4.00	4.67	3.33	4.33	2.33	3.00
380	4.33	4.67	5.00	1.67	4.80	2.33	3.67	4.33	4.33	3.00

序号	A1	A2	A3	B1	B2	C1	C2	C3	C4	M
381	4.00	5.00	4.67	4.83	4.80	4.33	4.67	4.33	5.00	4.67
382	4.33	1.33	4.00	4.17	4.60	4.33	4.67	4.67	2.00	3.67
383	1.33	4.67	4.00	1.83	4.00	2.00	4.00	4.67	2.67	2.67
384	4.67	3.67	4.67	4.50	4.40	4.00	4.00	4.00	4.67	4.33
385	3.00	3.00	3.00	3.00	2.40	2.67	3.00	4.67	4.33	3.00
386	1.33	5.00	5.00	4.67	5.00	2.00	4.33	4.33	4.33	3.00
387	4.67	4.67	4.67	4.33	4.60	4.33	4.67	4.67	4.00	4.67
388	4.33	4.67	4.67	4.33	4.60	4.00	4.33	5.00	4.00	4.67
389	4.67	4.67	5.00	4.67	4.80	1.00	5.00	4.67	2.00	5.00
390	4.00	4.33	2.67	2.50	1.40	2.33	4.33	4.67	1.00	2.33
391	4.67	4.33	4.67	4.33	4.40	5.00	3.67	4.67	4.00	4.67
392	4.33	4.00	4.33	4.33	4.20	4.33	4.33	4.00	3.67	4.00
393	4.33	1.33	4.33	4.67	4.40	4.67	4.33	1.33	4.00	3.00
394	2.33	4.33	4.67	4.50	4.80	3.00	5.00	4.33	4.67	4.33
395	4.67	4.00	4.00	4.50	4.00	2.33	5.00	4.33	4.33	3.67
396	4.33	5.00	4.33	4.17	4.80	4.67	4.00	4.00	4.67	4.67
397	4.67	4.00	4.33	4.50	4.60	4.33	4.67	4.00	4.00	4.33
398	4.33	4.67	4.00	4.67	4.20	4.33	3.67	4.00	4.67	4.00
399	3.33	4.67	4.67	4.00	4.60	3.67	4.00	3.67	5.00	4.00
400	4.33	1.00	4.33	4.83	1.80	4.33	1.33	4.67	4.00	3.00
401	4.33	4.33	5.00	4.33	4.20	4.33	4.33	4.33	4.00	4.33
402	4.33	3.00	4.33	4.33	1.60	4.00	4.33	4.00	2.67	3.00
403	4.00	4.67	2.33	2.50	4.00	1.67	4.33	4.00	1.67	2.00
404	4.00	4.33	4.67	4.00	4.60	4.33	4.33	4.00	4.00	4.00
405	4.33	4.00	4.33	4.50	1.60	4.00	1.33	1.67	4.00	2.00
406	4.33	4.00	4.33	4.33	4.20	5.00	5.00	3.67	2.67	4.00
407	4.67	5.00	4.67	4.50	4.80	4.67	4.67	4.67	4.67	5.00
408	4.67	4.67	4.33	4.67	4.00	5.00	3.67	4.33	4.33	4.67
409	4.67	2.33	3.33	4.67	4.60	2.33	1.67	1.67	5.00	2.00
410	4.67	4.33	4.00	4.33	4.20	3.00	4.67	4.00	4.67	4.00

序号	A1	A2	A3	B1	B2	C1	C2	C3	C4	M
411	4.67	4.33	3.67	4.33	4.40	2.33	4.67	4.33	5.00	4.00
412	3.67	4.33	4.33	4.50	4.20	2.67	4.00	4.67	4.67	4.00
413	4.33	4.67	1.00	1.83	2.40	4.33	5.00	1.00	4.33	3.00
414	4.33	4.33	4.33	4.33	1.80	3.00	4.33	4.00	4.67	3.67
415	5.00	1.67	4.33	4.33	4.00	2.00	4.33	4.67	4.67	3.67
416	4.33	4.33	4.00	4.50	4.40	4.33	4.67	3.67	4.00	4.00
417	4.67	4.67	4.67	4.67	4.60	3.33	5.00	5.00	4.67	4.67
418	4.67	3.67	2.33	4.33	1.80	4.33	1.00	5.00	3.67	3.00
419	3.67	4.00	1.33	1.83	4.40	4.00	4.33	4.00	2.67	3.33
420	5.00	2.33	3.67	4.00	4.80	3.67	4.33	4.67	3.67	4.00
421	4.33	4.67	4.33	4.33	4.20	4.67	2.67	4.67	4.67	4.33
422	3.00	3.00	3.00	3.00	1.80	4.33	4.67	1.67	3.00	2.67
423	1.67	4.67	4.33	2.33	4.40	1.00	4.67	4.33	1.67	2.00
424	4.67	1.67	2.67	4.50	4.40	2.33	3.67	4.00	1.33	5.00
425	2.00	1.33	3.67	2.33	2.40	2.33	2.33	2.00	2.67	2.00
426	3.00	3.00	3.00	3.00	4.40	4.33	4.67	4.33	2.67	4.00
427	4.33	4.33	1.67	2.33	4.40	1.67	4.67	4.67	1.67	2.67
428	4.33	1.33	1.00	2.00	2.40	2.67	2.33	2.33	2.00	2.67
429	4.33	4.00	5.00	4.00	4.60	4.00	4.00	4.00	4.67	4.33
430	4.33	4.33	4.67	4.17	4.00	3.33	4.00	4.33	4.67	4.00
431	4.67	4.00	1.67	4.50	2.20	2.33	1.67	4.33	1.00	2.33
432	4.00	1.33	4.67	1.67	2.80	1.67	2.33	2.33	2.67	5.00
433	2.33	2.00	2.33	1.67	2.20	3.00	2.67	2.67	2.33	2.00
434	1.67	4.33	3.67	2.00	4.40	1.67	4.67	4.00	1.67	2.33
435	4.33	4.67	4.33	4.33	4.20	4.67	4.33	4.67	3.00	4.33
436	2.67	4.00	2.67	2.17	4.40	1.00	4.67	4.67	2.00	2.67
437	4.33	4.67	3.67	2.00	4.40	2.67	4.67	4.67	4.67	4.33
438	4.33	4.67	4.33	1.50	1.60	4.67	1.33	4.67	4.00	3.00
439	4.33	4.33	4.00	4.33	4.20	4.00	4.67	4.67	2.67	4.00
440	4.00	2.00	5.00	4.50	4.20	4.00	4.00	4.33	2.67	3.00

续表

序号	A1	A2	A3	B1	B2	C1	C2	C3	C4	M
441	1.67	4.33	4.67	4.17	4.40	4.33	4.67	4.67	2.67	4.00
442	4.67	4.00	1.33	2.33	4.60	2.67	4.33	1.67	4.67	2.67
443	4.00	4.67	3.67	4.50	4.20	2.67	4.33	4.33	4.67	3.67
444	4.67	4.67	4.67	4.67	4.60	4.33	4.67	5.00	4.00	4.67
445	3.00	3.00	3.00	3.00	4.20	3.67	4.67	4.67	4.67	4.67
446	4.67	1.67	4.33	1.50	2.40	2.67	2.67	2.67	2.33	2.00
447	3.00	3.00	3.00	3.00	4.40	4.33	2.00	4.00	3.33	2.67
448	3.67	4.33	4.67	4.00	4.60	3.67	4.00	4.00	4.67	4.00
449	3.00	3.00	3.00	3.00	4.40	4.33	4.67	4.67	3.00	4.33
450	2.00	4.00	4.67	2.00	4.20	4.33	5.00	3.67	3.00	4.00
451	4.33	4.00	1.67	2.33	1.40	2.33	4.33	2.00	1.67	2.00
452	5.00	4.33	4.00	4.17	4.40	4.00	4.33	4.67	3.67	4.33
453	4.67	4.67	4.33	4.33	3.80	5.00	3.00	4.67	4.00	4.33

注：A1 教育经历；A2 行业经历；A3 创业经历；B1 准备认知；B2 能力认知；C1 知识准备；C2 团队准备；C3 信息准备；C4 资金准备；M 可承受损失。

参 考 文 献

[1] 艾尔·巴比. 社会研究方法（第十一版）[M]. 邱泽奇, 译. 北京: 华夏出版社, 2009: 184.

[2] 蔡莉, 单标安, 朱秀梅, 王倩. 创业研究回顾与资源视角下的研究框架构建——基于扎根思想的编码与提炼 [J]. 管理世界, 2011, 12 (14).

[3] 蔡莉, 海晶, 杨亚倩, 等. 创业理论回顾与展望 [J]. 外国经济与管理, 2019, 41 (12).

[4] 陈晓萍, 徐淑英, 樊景立. 组织与管理研究的实证方法 [M]. 北京: 北京大学出版社, 2012: 419 - 441.

[5] 晁罡, 万佳佳, 王磊, 等. 传统文化培训强度对员工工作投入的影响机制研究 [J]. 管理学报, 2021, 18 (8): 1158 - 1165.

[6] 陈昀, 贺远琼. 创业认知研究现状探析与未来展望 [J]. 外国经济与管理, 2021, 32 (12).

[7] 陈晓萍, 徐淑英, 樊景立. 组织与管理研究的实证方法 [M]. 北京: 北京大学出版社, 2012: 419 - 441.

[8] 陈昀, 贺远琼. 创业认知研究现状探析与未来展望 [J]. 外国经济与管理, 2012, 34 (12): 12 - 19.

[9] 崔连广, 张敬伟, 邢金刚. 不确定环境下的管理决策研究——效果推理视角 [J]. 南开管理评论, 2017, 20 (5): 105 - 115, 130.

[10] 戴蒙德, 瓦蒂艾宁. 行为经济学及其应用 [M]. 北京: 中国人民大学

出版社，2013.

[11] 戴维奇，魏江，林巧. 公司创业活动影响因素研究前沿探析与未来热点展望 [J]. 外国经济与管理，2009 (6)：10 –17.

[12] 邓佐明. 大学生创新创业技巧与实践 [M]. 北京：北京交通大学出版社，2018：3.

[13] 段锦云，田晓明，薛宪方. 效果推理：不确定性情境下的创业决策 [J]. 管理评论，2010，22 (2)：53 –58.

[14] 杜涛. 关于共同方法偏差的统计检验与控制方法探讨 [J]. 纳税，2018 (5)：183 –185.

[15] 杰弗里·蒂蒙斯，小斯蒂芬·斯皮内利. 创业学 [M]. 周伟民，吕长春，译. 北京：人民邮电出版社，2005：23 –24.

[16] 韩璐，鲍海君. 卷入征地情境的底层群体创业行为：基于 BOP 理论的分析 [J]. 财经论丛，2021 (5)：102 –112.

[17] 何良兴，张玉利. 创业意愿与行为：舒适区和可承担损失视角的清晰集定性比较分析 [J]. 科学学与科学技术管理，2020，41 (8).

[18] 贺阳，汪洪艳，何雨阳，等. 创业教育对大学生创业行为的影响研究 [J]. 文化创新比较研究，2021，5 (20)：58 –61.

[19] 胡望斌，焦康乐，张亚会. 创业认知能力：概念、整合模型及研究展望 [J]. 外国经济与管理，2019，41 (10).

[20] 黄俊，冯诗淇. 创业理论与实务：倾向、技能、要素与流程 [M]. 北京：清华大学出版社，2015.

[21] 黄永春，胡世亮，叶子，等. 创业还是就业？——行为经济学视角下的动态效用最大化分析 [J]. 管理工程学报，2021，14 (1).

[22] 李柏洲，徐广玉，苏屹. 中小企业合作创新行为形成机理研究——基于计划行为理论的解释架构 [J]. 科学学研究，2014，32 (5).

[23] 李海阳，张燕. 管理者的政治网络和职能经验在新绩效中的作用：来自

中国转型经济的证据［J］．战略管理杂志，2007，28（8）：791－804．

［24］李怀祖．管理研究方法论（第2版）［M］．西安：西安交通大学出版社，2004．

［25］李慧慧，孙俊华，黄莎莎．内部控制源与大学生创业行为的生成研究——一个被调节的中介模型［J］．未来与发展，2021，45（7）：52－58．

［26］李颖，赵文红，杨特．创业者先前经验、战略导向与创业企业商业模式创新关系研究［J］．管理学报，2021，18（7）．

［27］理查德·韦伯．创业教育评价［M］．常飒飒，武晓哲，译．北京：商务印书馆，2017．

［28］刘常勇，谢如梅．创业：创业者、机会与环境视角［M］．台北：智胜文化，2017．

［29］刘东，刘军．事件系统理论原理及其在管理科研与实践中的应用分析［J］．管理学季刊，2017，2（2）：64－80，127－128．

［30］刘军跃，杨雪程，李军锋，等．效果推理与绩效关系的研究综述与未来展望［J］．科技与管理，2020，22（1）：51－57．

［31］刘勤华，刘晓冰，盛甫斌．科技型新创企业的创业行为中介作用研究［J］．科技管理研究，2020，40（18）：157－164．

［32］刘兆国，蔡莉，杨亚倩．制度环境、动态能力对企业创业行为影响——基于北京新能源汽车股份有限公司的纵向案例研究［J］．珞珈管理评论，2020（4）：34－52．

［33］龙海军，田丽芳．返乡创业者先前经验、利用式学习与企业创业拼凑——一个被调节的中介效应模型［J］．软科学，2022：1－11．

［34］吕霄，樊耘，马贵梅，等．内在职业目标与个性化交易及对员工创新行为的影响机制——基于社会认知理论的研究［J］．管理评论，2020，32（3）：203－214．

［35］马吟秋，席猛，许勤，等．基于社会认知理论的辱虐管理对下属反生产

行为作用机制研究 [J]. 管理学报, 2017, 14 (8): 1153 - 1161.

[36] 苗莉, 何良兴. 基于异质性假设的创业意愿及其影响机理研究 [J]. 财经问题研究, 2016, 39 (5): 16 - 23.

[37] 倪嘉成, 李华晶. 制度环境对科技人员创业认知与创业行为的影响 [J]. 科学学研究, 2017, 35 (4): 585 - 592.

[38] 胡海青, 王兆群, 张颖颖, 等. 创业网络、效果推理与新创企业融资绩效关系的实证研究——基于环境动态性调节分析 [J]. 管理评论, 2017, 29 (6): 61 - 72.

[39] 秦剑. 基于效果推理理论的创业实证研究及量表开发前沿探析与未来展望 [J]. 外国经济与管理, 2011, 33 (6): 1 - 8.

[40] 吴明隆. 问卷统计分析实务——SPSS 操作与应用 [M]. 重庆: 重庆大学出版社, 2015: 237 - 267.

[41] 王发明, 朱美娟. 创新生态系统价值共创行为影响因素分析——基于计划行为理论 [J]. 科学学研究, 2018, 36 (2): 370 - 377.

[42] 王季, 耿健男, 肖宇佳. 从意愿到行为: 基于计划行为理论的学术创业行为整合模型 [J]. 外国经济与管理, 2020, 42 (7): 64 - 81.

[43] 王巧然, 陶小龙. 创业者先前经验对创业绩效的影响——基于有中介的调节模型 [J]. 技术经济, 2016, 35 (6): 24 - 34.

[44] 魏巍, 华斌, 彭纪生. 团队成员视角下个体地位获得事件对同事行为的影响: 基于事件系统理论和社会比较理论 [J]. 商业经济与管理, 2022 (1): 46 - 58.

[45] 吴隽, 张建琦. 创业视角下的效果推理理论研究述评与展望 [J]. 技术与创新管理, 2016, 37 (3): 295 - 301.

[46] 吴明隆. 问卷统计分析事务——SPSS 操作与运用 [M]. 重庆: 重庆大学出版社, 2015: 237 - 267.

[47] 肖露露. 农民工返乡创业行为影响因素研究 [J]. 合作经济与科技,

2021 (6)：144 - 146.

[48] 徐樱丹，姜金奎，周璇. 大学生创业意识及创业准备探究 [J]. 合作经济与科技，2020 (10)：140 - 141.

[49] 杨隽萍，于晓宇，陶向明，等. 社会网络、先前经验与创业风险识别 [J]. 管理科学学报，2017，20 (5)：35 - 50.

[50] 杨俊，张玉利，刘依冉. 创业认知研究综述与开展中国情境化研究的建议 [J]. 管理世界，2015 (9)：158 - 169.

[51] 张俊荣. Excel 在相关与回归分析中的应用 [J]. 数字技术与应用，2022，40 (6)：118 - 120.

[52] 张默，任声策. 创业者如何从事件中塑造创业能力？——基于事件系统理论的连续创业案例研究 [J]. 管理世界，2018 (11)：134 - 149.

[53] 张玉利，杨俊. 试论创业研究的学术贡献及其应用 [J]. 外国经济与管理，2009 (1)：16 - 23.

[54] 张玉利，陈寒松. 创业管理 [M]. 北京：机械工业出版社，2008：8 - 13.

[55] 张玉利，曲阳，云乐鑫. 基于中国情境的管理学研究与创业研究主题总结 [J]. 外国经济与管理，2014，36 (1).

[56] 张玉利，田新，王瑞. 创业决策：Effectuation 理论及其发展 [J]. 研究与发展管理，2011，23 (2)：48 - 57.

[57] 张玉利，王晓文. 先前经验、学习风格与创业能力的实证研究 [J]. 管理科学，2011，24 (3).

[58] 张玉利，杨俊，戴燕丽. 中国情境下的创业研究现状探析与未来研究建议 [J]. 外国经济与管理，2012，34 (1).

[59] 张玉利，杨俊，任兵. 社会资本、先前经验与创业机会——一个交互效应模型及其启示 [J]. 管理世界，2008 (7)：91 - 102.

[60] 赵文红，孙万清. 创业者的先前经验、创业学习和创业绩效的关系研究 [J]. 软科学，2013，27 (11).

［61］朱亚丽，郭长伟．基于计划行为理论的员工内部创业驱动组态研究
　　　　［J］．管理学报，2020，17（11）：1661 - 1667．

［62］Alvarez S A，Barney J B. Entrepreneurial opportunities and poverty alleviation
　　　　［J］．*Entrepreneurship Theory and Practice*，2014，38（1）：159 - 184．

［63］Bandura A. Aocial cognitive theory：An agentic perspective［J］．*Annual
　　　　Review Psychology*，2001，52（1）：1 - 26．

［64］Barney J B，Ketchen Jr D J，Wright M. The future of resource-based theory：
　　　　Revitalization or decline?［J］．*Journal of Management*，2011，37（5）：
　　　　1299 - 1315．

［65］Becker G S. *Human capital：A theoretical and empirical analysis，with spe-
　　　　cial reference to education*［M］．Chicago：University of Chicago Press，
　　　　1964：33 - 59．

［66］Beckman C M. The influence of founding team company affiliation on firm be-
　　　　havior［J］．*Academy of Management Journal*，2006，49（4）：741 - 758．

［67］Busenitz L W，Lau C. A cross-cultural cognitive model of new venture crea-
　　　　tion［J］．*Entrepreneurship Theory and Practice*，1996（20）：25 - 39．

［68］Chandler G，DeTienne D，McKelvie A，Mumford T. Causation and effectu-
　　　　ation processes：A validation study［J］．*Journal of Business Venturing*，
　　　　2009，26（3）：375 - 390．

［69］Child J，Mllering G. Contextual confidence and active trust development in the
　　　　Chinese business environment［J］．*Organization Science*，2003，14（1）：
　　　　69 - 80．

［70］Colombo M G. On growth drivers of high-tech start-ups：Exploring the role of
　　　　founders′ human capital and venture capital［J］．*Journal of Business Ventu-
　　　　ring*，2010，25（6）：610 - 626．

［71］Delmar F，Shane S. Does experience matter? The effect of founding team experience on the survival and sales of newly founded ventures [J]. *Strategic Organization*, 2006, 4 (3): 215 – 247.

[72] Fayolle A, Gailly B. The impact of entrepreneurship education on entrepreneurial attitudes and intention: Hysteresis and persistence [J]. *Journal of Small Business Management*, 2015, 53 (1): 75 – 93.

[73] Grégoire D et al. The cognitive perspective in entrepreneurship: An agenda for future research [J]. *Journal of Management Studies*, 2011, 48 (6): 1443 – 1477.

[74] Kruner N FJr, Day M. Looking forward, looking backward: From entrepreneurial cognition to neuro-entrepreneurship [M] //Acs Z J, Audretscj D B (Eds). *Handbook of entrepreneurshipresearch.* New York: Springer, 2010: 321 – 357.

[75] MacMillan I C. To really learn about entrepreneurship, let's study habitual entrepreneurs [J]. *Journal of Business Venturing*, 1986 (1): 241 – 243.

[76] Moren L, Minniti M. The effect of aging on entrepreneurial behavior [J]. *Journal of Business Venturing*, 2006, 21 (2): 177 – 194.

[77] Morgeson F P, Mitchell T R, Liu D. Event system theory: An event-oriented approach to the organizational sciences [J]. *Academy of Management Review*, 2015, 40 (4): 515 – 537.

[78] Politis D. The process of entrepreneurial learning: A conceptual framework [J]. *Entrepreneurship Theory and Practice*, 2005, 29 (4): 399 – 424.

[79] Quan X. Prior experience, social network, and levels of entrepreneurial intentions [J]. *Management Research Review*, 2012, 35 (10): 945 – 957.

[80] Read S, Song M, Smit W. A meta-analytic review of effectuation and venture performance [J]. *Journal of Business Venturing*, 2009, 24 (6): 573 – 587.

[81] Reuber A R, Fischer E. Understanding the consequences of founders experience [J]. *Journal of Small Business Management*, 1999, 37: 30 –35.

[82] Reymen I, Berends H, Oudehand R, et al. Decision making for business model development: A process study of effectuation and causation in new technology-based ventures [J]. *R&D Management*, 2017, 47 (4): 595.

[83] Sarasvathy S D. Causation and effectuation: Toward a theoretical shift from economic inevitability to entrepreneurial contingency [J]. *Academy of Management Review*, 2001, 26 (2): 243 –263.

[84] Schmitt A, Rosing K, Zhang S X, et al. A dynamic model of entrepreneurial uncertainty and business opportunity identification: Exploration as a mediator and entrepreneurial self-efficacy as a moderator [J]. *Entrepreneurship Theory and Practice*, 2001, 42 (6): 835 –859.

[85] Shane S, Venkataraman S. The promise of entrepreneurship as a field of research [J]. *Academy of Management Review*, 2000, 25 (1): 217 –226.

[86] Sidhu I, Deletraz P. Effect of comfort zone on entrepreneurship potential, innovation culture, and career satisfaction [J]. Seattle: 122nd ASEE Annual Conference & Exposition, 2015.

[87] Smith B R, Mattbews C H, Schenkel M T. Differences in entrepreneurial Opportunities: The role of Racitness and codification in opportunity identification [J]. *Journal of Small Business Management*, 2009, 47 (1): 38 –57.

[88] Stuart R W, Abetti P A. Start-up ventures: Towards the prediction of early success [J]. *Journal of Business Venturing*, 1987, 2 (3): 215 –230.

[89] Suddaby R, Bruton G D, Si S X. Entrepreneurship through a qualitative lens: Insights on the construction and/or discovery of entrepreneurial opportunity [J]. *Journal of Business Venturing*, 2015, 30 (1): 1 –10.

[90] Ucbasaran D, Westhead P, Wright M. The extent and nature of opportunity

identification by experienced entrepreneurs [J]. *Journal of Business Venturing*, 2009, 24 (2): 99 –115.

[91] Venkataraman S, Sarasvathy S D, Dew N, et al. Reflections on the 2010 AMR decade award: Whither the promise? Moving forward with entrepreneurship as a science of the artificial [J]. *Academy of Management Review*, 2012, 37 (1): 21 –33.

[92] York J G, Lenox M J. Exploring the sociocultural determinants of de novo versus de alio entry in emerging industries [J]. *Strategic Management Journal*, 2014, 35 (13): 1930 –1951.

[93] Martin Fishbein, IcekAjzen. *Belief, attitude, intention, and behavior: An introduction to theory and research* [M]. Addison-Wesley Publishing Company, 1975: 53.

[94] Stevenson H H, Jarillo J C. A paradigm of entrepreneurship: Entrepreneurial management [J]. *Strategic Management Journal*, 1990, 115: 17 –27.

[95] Ajzen I. Perceived behavioral control, self-efficacy, locus of control, and the theory of planned behavior [J]. *Journal of Applied Social Psychology*, 2002, 32 (4): 665 –683.

[96] Fishbein M A, Ajzen I. Belief, attitude, intention, and behavior: An introduction to theory and research [J]. *Contemporary Sociology*, 1977, 6 (2): 244 –245.

[97] Ajzen I. The theory of planned behavior: Frequently asked questions [J]. *Human Behavior and Emerging Technologies*, 2020, 2 (4): 314 –324.

[98] Morgeson F P, Mitchell T R, Liu D. Event system theory: An event-orented approach to the organizational sciences [J]. *Academy of Management Review*, 2015, 40 (4): 515 –537.

[99] Zellmer-Bruhn M E. Interruptive Events and Team Knowledge Acquisition [J]. *Management Science*, 2003, 49 (4): 514 – 528.

[100] Tilcsik A, Marquis C. Punctuated generosity: How mega-events and natural disasters affect corporate philanthropy in US communities [J]. *Administrative Science Quarterly*, 2013, 58 (1): 111 – 148.

[101] Mitchell R K, et al. Toward a theory of entrepreneurship cognition: Rethinking the people side of entrepreneurship research [J]. *Entrepreneurship Theory and Practice*, 2002, 27 (2): 93 – 104.

[102] Mitchell R K, Busenitz L, Lant T, McDougall P P, et al. Entrepreneurial cognition theory: Rethinking the people side of entrepreneurship research [J]. *Entrepreneurship Theory and Practice*, 2002, 27 (2): 93 – 104.

[103] Krueger N F Jr, Day M. Looking forward, Looking backward: From entrepreneurial congition to neruentrepreneurship [C] //Acs Z J, AudretschD B (Eds.). *Handbook of Entrepreneurship research*. New York: Springer, 2010: 321 – 357.

[104] Kicku I J, et al. Intuition versus analysis? Testing different models of cognitive style on entrepreneurial self-efficacy and the new venture creation process [J]. *Entrepreneurship Theory and Practice*, 2009, 33 (2): 439 – 453.

[105] Leonard N H, et al. A multilevel model of group cognitive style instrategic decision making [J]. *Journal of Managerial Issues*, 2005, 17 (1): 119 – 138.

[106] Davidsson P. The field of entrepreneurship research: Some significant developments [M] //Bögenhold D, Bonnet J, Dejardin M, et al. *Contemporary entrepreneurship*. Cham: Springer, 2016: 17 – 28.

[107] Timmons J A, Smollen E, Dingee A L M. *New Venture Creation* [M]. Homewood, IL: Irwin, 1977.

[108] Haynie J M, Shepherd D A, Patzelt H. Cognitive adaptability and an entre-preneurial task: The role of metacognitive ability and feedback [J]. *En-trepreneurship Theory and Practice*, 2012, 28 (6): 505 –518.

[109] Kerlinger F N, Lee H B. *Foundations of behavioral research* [M]. New York: Holt, Rinehart and Winst, 1986.